No.1
BEST SELLER

AF668879

NCERT नोट्स

भारतीय अर्थव्यवस्था

Class 9-12 (Old+New)

No.1
BEST SELLER

NCERT नोट्स

भारतीय अर्थव्यवस्था

Class 9-12 (Old+New)

लेखक
रविशंकर सिन्हा

सम्पादक
डॉ. राजेश राजन

arihant
SUCCESS AND NOTHING LESS

arihant
SUCCESS AND NOTHING LESS

अरिहन्त पब्लिकेशन्स (इण्डिया) लिमिटेड

सर्वाधिकार सुरक्षित

卐 © प्रकाशक

इस पुस्तक के किसी भी अंश का पुनरुत्पादन या किसी प्रणाली के सहारे पुनर्प्राप्ति का प्रयास अथवा किसी भी तकनीकी तरीके–इलेक्ट्रॉनिक, मैकेनिकल, फोटोकॉपी, रिकॉर्डिंग या वेब माध्यम से प्रकाशक की अनुमति के बिना वितरण नहीं किया जा सकता है। 'अरिहन्त' ने अपने प्रयास से इस पुस्तक के तथ्यों तथा विवरणों को उचित स्रोतों से प्राप्त किया है। पुस्तक में प्रकाशित किसी भी सूचना की सत्यता के प्रति तथा इससे होने वाली किसी भी क्षति के लिए प्रकाशक, सम्पादक, लेखक अथवा मुद्रक जिम्मेदार नहीं हैं।

सभी प्रतिवाद का न्यायिक क्षेत्र 'मेरठ' होगा।

卐 रजि. कार्यालय

'रामछाया' 4577/15, अग्रवाल रोड, दरिया गंज, नई दिल्ली- 110002
फोन: 011-47630600, 43518550

卐 मुख्य कार्यालय

कालिन्दी, टी०पी० नगर, मेरठ (यूपी)– 250002
फोन: 0121-7156203, 7156204

卐 शाखा कार्यालय

आगरा, अहमदाबाद, बरेली, बंगलुरु, चेन्नई, दिल्ली, गुवाहाटी, हैदराबाद, जयपुर, झाँसी, कोलकाता, लखनऊ, नागपुर तथा पुणे

卐 मूल्य ₹ 95.00

PO No : TXT-59-T071462-6-26

PUBLISHED BY ARIHANT PUBLICATIONS (INDIA) LTD.

'अरिहन्त' की पुस्तकों के बारे में अधिक जानकारी के लिए हमारी वेबसाइट **www.arihantbooks.com** पर लॉग इन करें या **info@arihantbooks.com** पर सम्पर्क करें।

Follow us on...

Flipkart & amazon
users के reviews

★★★★
अमेजिंग
Content Best है। रिंकू

★★★★
बहुत बढ़िया
अब अपनी बुक की सीरीज में IAS के लिए इस बुक को शामिल करें। अब ये बुक पढ़नी पड़ेगी। रीमा

★★★★
बहुत अच्छा
IAS एवं PCS के लिए एक बेहतर विकल्प प्रवीण

★★★★★
बहुत बढ़िया जरूर खरीदें
एकदम बेसिक बताया है
समय बचाने व Concept Clarity के लिए जरूर पढ़े। राशिद

Subscribe करें IAS with ARIHANT
You Tube Channel से
और करें परीक्षा की तैयारी FREE में

जुड़ने के लिए **QR Code Scan** करें

- Live Classes
- Exam नोटिफिकेशन
- Exam Cut-Off
- Daily करेण्ट अफेयर्स
- PYQs Solutions
- परीक्षा की रणनीति by Experts

दो शब्द

पूरा करना है अगर IAS का सपना तो जरूरी है NCERT को समझना...

सिविल सेवा परीक्षा भारत की सर्वाधिक प्रतिष्ठित, कठिन एवं चुनौतीपूर्ण परीक्षा है। यह परीक्षा इसलिए भी कठिन मानी जाती है क्योंकि इसमें "कितना पढ़ना है" से ज्यादा महत्त्वपूर्ण होता है "क्या पढ़ना है"

सफल अभ्यर्थियों के अनुभवों तथा विगत् वर्षों के प्रश्न-पत्रों के विश्लेषण से यह सिद्ध हुआ है कि इस परीक्षा में **NCERT की पुस्तकों** का विशेष महत्त्व है, क्योंकि इन्हीं पुस्तकों को आधार बनाकर सामान्य अध्ययन के प्रश्नों को परीक्षा में पूछा जाता है।

NCERT पुस्तकों के अध्ययन को आसान तथा उद्देश्यपूर्ण बनाने हेतु 'अरिहन्त पब्लिकेशन्स' द्वारा **'NCERT नोट्स'** सीरीज तैयार की गई है। इस सीरीज में कक्षा 9 से 12 तक की पुरानी व नई **NCERT का कवरेज** किया गया है।

NCERT नोट्स 2nd संस्करण की प्रमुख विशेषताएँ

- Tamil Nadu Board की Books का कवरेज
- NIOS से महत्त्वपूर्ण Facts का संकलन
- सरल भाषा, मैप, फ्लोचार्ट, डायग्राम, टेबल्स, चित्र आदि से Content का प्रस्तुतीकरण
- महूत्त्वपूर्ण टॉपिक्स का परिशिष्ट के माध्यम से समावेश

इस सीरीज को पूरा करने में विशेषज्ञों की एक टीम ने उत्साह के साथ कार्य किया है। इस पुस्तक के संकलन में विशेषज्ञों के साथ-साथ प्रोजेक्ट मैनेजमेण्ट टीम का भी विशेष योगदान रहा, जिसमें मोना यादव (प्रोजेक्ट मैनेजर), सुमित वर्मा (प्रोजेक्ट कॉर्डिनेटर), रीना (प्रूफ रीडिंग टीम लीड), प्रदीप चौधरी (डीटीपी टीम लीड) और बिलाल हाशमी एवं अंकित त्यागी (कवर एवं इनर डिजाइनर) प्रमुख हैं।

आशा है कि सिविल सेवा तथा अन्य प्रतियोगी परीक्षाओं के अभ्यर्थी इस पुस्तक का अध्ययन कर अपने लक्ष्य को निश्चित ही प्राप्त करेंगे। आपके उपयोगी सुझाव सदैव हमें बेहतर संस्करण बनाने में सहायक सिद्ध हुए हैं। इसलिए आप हमें अपने सुझाव अवश्य भेजें, जिनके आधार पर हम पुस्तक के आगामी संस्करण को और भी बेहतर बना सकें।

लेखक

विषय-सूची

01

अर्थव्यवस्था

(स्रोत)

Class IX New NCERT Chap 1 पालमपुर गाँव की कहानी, Chap 2 संसाधन के रूप में लोग, Class X New NCERT Chap 1 विकास, Chap 2 भारतीय अर्थव्यवस्था के क्षेत्रक, Class IX & X Old NCERT Chap 1 अर्थव्यवस्था का अध्ययन (अन्वीक्षण), Chap 2 भारतीय अर्थव्यवस्था का एक सिंहावलोकन, Class XI New NCERT Chap 1 स्वतंत्रता की पूर्व संध्या पर भारतीय अर्थव्यवस्था, Chap 2 भारतीय अर्थव्यवस्था (1950-90), Chap 4 भारत में मानव पूँजी का निर्माण, Chap 7 पर्यावरण और धारणीय विकास, Chap 8 भारत और उसके पड़ोसी देशों के तुलनात्मक विकास अनुभव, Class XII New NCERT Chap 1 परिचय, Class XII Old NCERT Chap 1 समष्टि अर्थशास्त्र : एक परिचय
Tamil Nadu Board (Class-XII), NIOS

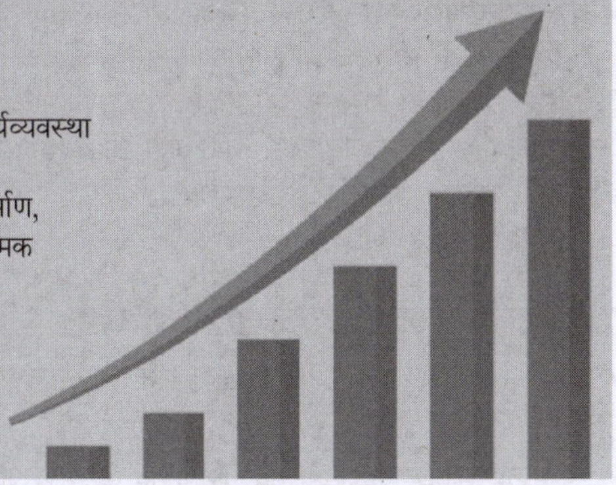

अर्थव्यवस्था : परिचय

- **अर्थव्यवस्था** (Economy) शब्द दो शब्दों से मिलकर बना है-**अर्थ** एवं **व्यवस्था**। इसमें अर्थ का तात्पर्य मुद्रा से है और व्यवस्था का तात्पर्य एक स्थापित कार्यप्रणाली से है।
- अर्थव्यवस्था का संबंध किसी भी देश की समस्त आर्थिक गतिविधियों से है। किसी भी समाज में व्यक्ति को भोजन, वस्त्र, आवास, चिकित्सा, शिक्षा आदि भौतिक सुविधाओं की आवश्यकता होती है। इन्हीं भौतिक आवश्यकताओं की पूर्ति करने वाली संस्थागत प्रणाली को **अर्थव्यवस्था** कहा जाता है।

अर्थव्यवस्था के प्रकार

अर्थव्यवस्था के प्रमुख प्रकारों का वर्णन निम्नलिखित है

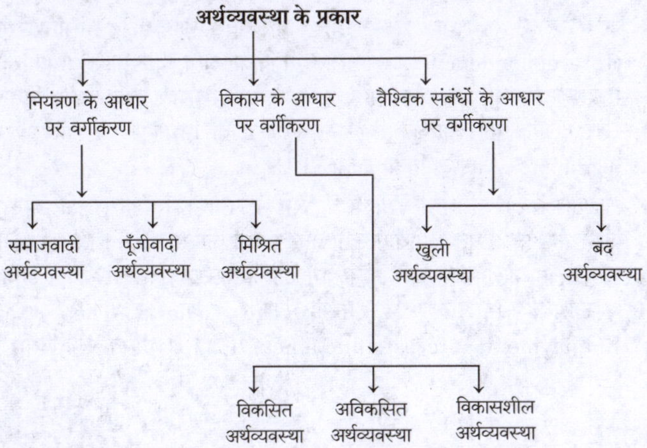

नियंत्रण के आधार पर

नियंत्रण के आधार पर अर्थव्यवस्था का वर्गीकरण निम्न रूपों में किया जाता है

- **समाजवादी अर्थव्यवस्था** (Socialist Economy) इस प्रकार की अर्थव्यवस्था में समस्त आर्थिक गतिविधियों पर सरकार का नियंत्रण होता है। समाजवादी अर्थव्यवस्था में राज्य की केंद्रीय भूमिका होती है।
- **पूँजीवादी अर्थव्यवस्था** (Capitalist Economy) इस अर्थव्यवस्था को उदारवादी अर्थव्यवस्था भी कहा जाता है। इसके अंतर्गत उत्पादन के साधनों, उसके वितरण तथा विनिमय पर निजी क्षेत्रों (Private Sector) का नियंत्रण होता है। इसमें आर्थिक गतिविधियों का मुख्य उद्देश्य अधिकतम लाभ कमाना होता है।
- **मिश्रित अर्थव्यवस्था** (Mixed Economy) इस अर्थव्यवस्था में समाजवादी और पूँजीवादी अर्थव्यवस्थाओं का मिश्रित रूप पाया जाता है। कुछ महत्त्वपूर्ण उद्यम सरकार के स्वामित्व में होते हैं, जबकि अन्य उद्यमों को निजी क्षेत्र के स्वामित्व में रखा जाता है। इस अर्थव्यवस्था के अंतर्गत मूल्य निर्धारण, सरकार तथा बाजार की गतिविधियों द्वारा नियंत्रित होता है।
- भारत में मिश्रित अर्थव्यवस्था को महत्त्व दिया गया है। भारत की मिश्रित अर्थव्यवस्था की विशेषता यह है कि इसमें अनेक महत्त्वपूर्ण उद्यम एक साथ सार्वजनिक क्षेत्र (Public Sector) तथा निजी क्षेत्रों (Private Sectors) के स्वामित्व में हैं। उदाहरण के रूप में भारत में लौह-इस्पात संयंत्र सार्वजनिक तथा निजी दोनों क्षेत्रों में विद्यमान हैं।

विकास के आधार पर

विकास के आधार पर अर्थव्यवस्था को निम्न प्रकार से वर्गीकृत किया गया है

- **अविकसित अर्थव्यवस्था** (Undeveloped Economy) एक अविकसित देश वह है, जहाँ निम्न प्रति व्यक्ति आय, उपभोग का निम्न स्तर, निर्बल स्वास्थ्य सेवाएँ तथा जीवन का निम्न स्तर विद्यमान हों। संयुक्त राष्ट्र के

अनुसार, सबसे कम मानव विकास सूचकांक तथा निम्नतम सामाजिक-आर्थिक विकास वाले सभी देश अविकसित अर्थव्यवस्था के श्रेणी में आते हैं। उदाहरण के लिए-बांग्लादेश, नाइजर, चाड, दक्षिण सूडान, माली आदि।

- **विकासशील अर्थव्यवस्था** (Developing Economy) इसमें वे देश शामिल हैं, जहाँ औद्योगिकीकरण कार्य प्रगति पर है तथा मानव विकास सूचकांक में अपेक्षाकृत कम प्रगति मापन है। तुलनात्मक दृष्टि से ऐसे देशों में प्रति व्यक्ति आय कम होती है। इस अर्थव्यवस्था में शामिल देश विकास की प्रक्रिया से गुजर रहे हैं। उदाहरण के लिए-चीन और भारत।
- **विकसित अर्थव्यवस्था** (Developed Economy) विकसित देश वैसे देश होते हैं, जहाँ पर लोगों की प्रति व्यक्ति आय अधिक होती है, देश के सकल घरेलू उत्पाद का स्तर ऊँचा होता है, उच्च तकनीकी विकास होता है, लोगों का जीवन स्तर उच्च होता है और देश की आधारभूत संरचना का विकास बहुत अच्छा होता है। उदाहरण के लिए अमेरिका, ब्रिटेन, जापान, जर्मनी आदि।

वैश्विक संबंधों के आधार पर

वैश्विक संबंधों के आधार पर अर्थव्यवस्था को निम्न प्रकार से वर्गीकृत किया गया है

- **बंद अर्थव्यवस्था** (Closed Economy) वह अर्थव्यवस्था, जो बाह्य अर्थव्यवस्था से किसी भी प्रकार से आर्थिक संबंध नहीं रखती है तथा जहाँ आयात-निर्यात (Export-Import) की गतिविधियाँ शून्य होती हैं, बंद अर्थव्यवस्था कहलाती है। एक बंद अर्थव्यवस्था में निजी क्षेत्र की भूमिका नगण्य होती है। उत्तर कोरिया की अर्थव्यवस्था एक बंद अर्थव्यवस्था का उदाहरण है।
- **खुली अर्थव्यवस्था** (Open Economy) इस अर्थव्यवस्था में आयात एवं निर्यात पर न्यूनतम प्रतिबंध (Minimum Restriction) होता है तथा उदारवादी एवं निजी आर्थिक तत्त्वों का प्रभाव अधिक होता है। हांगकांग, सिंगापुर, दक्षिण कोरिया इत्यादि देशों की अर्थव्यवस्था, खुली अर्थव्यवस्था का उदाहरण है। ऐसी अर्थव्यवस्था में उत्पादन, उपभोग (Consumption) तथा पूँजी-निर्माण (Capital Formation) बाह्य लेन-देन से प्रभावित होता है।

भारतीय अर्थव्यवस्था का आकार

- भारतीय अर्थव्यवस्था आर्थिक संकेतकों (Economic Indicators) के आधार पर विश्व की पाँचवीं सबसे बड़ी अर्थव्यवस्था (वर्ष 2024 के अनुसार) है।
- क्रय शक्ति क्षमता (PPP-Purchasing Power Parity) के आधार पर भारतीय अर्थव्यवस्था यूएसए तथा चीन के बाद विश्व की **तीसरी बड़ी अर्थव्यवस्था** है।
- संयुक्त राष्ट्र (UN-United Nations) की संस्था अंकटाड (UNCTAD-United Nations Conference on Trade and Development) की विश्व निवेश रिपोर्ट-2023 के अनुसार **भारत** विश्व का **सातवाँ** सबसे बड़ा विदेशी निवेश प्राप्तकर्ता है।
- भारत को वित्तीय वर्ष 2022-23 में $ 70.97 बिलियन का निवेश प्राप्त हुआ है, जो वर्ष 2022, $49 बिलियन की तुलना में $20 बिलियन अधिक है।

अर्थशास्त्र

- अर्थशास्त्र अंग्रेजी शब्द **इकोनॉमिक्स** (Economics) का हिंदी रूपांतरण है, क्योंकि यह ग्रीक भाषा के ओकोनोमिया (Oikonomia) शब्द से उत्पन्न हुआ है। जहाँ Oikos का अर्थ घर (House) तथा 'nemein' का अर्थ **प्रबन्ध करना** (to manage) है। अर्थशास्त्र के जनक **एडम स्मिथ** हैं।
- अर्थशास्त्र ऐसे विषय का अध्ययन है, जिसमें मनुष्य अपने सीमित स्रोतों से चुनाव द्वारा धन का विभाजन करके अपनी असीमित इच्छाओं की पूर्ति करके संतुष्टि प्राप्त करता है।

अर्थशास्त्र की क्रियाएँ

- **आर्थिक क्रियाएँ** (Economic Activities) ऐसी क्रियाएँ, जिनमें व्यक्ति का उद्देश्य धन की प्राप्ति होता है तथा व्यक्ति उन क्रियाओं में संलग्न रहता है, जिनसे उसकी आय में वृद्धि हो, आर्थिक क्रियाएँ कहलाती हैं; जैसे- चिकित्सक द्वारा चिकित्सा कार्य, शिक्षक द्वारा अध्यापन का कार्य तथा व्यापारी द्वारा वाणिज्यिक कार्य आदि।
- **अनार्थिक क्रियाएँ** (Non-Economic Activities) ऐसी क्रियाएँ, जिनमें धन प्राप्त करने का उद्देश्य शामिल नहीं होता है, अनार्थिक क्रियाएँ कहलाती हैं। इनमें सामाजिक तथा धार्मिक क्रियाएँ शामिल होती हैं।

अर्थशास्त्र की शाखाएँ

अर्थशास्त्र की दो प्रमुख शाखाएँ हैं

व्यष्टि अर्थशास्त्र

- व्यष्टि अर्थशास्त्र (Micro Economics) में वैयक्तिक इकाइयों; जैसे-परिवार, फर्म, उद्योग इत्यादि का अध्ययन किया जाता है।
- व्यष्टि अर्थशास्त्र को **व्यष्टि विश्लेषण** (Micro Analysis) या **मूल्य सिद्धांत** (Value Theory) भी कहा जाता है। इसमें माँग, उत्पादन तथा कीमत निर्धारण से संबंधित सिद्धांतों का अध्ययन किया जाता है।
- व्यष्टि अर्थशास्त्र का उद्देश्य बाजार में माँग तथा आपूर्ति की व्यवस्था को बनाए रखना तथा उपभोग और माँग के अन्य तत्त्वों की पहचान करना है।

समष्टि अर्थशास्त्र

- समष्टि अर्थशास्त्र (Macro Economics) में संपूर्ण अर्थव्यवस्था का अध्ययन किया जाता है।
- इसमें राष्ट्रीय तथा अंतर्राष्ट्रीय अर्थव्यवस्थाओं की अंतर्निर्भरता (Interdependency) का अध्ययन भी किया जाता है। समष्टि अर्थशास्त्र में राष्ट्रीय आय, बचत, व्यापार, कुल निर्यात, रोजगार तथा समग्र कीमत स्तर इत्यादि की व्याख्या तथा उनके लक्ष्यों के निर्धारण एवं प्राप्ति की प्रक्रिया को भी शामिल किया जाता है।
- अर्थशास्त्र की एक पृथक् शाखा के रूप में समष्टि अर्थशास्त्र को आंरभ करने का श्रेय ब्रिटिश अर्थशास्त्री **जॉन मेनार्ड कीन्स** (John Maynard Keynes) को दिया गया है, जिन्होंने अपनी पुस्तक 'जनरल थ्योरी ऑफ एम्प्लॉयमेंट, इंटरेस्ट एंड मनी' (The General Theory of Employment, Interest and Money) में इसे सैद्धांतिक रूप दिया।

अर्थव्यवस्था के क्षेत्र

समाज में लोग विभिन्न आर्थिक गतिविधियों में कार्यरत् रहते हैं, इनमें से कुछ गतिविधियाँ वस्तुओं का उत्पादन करती हैं तथा कुछ अन्य गतिविधियों से सेवाओं का सृजन होता है। इन गतिविधियों को समझने के लिए इन्हें समूहों में वर्गीकृत किया जाता है, इन समूहों को ही **क्षेत्र** (Sectors) कहा जाता है। यह क्षेत्र निम्न प्रकार से वर्गीकृत है

प्राथमिक क्षेत्र

- प्राथमिक क्षेत्र (Primary Sector) की गतिविधियों के अंतर्गत प्राकृतिक संसाधनों (Natural Resources) का उपयोग करके, वस्तु को उत्पादित किया जाता है। अत: प्राथमिक क्षेत्र उन सभी उत्पादों का आधार है, जिन्हें हम निर्मित करते हैं।
- हम अधिकांश प्राकृतिक उत्पाद कृषि, डेयरी, मत्स्यन और वनों से प्राप्त करते हैं, जिसके कारण इस क्षेत्र को **कृषि एवं सहायक क्षेत्र** (Agriculture and Allied Sector) भी कहते हैं।
- प्राथमिक क्षेत्र की देश के कुल सकल घरेलू उत्पाद (GDP-Gross Domestic Product) में हिस्सेदारी वित्त वर्ष 2022-23 के दौरान 21.82% है।

द्वितीयक क्षेत्र

- द्वितीयक क्षेत्र (Secondary Sector) में उन गतिविधियों को स्थान दिया जाता है, जिनके अंतर्गत प्राकृतिक उत्पादों को विनिर्माण (Manufacturing) के द्वारा अन्य उत्पादों में परिवर्तित किया जाता है।
- इस क्षेत्र के अंतर्गत वस्तुओं का उत्पादन प्रत्यक्षत: प्रकृति से नहीं होता है, बल्कि वस्तुएँ निर्मित की जाती हैं, इसलिए विनिर्माण की प्रक्रिया किसी कारखाने, कार्यशाला या घर में हो सकती है; उदाहरणस्वरूप–कपास के पौधे से प्राप्त रेशे का उपयोग सूत कातने और कपड़ा बुनने में किया जाता है।
- यह क्षेत्र विभिन्न प्रकार के संवर्द्धित उद्योगों से जुड़ा है, जिसके कारण इस क्षेत्र को **औद्योगिक क्षेत्र** (Industrial Sector) भी कहा जाता है।
- द्वितीयक क्षेत्र की देश के सकल घरेलू उत्पाद (GDP) में हिस्सेदारी वित्त वर्ष 2022-23 में 24.29% है।

तृतीयक क्षेत्र

- तृतीयक क्षेत्र (Tertiary Sector) के अंतर्गत आने वाली गतिविधियाँ प्राथमिक और द्वितीयक क्षेत्र के विकास में सहायता करती हैं।
- तृतीयक क्षेत्र की गतिविधियाँ स्वत: वस्तुओं का उत्पादन नहीं करती हैं, बल्कि ये उत्पादन प्रक्रिया में सहायता करती हैं। इसमें परिवहन एवं संचार की व्यवस्था शामिल है।
- तृतीयक क्षेत्र की गतिविधियाँ वस्तुओं के स्थान पर सेवाओं का सृजन करती हैं, इसलिए इस क्षेत्र को **सेवा क्षेत्र** (Service Sector) भी कहा जाता है।
- सेवा क्षेत्र के अंतर्गत ऐसी सेवाओं को भी शामिल किया जाता है, जो प्रत्यक्ष रूप से किसी वस्तु का उत्पादन नहीं करती हैं, किंतु उन्हें आवश्यक माना जाता है।
- तृतीयक क्षेत्र के अंतर्गत संचार, परिवहन, बीमा, बैंकिंग, शिक्षा आदि आते हैं।
- तृतीयक क्षेत्र की देश के सकल घरेलू उत्पाद (GDP) में हिस्सेदारी वित्त वर्ष 2022-23 में लगभग 53.33% है।

अर्थव्यवस्था के अन्य क्षेत्र

- **चतुर्थ क्षेत्र** (Quaternary Sector) अर्थव्यवस्था के इस क्षेत्र में बौद्धिक गतिविधियों को शामिल किया जाता है; जैसे-सरकार, संस्कृति, पुस्तकालय, अनुसंधान, शिक्षा, सूचना प्रौद्योगिकी आदि।
- **पंचम क्षेत्र** (Quinary Sector) अर्थव्यवस्था के इस क्षेत्र में उच्च-स्तरीय निर्णय लेने वाले संस्थानों को शामिल किया जाता है; जैसे- सरकार, विश्वविद्यालय, मीडिया, विज्ञान, गैर-लाभकारी संस्थान आदि।

भारतीय अर्थव्यवस्था की विशेषताएँ

भारत एक विकासशील अर्थव्यवस्था (Developing Economy) वाला देश है। भारतीय अर्थव्यवस्था की मूल विशेषताओं को दो भागों में विभाजित किया जा सकता है, जिनका वर्णन निम्नलिखित है

परंपरागत विशेषताएँ

भारतीय अर्थव्यवस्था की परंपरागत विशेषताएँ निम्नलिखित हैं

कृषि की प्रधानता

- भारत में सकल घरेलू उत्पाद में भी कृषि का अंश अधिक है। देश की 45% कार्यशील जनसंख्या कृषि (Agriculture) पर आधारित है तथा सकल घरेलू उत्पाद में कृषि का हिस्सा 18% है।
- भारत के निर्यात व्यापार में कृषि का योगदान 13.3% है। कृषि के साथ अन्य क्षेत्रों का विकास तेजी से हो रहा है, फिर भी कृषि भारत में रोजगार का एक महत्त्वपूर्ण साधन है।

प्रतिव्यक्ति निम्न आय

- भारत में प्रतिव्यक्ति आय (Per Capita Income) का निम्न स्तर विकास में बाधक है। भारत की तीव्र जनसंख्या वृद्धि से यह स्थिति उत्पन्न हुई है।
- प्रतिव्यक्ति आय के निम्न स्तर के कारण ही निर्धनता का विस्तार हुआ है।

ग्रामीण अर्थव्यवस्था

- जनगणना 2011 के अनुसार, भारत की कुल जनसंख्या का 67% भाग ग्रामीण क्षेत्रों में निवास करता है। ग्रामीण जनसंख्या का यह स्तर अत्यधिक है।
- विकसित अर्थव्यवस्थाओं में ग्रामीण जनसंख्या का प्रतिशत निम्न होता है। शहरों के विस्तार से ग्रामीण अर्थव्यवस्था को भी विकास का अवसर मिलता है।

जनसंख्या वृद्धि

- जनसंख्या वृद्धि (Population Growth) का तीव्र अनुपात भारतीय अर्थव्यवस्था की वृद्धि दर को कमजोर बनाता है। वर्ष 2001-2011 के बीच जनसंख्या की दशकीय वृद्धि दर 17.64% रही है।
- तीव्र जनसंख्या वृद्धि दर के कारण उपलब्ध संसाधनों पर दबाव बढ़ा है और सीमित संसाधनों के कारण कुछ लोगों तक संसाधनों की पहुँच हुई, जिससे सामाजिक-आर्थिक असमानता बढ़ी है।

बेरोजगारी

- भारत में मानव श्रम की उपलब्धता अधिक है, जबकि इसके अनुपात में उत्पादक कार्यों की कमी है। ऐसी अवस्था में सभी के लिए रोजगार की व्यवस्था करना कठिन है।
- कृषि क्षेत्र में आवश्यकता से अधिक लोगों के कार्यरत् होने से उत्पादकता प्रभावित हुई है।
- भारत में कृषि के क्षेत्र में मानव संसाधन आवश्यकता से अधिक संलग्न हैं।

आय वितरण में असमानता

- भारत में आय तथा संपत्ति के वितरण में अत्यधिक असमानता है। इस असमानता के कारण गरीबी तथा बेरोजगारी की समस्याएँ उत्पन्न हुई हैं।
- विकसित देशों में कराधान की **प्रगामी प्रणाली** (Progressive System) के कारण आय वितरण में अधिक असमानता नहीं है।
- सामाजिक सुरक्षा, व्यवस्था, शिक्षा, प्रशिक्षण तथा रोजगार के समान अवसरों के कारण ऐसी अर्थव्यवस्थाओं में आर्थिक असमानताएँ कम हैं।

नवीन विशेषताएँ

भारतीय अर्थव्यवस्था की नवीन विशेषताएँ निम्नलिखित हैं

नियोजित अर्थव्यवस्था

- भारत में नियोजित अर्थव्यवस्था (Planned Economy) की शुरुआत **योजना आयोग** (Planning Commission) की स्थापना तथा **पंचवर्षीय योजनाओं** (Five Year Plan) के स्तर पर हुई।
- वर्ष 1951 से वर्ष 2017 तक बारह पंचवर्षीय योजनाओं को संचालित किया गया है।
- नीति आयोग का गठन 1 जनवरी, 2015 को किया गया। वर्तमान में यह संस्था नियोजन के लिए उत्तरदायी है। इसके माध्यम से अल्पकालिक तथा दीर्घकालिक योजनाओं को दिशा प्रदान की जा रही है।

उद्योगों का विकास

- भारत में विभिन्न पंचवर्षीय योजनाओं के दौरान औद्योगिक संयंत्रों की स्थापना द्वारा उद्योगों के विकास का निरंतर प्रयास किया गया।
- वर्ष 1991 में आर्थिक सुधारों के लिए लागू की गई 'नई आर्थिक नीति' के साथ उदारीकरण, निजीकरण एवं वैश्वीकरण की प्रक्रिया आरंभ की गई। इससे भारत में औद्योगिक विकास को गति मिली है।

आर्थिक विकास

- अर्थव्यवस्था में होने वाले गुणात्मक परिवर्तन को आर्थिक विकास (Economic Development) कहते हैं। सामान्यत: किसी क्षेत्र विशेष, देश अथवा व्यक्तियों की **आर्थिक संवृद्धि** (Economic Growth) में वृद्धि को **आर्थिक विकास** कहा जाता है।
- आर्थिक विकास एक बहुआयामी (Multi Dimensional) प्रक्रिया है। इसमें मौद्रिक आय के कारण होने वाली वृद्धि के साथ शिक्षा, सार्वजनिक स्वास्थ्य तथा सामाजिक परिस्थितियों में सुधार को शामिल किया जाता है।
- नीति निर्माण की दृष्टि से आर्थिक विकास में उन सभी प्रयत्नों को शामिल किया जाता है, जिनका लक्ष्य किसी जन-समुदाय की आर्थिक स्थिति व जीवन-स्तर में सुधार करना होता है।
- आर्थिक विकास के संदर्भ में विभिन्न विशेषज्ञों ने अपने-अपने विचार व्यक्त किए हैं, परंतु इस संदर्भ में **जी. एम. मायर** (GM Meier) द्वारा प्रस्तुत परिभाषा को व्यापक स्वीकृति मिली है।
- इस परिभाषा के अनुसार, "आर्थिक विकास वह प्रक्रिया है, जिसके परिणामस्वरूप किसी देश की वास्तविक प्रतिव्यक्ति आय में दीर्घकालिक वृद्धि होती है, परंतु इससे गरीबी-रेखा (Poverty Line) के नीचे रहने वाले व्यक्तियों तथा उनके आय के वितरण की असमानता नहीं बढ़नी चाहिए।"
- सकल घरेलू उत्पाद में परिवर्तन की दर **आर्थिक विकास दर** (Economic Development Rate) कहलाती है।

आर्थिक विकास के संकेतक

विभिन्न राष्ट्रीय और अंतर्राष्ट्रीय संगठनों द्वारा किसी राष्ट्र के जीवन की गुणवत्ता को अधिक व्यापक माप प्रदान करने के लिए वैकल्पिक संकेतक विकसित किए गए, जो निम्नलिखित हैं

1. मानव विकास सूचकांक

- संयुक्त राष्ट्र विकास कार्यक्रम (UNDP) द्वारा प्रकाशित मानव विकास सूचकांक (HDI-Human Development Index) एक सांख्यिकी उपकरण है, जिसका प्रयोग किसी देश के सामाजिक और आर्थिक आयामों में समग्र उपलब्धियों को मापने के लिए किया जाता है।
- किसी देश के सामाजिक और आर्थिक आयाम लोगों के स्वास्थ्य, उनकी शिक्षा प्राप्ति के स्तर और उनके जीवन स्तर पर आधारित होते हैं, इसके अंतर्गत तीन प्रमुख **संकेतक** (Indicators) हैं
  (i) स्वास्थ्य के लिए जीवन प्रत्याशा
  (ii) स्कूली शिक्षा के अपेक्षित वर्ष और शिक्षा के लिए स्कूली शिक्षा के वर्षों का औसत
  (iii) जीवन स्तर के लिए प्रतिव्यक्ति सकल राष्ट्रीय आय।

2. बहुआयामी गरीबी सूचकांक

- बहुआयामी गरीबी सूचकांक (MPI- Multidimensional Poverty Index) वर्ष 2010 में **संयुक्त राष्ट्र विकास कार्यक्रम** (UNDP, United Nations Development Programme) और **ऑक्सफोर्ड निर्धनता एवं मानव विकास** (OPHI-Oxford Poverty Human Development Initiative) द्वारा प्रारंभ किया गया था।
- यह सूचकांक इस विचार पर आधारित है कि गरीबी एक आयाम नहीं है। यह सूचकांक **तीन आयामों** और **दस संकेतकों** का उपयोग करता है

आयाम	संकेतक
1. शिक्षा	1. स्कूली शिक्षा, 2. बच्चों के नामांकन के वर्ष,
2. स्वास्थ्य	3. बाल मृत्यु दर, 4. पोषण
3. जीवन स्तर	5. बिजली, 6. पीने का पानी, 7. स्वच्छता 8. खाना पकाने का ईंधन 9. संपत्ति 10. सामाजिक सुरक्षा

- यदि कोई व्यक्ति भारित संकेतकों के एक-तिहाई से अधिक संकेतकों से वंचित होने पर बहुआयामी गरीबी का शिकार माना जाता है, तो आधे या आधे से अधिक भारित संकेतकों से वंचित व्यक्ति अत्यधिक बहुआयामी गरीबी से ग्रस्त माना जाता है।

3. वैश्विक खुशहाली सूचकांक

- इस सूचकांक को **यूएन सस्टेनेबल डेवलपमेंट सॉल्यूशंस नेटवर्क** (UN Sustainable Development Solutions Network) द्वारा तैयार किया जाता है। इसके अंतर्गत यह माना गया है कि प्रतिव्यक्ति आय नहीं, बल्कि स्वास्थ्य एवं खुशहाल जीवन को आर्थिक विकास का मापक माना जाना चाहिए।
- इस सूचकांक का उद्देश्य यह बताना नहीं है कि विश्व में सबसे खुशी वाला देश कौन है, बल्कि यह उस सापेक्षिक कुशलता (Relativity Skills) को प्रदर्शित करता है, जिससे कोई देश, पृथ्वी पर उपलब्ध प्राकृतिक संसाधनों का उपयोग अपने नागरिकों के जीवन को खुशहाल बनाने में करता है।
- इस सूचकांक का आधार सामाजिक सहयोग, आय, स्वास्थ्य, स्वतंत्रता उदारता और भ्रष्टाचार की स्थिति है।

4. लैंगिक असमानता सूचकांक

- विश्व आर्थिक मंच (World Economic Forum) द्वारा लैंगिक असमानता सूचकांक जारी किया जाता है।
- इस सूचकांक में 4 क्षेत्रों में लैंगिक अंतराल (Gender Inequality) को मापा जाता है
  (i) आर्थिक भागीदारी और अवसर
  (Economic Participation and Opportunity)
  (ii) शैक्षणिक उपलब्धियाँ (Educational Attainment)
  (iii) स्वास्थ्य एवं उत्तरजीविता (Health and Survival)
  (iv) राजनीतिक सशक्तीकरण (Political Empowerment)

5. वैश्विक भूख सूचकांक

- वैश्विक भूख सूचकांक (GHI-Global Hunger Index) **कंसर्न वर्ल्ड वाइड तथा वेल्थुंगरहिल्फ** द्वारा संयुक्त रूप से वार्षिक स्तर पर प्रकाशित किया जाता है। इसे वर्ष 2006 से प्रकाशित किया जा रहा है। इसकी गणना चार संकेतों के आधार पर की जाती है
  (i) अल्प पोषण (Under Nourishment)
  (ii) बच्चों में नाटापन (Child Stunting)
  (iii) बच्चों में कम वजन (Child Wasting)
  (iv) बाल मृत्यु दर (Child Mortality Rate)
- इस सूचकांक के प्रकाशन का उद्देश्य वैश्विक, क्षेत्रीय तथा राष्ट्रीय स्तर पर भूख को व्यापक रूप से मापना तथा उसे ज्ञात करना है।
- वैश्विक भुखमरी सूचकांक में 0 से 100 के बीच अंक देकर देशों की स्थिति को निश्चित किया जाता है।
- यह 'शून्य भुखमरी' से 'अत्यधिक भुमखरी' तक की गणना का मापन करता है।

आर्थिक संवृद्धि

- आर्थिक संवृद्धि (Economic Growth) का तात्पर्य प्रतिव्यक्ति वास्तविक आय (Per Capita-Income) अथवा **शुद्ध भौतिक उत्पाद** (Net Physical Product) में वृद्धि से है। सामान्यत: यदि सकल राष्ट्रीय उत्पाद, सकल घरेलू उत्पाद तथा प्रतिव्यक्ति आय में वृद्धि होती है, तो आर्थिक संवृद्धि में भी वृद्धि होती है।
- 1970 के दशक में आर्थिक संवृद्धि तथा आर्थिक विकास को एक ही माना जाता था, लेकिन वर्तमान समय में इनमें अंतर किया जाता है अर्थात् आर्थिक संवृद्धि को आर्थिक विकास के एक भाग के रूप में देखा जाता है।
- वास्तव में, आर्थिक संवृद्धि से आशय सकल घरेलू उत्पाद (GDP-Gross Domestic Product), सकल राष्ट्रीय उत्पाद (GNP-Gross National Product) एवं शुद्ध राष्ट्रीय उत्पाद (NNP-Net National Product) में निरंतर होने वाली वृद्धि से है अर्थात् आर्थिक संवृद्धि उत्पादन की वृद्धि से संबंधित है। निवल राष्ट्रीय उत्पाद में परिवर्तन की दर 'आर्थिक संवृद्धि दर' (Economic Growth Rate) कहलाती है। इसको राष्ट्रीय आय की वृद्धि दर भी कहा जाता है।

सतत विकास लक्ष्य

- ब्राजील के **रियो-डि-जनेरियो** शहर में जून, 2012 में सतत विकास संबंधी संयुक्त राष्ट्र सम्मेलन (रियो-20) में **दि फ्यूचर वी वांट** नामक दस्तावेज (Document) जारी किया गया।
- इस दस्तावेज द्वारा अधिदेशित (Mandated) तीस सदस्यीय कार्यदल ने जुलाई, 2014 में **17 सतत विकास लक्ष्य** (SDG-Sustainable Development Goals) जारी किए हैं, जो वर्ष 2030 तक प्राप्त किए जाने हैं। इन लक्ष्यों में व्यापक स्तर पर संपोषणीय विकास (Sustainable Development) के मुद्दे शामिल किए गए हैं।
- वर्ष 2015 में इन लक्ष्यों को संयुक्त राष्ट्र के **विकास एजेंडा** (Development Agenda) में सम्मिलित किया गया है। ये 17 सतत विकास लक्ष्य निम्नलिखित हैं
  (i) गरीबी के सभी रूपों को समाप्त करना।
  (ii) भुखमरी को समाप्त करना, खाद्य सुरक्षा प्राप्त करना, पोषण में सुधार लाना तथा **संपोषणीय कृषि** (Sustainable Agriculture) को बढ़ावा देना।
  (iii) स्वास्थ्य सुनिश्चित करना और प्रत्येक आयु में सभी के लिए तंदुरुस्ती (Build Good Health For All) को बढ़ावा देना।
  (iv) समावेशी और साम्यपूर्ण स्तरीय शिक्षा (Equitable Quality Education) सुनिश्चित करना और सबके लिए आजीवन पठन-पाठन के अवसरों को बढ़ावा देना।
  (v) लिंग संबंधी समानता प्राप्त करना और सभी महिलाओं एवं बालिकाओं का सशक्तीकरण करना।
  (vi) सबके लिए जल एवं स्वच्छता की उपलब्धता और स्थायी प्रबंधन सुनिश्चित करना।
  (vii) सबके लिए वहनीय, विश्वसनीय और आधुनिक ऊर्जा की उपलब्धता सुनिश्चित करना।
  (viii) सबके लिए स्थायी, समावेशी (Inclusive) और सतत आर्थिक विकास (Sustainable Economic Growth), पूर्ण एवं लाभकारी तथा उचित रोजगार को बढ़ावा देना।
  (ix) समुत्थानशील अवसंरचना (Resilient Infrastructure) निर्मित करना, समावेशी एवं संपोषणीय औद्योगीकरण को बढ़ावा देना तथा नवोन्मेष (Innovation) को प्रोत्साहित करना।
  (x) देशों के अंदर और आपस में भी असमानता कम करना।
  (xi) शहरों और मानव बस्तियों को समावेशी, सुरक्षित और संपोषणीय बनाना।

(xii) संपोषणीय खपत (Sustainable Consumption) और उत्पादन प्रतिरूप (Pattern) सुनिश्चित करना।

(xiii) जलवायु परिवर्तन एवं इसके प्रभावों का सामना करने के लिए तत्काल कार्रवाई करना।

(xiv) सतत विकास के लिए महासागरों, समुद्रों और समुद्री संसाधनों का संरक्षण करना एवं संपोषणीय तरीके से उपयोग करना।

(xv) पृथ्वी के पारिस्थितिकी तंत्रों (Ecosystem) का संरक्षण एवं पुनरुद्धार करना तथा उनके संपोषणीय उपयोग को बढ़ावा देना।

(xvi) संपोषणीय विकास के लिए **शांतिपूर्ण व समावेशी सोसायटियों** (Peaceful and Inclusive Institution) का संवर्द्धन करना।

(xvii) सबके लिए न्याय सुलभ करना और सभी स्तरों पर प्रभावी, जवाबदेही व समावेशी संस्थाओं का निर्माण करना।

भारत और उसके पड़ोसी देशों के तुलनात्मक विकास अनुभव

- भारत, पाकिस्तान और चीन तीनों देशों ने एक ही प्रकार से अपनी विकास नीतियाँ तैयार की थीं।
- भारत ने वर्ष 1951-56 में प्रथम पंचवर्षीय योजना की घोषणा की, वहीं पाकिस्तान ने वर्ष 1956 में एवं चीन ने वर्ष 1953 में अपनी प्रथम पंचवर्षीय योजना की घोषणा की।
- **चीन** में महत्त्वपूर्ण क्षेत्रों, उद्यमों तथा भूमि को सरकारी नियंत्रण में लाया गया।
- वर्ष 1958 में चीन में **ग्रेट लीप फॉरवर्ड** अभियान शुरू किया गया, जिसका उद्देश्य बड़े पैमाने पर देश का औद्योगीकरण करना था,
  इसमें लोगों को अपने घर के पीछे उद्योग लगाने के लिए प्रोत्साहित किया गया।
- ग्रामीण क्षेत्रों में कम्यून (Commune) प्रारंभ किए गए, इस पद्धति के अंतर्गत लोग सामूहिक रूप से खेती करते थे। वर्ष 1996 में माओ ने महान **सर्वहारा सांस्कृतिक क्रांति** का आरंभ किया।
- **पाकिस्तान** में सार्वजनिक तथा निजी क्षेत्रकों के सह-अस्तित्व वाली मिश्रित अर्थव्यवस्था मॉडल का अनुसरण किया जाता है।
- पाकिस्तान ने 1970 और 1980 के दशकों के अंत में अपनी नीति बदल दी और राष्ट्रीयकरण पर अधिक बल नहीं दिया।
- 1970 के दशक में पूँजीगत वस्तुओं के उद्योगों का राष्ट्रीयकरण (Nationalisation) हुआ।
- वर्तमान समय में सभी देशों में निजी क्षेत्र (Private Sector) को प्रोत्साहित किया जा रहा है।

अतिरिक्त तथ्य
तमिलनाडु बोर्ड एवं NIOS

अर्थशास्त्र

- वास्तविक अर्थशास्त्र के अंतर्गत आर्थिक विश्लेषण का अध्ययन किया जाता है, क्योंकि यह तथ्यों और सांख्यिकीय आँकड़ों पर आधारित होता है।
- वास्तविक अर्थशास्त्र का संबंध क्या से होता है, क्योंकि इसमें आर्थिक तथ्यों का विश्लेषण सांख्यिकीय आँकड़ों से होता है।
- आदर्श अर्थशास्त्र के अंतर्गत मूल्यगत नीति-निर्णय लेने वाली बातें सम्मिलित होती हैं। इसमें समाज के लिए नीति निर्धारण संबंधी बातें महत्त्वपूर्ण हैं।

व्यष्टि और समष्टि अर्थशास्त्र में अंतर

- **अध्ययन के पैमाने में अंतर** : व्यष्टि अर्थशास्त्र में व्यक्तिगत आर्थिक व्यवहारों का, जबकि समष्टि अर्थशास्त्र में समुच्चयों का अध्ययन होता है।
- **अध्ययन के क्षेत्र में अंतर** : समष्टि अर्थशास्त्र का सम्बन्ध आय रोजगार और संवृद्धि के अध्ययन से है, जबकि व्यष्टि अर्थशास्त्र का सम्बन्ध अनुकूलतम साधन आवंटन और आर्थिक क्रियाओं से है।
- दोनों की कीमत एवं आय अवधारणों के महत्व में अंतर, अध्ययन की विधि में अंतर तथा विश्लेषण तथ्यों में अंतर होता है।

समष्टि और व्यष्टि अर्थशास्त्र का महत्त्व

- समष्टि और व्यष्टि अर्थशास्त्र की शाखाएँ एक-दूसरे की पूरक होती हैं, जिनके व्यावहारिक पक्ष का संबंध अर्थशास्त्र और वाणिज्य से है।
- व्यष्टि अर्थशास्त्र के विश्लेषण के क्षेत्र-कृषि, श्रम, अंतर्राष्ट्रीय संबंध, उपभोग, तुलनात्मक अर्थशास्त्र, क्षेत्रीय, लोकवित अर्थशास्त्र हैं।
- समष्टि अर्थशास्त्र में आर्थिक नीतियों और कार्यान्वयन, आर्थिक विकास का अध्ययन, कल्याण अर्थशास्त्र, मुद्रा स्फीति, मुद्रा संकुचन का अध्ययन आदि शामिल हैं।

सार्वजनिक वस्तुएँ

- ये वस्तुएँ सभी व्यक्तियों के उपभोग हेतु नि:शुल्क उपलब्ध होती है।
- ये अप्रतिस्पर्द्धी होती हैं अर्थात् एक व्यक्ति दूसरे की संतुष्टि में कमी किए बिना अपनी संतुष्टि में वृद्धि कर सकता है तथा सार्वजनिक वस्तुएँ अवर्ज्य होती हैं अर्थात् किसी को इन वस्तुओं का लाभ उठाने से वर्जित करने का कोई सम्भव तरीका नहीं है; जैसे–राष्ट्रीय सुरक्षा, कानून प्रवर्तन आदि।

निजी वस्तुएँ

- इन वस्तुओं का उपभोग निजी व्यक्तियों द्वारा किया जाता है। ये वस्तुएँ भुगतान के बाद प्राप्त होती हैं।
- ये उपभोक्ताओं के मध्य प्रतिस्पर्द्धी तथा वर्ज्य (excludable) होती हैं; जैसे-भोजन, पेय पदार्थ आदि।

एंजेल का उपभोग नियम

- परिवार की आय तथा उपभोग व्यय के बीच संबंधों का एक आर्थिक सिद्धांत है।
- इस सिद्धांत के अनुसार आय में वृद्धि होने पर
  1. भोजन पर होने वाले व्यय अनुपात में कमी होगी।
  2. मकान तथा वस्त्रों पर व्यय स्थिर रहेगा
  3. शिक्षा, स्वास्थ्य तथा मनोरंजन पर व्यय में वृद्धि होगी।

02

राष्ट्रीय आय

(स्रोत)

Class X New NCERT Chap 1 विकास, Class XI New NCERT Chap 1 स्वतंत्रता की पूर्व संध्या पर भारतीय अर्थव्यवस्था, Class XII New NCERT Chap 2 राष्ट्रीय आय का लेखांकन, Chap 4 आय और रोजगार के निर्धारण, Class XII Old NCERT Chap 2 समष्टि अर्थव्यवस्था की रचना और राष्ट्रीय आय का लेखांकन, Chap 3 राष्ट्रीय आय का लेखांकन : अवधारणाएँ और मापन, Chap 4 समष्टि अर्थशास्त्र में समग्र माँग और समग्र आपूर्ति परिशिष्ट, Chap 5 समग्र माँग और इसके घटक, परिशिष्ट, Chap 6 आय, रोजगार तथा उत्पादन निर्धारण Tamil Nadu Board (Class-XII), NIOS

राष्ट्रीय आय

किसी देश की अर्थव्यवस्था द्वारा एक वर्ष में उत्पादित **अंतिम वस्तुओं** व **सेवाओं** (Final Goods and Services) के शुद्ध मूल्य के योग को राष्ट्रीय आय (National Income) कहते हैं। इसके अंतर्गत विदेशों से अर्जित शुद्ध आय भी सम्मिलित होती है।

भारत में राष्ट्रीय आय की गणना का प्रारंभ

- राष्ट्रीय आय की गणना करने का प्रथम प्रयास 1868 ई. में **दादाभाई नौरोजी** ने अपनी पुस्तक **पॉवर्टी एण्ड अन-ब्रिटिश रूल इन इंडिया** में किया था, जिसमें इन्होंने ₹ 20 प्रतिव्यक्ति आय का अनुमान लगाया।
- वर्ष 1925 से 1929 में **डॉ. वी के आर वी राव** द्वारा एक और प्रयास किया गया तथा इन्होंने ₹ 76 प्रतिव्यक्ति आय का अनुमान लगाया।
- वर्ष 1931-32 में डॉ. वी के आर वी राव ने सर्वप्रथम वैज्ञानिक विधि से राष्ट्रीय आय की गणना की तथा राष्ट्रीय आय लेखा प्रणाली (National Income Accounting System) का प्रतिपादन किया। डॉ. वी के आर वी राव को **राष्ट्रीय आय लेखा प्रणाली का जनक** कहा जाता है।
- स्वतंत्रता-पूर्व काल में उपलब्ध आँकड़ों के आधार पर डॉ. वी के आर वी राव का अनुमान सर्वाधिक विश्वसनीय है।
- **राष्ट्रीय आय समिति** (National Income Committee) तथा **केंद्रीय सांख्यिकीय कार्यालय** (अब राष्ट्रीय सांख्यिकीय कार्यालय) ने डॉ. वी के आर वी राव की पद्धति को कुछ संशोधनों के साथ स्वीकार किया।
- भारत सरकार ने **डॉ. पी सी महालनोबिस** की अध्यक्षता में एक राष्ट्रीय समिति की नियुक्ति की।
- इस समिति ने अपनी पहली रिपोर्ट वर्ष 1951 में और अंतिम रिपोर्ट वर्ष 1954 में दी। इस समिति ने ₹ 8650 **राष्ट्रीय आय** तथा ₹ 246.50 **प्रतिव्यक्ति आय** का अनुमान लगाया।

राष्ट्रीय आय और उसके लेखन में उपयोगी शब्द

- **अंतिम वस्तुएँ** (Final Goods) ऐसी वस्तुएँ जो अंतिम उपयोग के लिए हैं तथा उत्पादन या परिवर्तन के किसी भी चरण से नहीं गुजरेंगी, अंतिम वस्तुएँ कहलाती हैं।
- **मध्यवर्ती वस्तुएँ** (Intermediate Goods) कुछ वस्तुओं का उपयोग अन्य उत्पादकों द्वारा सामग्री इनपुट के रूप में किया जाता है, जिन्हें मध्यवर्ती वस्तुएँ कहते हैं। इनका उपयोग अधिकांश कच्चे माल के उत्पादन के लिए इनपुट के रूप में किया जाता है।
- **मूल्यह्रास** (Depreciation) यह दर्शाता है कि किसी संपत्ति के मूल्य का कितना उपयोग किया गया है। मूल्यह्रास प्राय: पूँजीगत वस्तुओं की टूट-फूट के लिए वार्षिक भत्ता है।
- **बाजार मूल्य** (Market Price) यह वास्तविक लेन-देन मूल्य को संदर्भित करता है। बाजार मूल्य में उत्पाद शुल्क, वैट, सेवा कर, सीमा शुल्क तथा सरकारी सब्सिडी जैसे अप्रत्यक्ष कर सम्मिलित होते हैं।
- **साधन लागत** (Factor Cost) इसका अर्थ किसी वस्तु या सेवा के उत्पादन में उपभोग या उपयोग किए गए उत्पादन के सभी कारकों की कुल लागत से लगाया जाता है। इसमें सरकारी अनुदान और सब्सिडी शामिल हैं।
- **क्रय शक्ति समता** (Purchasing Power Parity-PPP) यह वह दर है, जिस पर प्रत्येक देश में समान मात्रा में वस्तुएँ और सेवाएँ खरीदने के लिए एक देश की मुद्रा को दूसरे देश की मुद्रा में परिवर्तित किया जाता है।

- **आधार वर्ष** (Base Year) वह वर्ष, जिसके विरुद्ध किसी सूचकांक का प्रदर्शन मापा जाता है, आधार वर्ष कहलाता है।
- **हिंदू वृद्धि दर** (Hindu Growth Rate) इस दर का तात्पर्य भारतीय अर्थव्यवस्था में राष्ट्रीय आय अथवा वास्तविक वृद्धि दर से संबंधित है।
- हिंदू वृद्धि दर अवधारणा के प्रतिपादक **प्रो. राजकृष्ण** थे। वर्ष 1991 में अपनाई गई उदारीकरण की नीति के पश्चात् भारत इस वृद्धि दर से बाहर निकलने में सफल रहा।

राष्ट्रीय आय लेखांकन

राष्ट्रीय आय लेखांकन (National Income Accounting) प्रायः उत्पादन, उपभोग एवं वितरण से संबंधित व्यवस्था का विवरण प्रस्तुत करता है। यह अर्थव्यवस्था के विभिन्न क्षेत्रों की कार्यप्रणाली को प्रदर्शित करता है।

राष्ट्रीय आय से संबंधित अवधारणाएँ

राष्ट्रीय आय की गणना के संबंध में मूलतः दो अवधारणाओं- **राष्ट्रीय उत्पाद** (National Product) तथा **सकल घरेलू उत्पाद** (Gross Domestic Product) को आधार बनाया जाता है।

राष्ट्रीय आय से संबंधित प्रमुख अवधारणाएँ निम्नलिखित हैं

बाजार कीमत पर सकल घरेलू उत्पाद (GDP_{MP})

- सकल घरेलू उत्पाद (GDP) प्रायः एक देश की घरेलू सीमा में, एक वर्ष में उत्पादित सभी अंतिम वस्तुओं तथा सेवाओं का बाजार मूल्य है।
- बाजार कीमत पर सकल घरेलू उत्पाद (GDP_{MP}-Gross Domestic Product at Market Price) में सभी निवासियों तथा गैर-निवासियों द्वारा नए उत्पादन को शामिल किया जाता है। इसके अतिरिक्त उत्पादन का स्वामित्व या तो एक स्थानीय कंपनी द्वारा या किसी विदेशी स्वामित्व वाली कंपनी द्वारा किया जाता है। बाजार कीमत पर सकल घरेलू उत्पाद का आकलन निम्न सूत्र द्वारा किया जाता है

$$GDP_{MP} = C + I + G + X - M$$

यहाँ C- उपभोग परिव्यय (Consumption Expenditure); I-निवेश परिव्यय (Investment Expenditure); G-सरकारी परिव्यय (Government Consumption and Investment); X-निर्यात (Export); M- आयात (Import) है।

साधन लागत पर सकल घरेलू उत्पाद (GDP_{FC})

- साधन लागत पर सकल घरेलू उत्पाद (GDP_{FC}-Gross Domestic Product at Factor Cost), बाजार कीमतों पर GDP में से **शुद्ध अप्रत्यक्ष कर** (NIT-Net Indirect Tax) घटाने पर प्राप्त होती है।
- बाजार कीमतें, वे कीमतें हैं, जो उपभोक्ता द्वारा दी जाती हैं। बाजार कीमतों में उत्पाद करों तथा उपदानों को शामिल किया जाता है।
- साधन लागत पर सकल घरेलू उत्पाद एक देश की घरेलू सीमा में एक वर्ष में फर्मों द्वारा किए गए उत्पादन के मौद्रिक मूल्य की माप है।
- साधन लागत पर सकल घरेलू उत्पाद का आकलन निम्न सूत्र द्वारा किया जाता है

$$GDP_{FC} = GDP_{MP} - NIT$$

बाजार कीमतों पर शुद्ध घरेलू उत्पाद (NDP_{MP})

- बाजार कीमतों पर शुद्ध घरेलू उत्पाद (NDP_{MP}-Net Domestic Product at Market Price) में नीति निर्धारकों को यह ज्ञात होता है कि चालू GDP को बनाए रखने के लिए देश को कितना व्यय करना पड़ेगा। यदि मूल्यह्रास (Depreciation) के कारण हुई पूँजी स्टॉक की हानि को विस्थापित नहीं किया जाता, तो सकल घरेलू उत्पाद घटेगा।
- बाजार कीमतों पर शुद्ध घरेलू उत्पाद का आकलन निम्न सूत्र द्वारा किया जाता है

अर्थात् $$NDP_{MP} = GDP_{MP} - \text{Depreciation}$$

साधन लागत पर शुद्ध घरेलू उत्पाद (NDP_{FC})

- साधन लागत पर शुद्ध घरेलू उत्पाद (NDP_{FC}-Net Domestic Product at Factor Cost) में उत्पादन के साधनों द्वारा मजदूरी, लाभ, लगान तथा ब्याज के रूप में देश की घरेलू सीमा के भीतर अर्जित आय सम्मिलित है।
- साधन लागत पर शुद्ध घरेलू उत्पाद का आकलन निम्न सूत्र द्वारा किया जाता है

$$NDP_{FC} = NDP_{MP} - \text{निवल उत्पाद कर-निवल उत्पादन कर}$$

बाजार कीमतों पर सकल राष्ट्रीय उत्पाद (GNP_{MP})

- एक देश के सभी उत्पादन के साधनों द्वारा एक वर्ष में उत्पादित सभी अंतिम वस्तुओं तथा सेवाओं का मूल्य बाजार कीमतों पर सकल राष्ट्रीय उत्पाद (GNP_{MP}-Gross National Product at Market Price) है। GNP_{MP} में एक देश के सभी नागरिकों द्वारा उत्पादित आर्थिक उत्पादन को शामिल किया जाता है।
- बाजार कीमतों पर सकल राष्ट्रीय उत्पाद का आकलन निम्न सूत्र द्वारा किया जाता है

$$GNP_{MP} = GDP_{MP} + NFIA$$

यहाँ NFIA (Net Factor Income From Abroad) का अर्थ है-विदेशों से प्राप्त शुद्ध कारक आय।

साधन लागत पर सकल राष्ट्रीय उत्पाद (GNP_{FC})

- साधन लागत पर सकल राष्ट्रीय उत्पाद (GNP_{FC}-Gross National Product at Factor Cost) प्रायः एक अर्थव्यवस्था के सभी उत्पादन के साधनों द्वारा प्राप्त उत्पादन की माप है।
- साधन लागत पर सकल राष्ट्रीय उत्पाद का आकलन निम्न सूत्र द्वारा किया जाता है

$$GNP_{FC} = GNP_{MP} - \text{निवल उत्पाद कर-निवल उत्पादन कर}$$

राष्ट्रीय आय को मापने की विधियाँ

राष्ट्रीय आय, साधन लागत पर आकलित निवल राष्ट्रीय उत्पाद है। इसकी लेखांकन संबंधी अवधारणा सर्वप्रथम **साइमन कुजनेट्स** द्वारा प्रतिपादित की गई। इसे तीन विधियों द्वारा प्रस्तुत किया जाता है। ये विधियाँ निम्न प्रकार हैं

उत्पाद पद्धति

- उत्पाद पद्धति (Product Method) को **वस्तु-सेवा विधि** (Goods-Service System) भी कहा जाता है। इसके अंतर्गत यह आकलन किया जाता है कि अंतिम उत्पाद में प्रत्येक उद्योग ने अलग-अलग क्या योगदान दिया है।
- इस पद्धति के अंतर्गत सर्वप्रथम देश में एक वर्ष में उत्पादित अंतिम वस्तुओं एवं सेवाओं का मूल्य ज्ञात कर लिया जाता है।
- इसके योग को **बाजार मूल्य पर आधारित सकल घरेलू उत्पाद** (GDP_{MP}-Gross Domestic Product at Market Price) कहा जाता है तथा इसके आधार पर GDP_{FC} ज्ञात किया जाता है। उत्पाद पद्धति से राष्ट्रीय आय मापने का सूत्र निम्न है

$GDP_{FC} = GDP_{MP}$ – अप्रत्यक्ष कर + उपदान सब्सिडी

आय पद्धति

- आय पद्धति (Income Method) के अंतर्गत राष्ट्रीय आय का आकलन उत्पाद कारकों के लिए भुगतान के आधार पर किया जाता है।
- राष्ट्रीय आय की गणना के लिए विभिन्न क्षेत्रों में कार्यरत् व्यक्तियों तथा व्यावसायिक उपक्रमों की शुद्ध आय का योग प्राप्त किया जाता है अर्थात् यह सभी उत्पादन साधनों की आय का योग है।
- आय पद्धति से राष्ट्रीय आय मापने का सूत्र निम्न है

सकल राष्ट्रीय आय = कर्मचारियों के प्रतिफल GNP_{MP} + लाभ + भाड़ा + ब्याज + मिश्रित आय + शुद्ध ह्रास + शुद्ध अप्रत्यक्ष कर + विदेश से प्राप्त आय

व्यय विधि

- व्यय विधि (Consumption Method) के अनुसार, कुल आय या तो उपभोग पर व्यय की जाती है अथवा बचत पर; अत: राष्ट्रीय आय कुल उपभोग व्यय तथा कुल बचत का योग होता है।
- इस विधि से आय की गणना के लिए उपभोक्ता की आय तथा उनकी बचत से संबंधित आँकड़ों का होना आवश्यक होता है।
- भारत में राष्ट्रीय आय की गणना के लिए उत्पाद पद्धति तथा आय पद्धति के सम्मिश्रण का प्रयोग किया जाता है।
- व्यय विधि से राष्ट्रीय आय मापने का सूत्र निम्न है

राष्ट्रीय आय = कुल उपभोग व्यय + कुल बचत

भारत में सकल घरेलू उत्पाद की गणना

- किसी देश में सकल घरेलू उत्पाद की गणना **राष्ट्रीय सांख्यिकी कार्यालय** (NSO-National Statistical Office) करता है।
- सकल घरेलू उत्पाद के **अंतर्राष्ट्रीय मानक राष्ट्रीय लेखा प्रणाली** (International Standard System of National Accounts) से प्राप्त किए जाते हैं।
- ये मानक अंतर्राष्ट्रीय मुद्रा कोष, विश्व बैंक, आर्थिक सहयोग एवं विकास संगठन, यूरोपीय आयोग तथा संयुक्त राष्ट्र द्वारा संकलित किए जाते हैं।

भारत में सकल घरेलू उत्पाद गणना निम्न आधार पर की जाती है

सकल मूल्य योजित

- **सकल मूल्य योजित** (GVA-Gross Value Added) माप को सकल घरेलू उत्पाद में सब्सिडी से प्रत्यक्ष बिक्री कर को घटाकर प्रस्तुत किया जाता है।
- इसका अनुमान कारक लागत के स्थान पर मूल कीमतों पर किया जाता है।

शुद्ध घरेलू उत्पाद

- यह किसी देश की अर्थव्यवस्था का वह शुद्ध घरेलू उत्पाद (Net Domestic Product) है, जिसे एक वर्ष के दौरान होने वाले मूल्य ह्रास को घटाकर प्राप्त किया जाता है।
- शुद्ध घरेलू उत्पाद का आकलन निम्न सूत्र द्वारा किया जाता है

शुद्ध घरेलू उत्पाद = सकल घरेलू उत्पाद (GDP)– मूल्य ह्रास

सकल राष्ट्रीय उत्पाद

- किसी देश के नागरिकों द्वारा एक निश्चित समयावधि सामान्यत: एक वर्ष में उत्पादित अंतिम वस्तुओं एवं सेवाओं के मौद्रिक मूल्य को **सकल राष्ट्रीय उत्पाद** (GNP-Gross National Product) कहते हैं।
- सकल राष्ट्रीय उत्पाद को, सकल घरेलू उत्पाद में विदेश से प्राप्त आय को जोड़कर प्राप्त किया जाता है।
- इसके अंतर्गत देश की सीमा से बाहर होने वाली आर्थिक गतिविधियों को भी सम्मिलित किया जाता है। इसका आकलन निम्न सूत्र द्वारा किया जाता है

सकल राष्ट्रीय उत्पाद (GNP) = सकल घरेलू उत्पाद (GDP) + विदेशों से प्राप्त शुद्ध आय।

शुद्ध राष्ट्रीय उत्पाद

- सकल राष्ट्रीय उत्पाद (GNP) से मूल्यह्रास घटाने पर प्राप्त आय **शुद्ध राष्ट्रीय उत्पाद** (NNP-Net National Product) है।
- इसका आकलन निम्न सूत्र द्वारा किया जाता है

शुद्ध राष्ट्रीय उत्पाद (NNP) = सकल राष्ट्रीय उत्पाद (GNP) – मूल्यह्रास

सांख्यिकी गणनाओं से जुड़ी संस्थाएँ

केंद्रीय सांख्यिकी कार्यालय (CSO- Central Statistical Organisation)	यह सांख्यिकी और कार्यक्रम कार्यान्वयन मंत्रालय के अंतर्गत भारत में एक सरकारी एजेंसी है, जो भारत में सांख्यिकी गतिविधियों के समन्वय और सांख्यिकी मानकों को विकसित करने और बनाए रखने के लिए उत्तरदायी है।
राष्ट्रीय नमूना सर्वेक्षण कार्यालय (NSSO-National Sample Survey Organisation)	यह राष्ट्रीय आय और अन्य समुच्चय के आकलन के लिए देश के आँकड़ों की आवश्यकताओं को पूरा करने के लिए बड़े पैमाने पर नमूना सर्वेक्षण करने के लिए प्रोफेसर पी सी महालनोबिस की सिफारिश पर वर्ष 1950 में स्थापित किया गया है।
राष्ट्रीय सांख्यिकी कार्यालय (NSO-National Statistical Organisation)	सरकार ने 23 मई, 2019 को सांख्यिकी और कार्यक्रम कार्यान्वयन मंत्रालय के अंतर्गत केंद्रीय सांख्यिकी संगठन और नमूना सर्वेक्षण संगठन को एक इकाई में मिला दिया।
राष्ट्रीय सांख्यिकी आयोग (NSC-National Statistical Commission)	राष्ट्रीय सांख्यिकी आयोग की स्थापना 1 जून, 2005 को रंगराजन की सिफारिशों के आधार पर की गई, ताकि आँकड़ों के संग्रह के संबंध में देश में सांख्यिकी एजेंसियों के सामने आने वाली समस्याओं को कम किया जा सके।

अतिरिक्त तथ्य
तमिलनाडु बोर्ड एवं NIOS

- आय के अन्तर्गत प्राप्त होने वाली प्राप्तियों को दो वर्गों-साधन आय व गैर-साधन आय में वर्गीकृत किया जाता है।
- साधन आय के अंतर्गत श्रम, भूमि, पूँजी, उद्यमी आदि को रखा जाता है तथा गैर-साधन आय वह है, जिसके लिए प्राप्तकर्ताओं को त्याग/प्रतिदान नहीं करना पड़ता है; जैसे- उपहार, दान, धर्मार्थ, कर, दण्ड आदि।
- उत्पादन, उपयोग और निवेश- तीन मूलभूत आर्थिक गतिविधियाँ हैं, जो प्रत्येक अर्थव्यवस्था में मौजूद होती हैं।
- उत्पादन का वह अंश जो उपभोग से बच जाता है और आगे उत्पादन में सहायक होता है; जैसे-मशीनों, औजारों व भौतिक परिसम्पत्तियाँ आदि को निवेश कहते हैं।
- उत्पादकों द्वारा अन्य उत्पादकों से खरीदी गई चीजें, जिन्हें वे अपने उत्पादन कार्य में उपयोग करते हैं अथवा आगे बेच देते हैं, मध्यवर्ती वस्तुएँ कहलाती हैं।
- अंतिम वस्तुएँ वे होती हैं, जिन्हें अंतिम उपयोग और निवेश के लिए प्राप्त किया जाता है।
- नोबेल पुरस्कार विजेता **साइमन कुजनेट्स** (Simon Kuznets) ने सर्वप्रथम राष्ट्रीय आय की अवधारणा का प्रतिपादन किया।
- **सकल घरेलू उत्पाद अपस्फीतिक** (GDP Deflator) यह किसी अर्थव्यवस्था में मूल्य स्तर में औसत परिवर्तन को प्रदर्शित करता है।
- यह मौद्रिक जीडीपी (Nominal GDP) से वास्तविक जीडीपी (Real GDP) का अनुपात होता है।
- सकल घरेलू उत्पाद अपस्फीतिक $= \frac{\text{मौद्रिक GDP}}{\text{वास्तविक GDP}} \times 100$
- **निजी आय** (Personal Income) यह किसी व्यक्ति या हाउसहोल्ड (Household) की समस्त स्रोतों से प्राप्त चालू आय (Current Income) होती है।
- **निजी प्रयोज्य आय** (Personal disposable Income) यह किसी व्यक्ति की **'निजी आय'** में प्रत्यक्ष करों को घटाने से प्राप्त होती है। यह वह आय है, जिसे व्यक्ति खर्च कर सकता है।
- **राष्ट्रीय प्रयोज्य आय** (National Disposable Income) यह वह आय है, जो पूरे देश के लिए खर्च करने हेतु उपलब्ध होती है। इसके अन्तर्गत अर्जित आय (Earned Income) तथा अन्तरण अदायगी (Transfer Payment) दोनों सम्मिलित होते हैं।

03

आर्थिक नियोजन

(स्रोत)

Class IX New NCERT Chap 2 **संसाधन के रूप में लोग**, Class IX & X Old NCERT Chap 5 **राज्य एवं आर्थिक विकास**, Class XI New NCERT Chap 2 **भारतीय अर्थव्यवस्था** (1950-90) Tamil Nadu Board (Class-XII), NIOS

भारतीय अर्थव्यवस्था में नियोजन

- आर्थिक नियोजन (Economic Planning) एक संगठित प्रयास है, जिसमें राज्य एक निश्चित अवधि में सुनिश्चित आर्थिक एवं सामाजिक लक्ष्यों की प्राप्ति करता है।
- दूसरे शब्दों में आर्थिक लक्ष्यों को प्राप्त करने के लिए उपलब्ध संसाधनों का सही प्रयोग करने की प्रक्रिया **आर्थिक नियोजन** कहलाती है।
- वर्ष 1930 की वैश्विक महामंदी के बाद आर्थिक नियोजन की अवधारणा लोकप्रिय हुई।
- पहली बार पूर्व सोवियत संघ (अब रूस) ने आर्थिक नियोजन का विचार प्रस्तुत किया तथा इसे अपनाया।
- भारत में नियोजन **पूँजीवादी** व **समाजवादी** (Capitalist and Socialist) दोनों प्रकार की अर्थव्यवस्थाओं पर आधारित है।
- नियोजन के अंतर्गत **निजी** एवं **सार्वजनिक** (Private and Public) दोनों क्षेत्रों पर समान बल दिया जाता है।
- **योजना** (Planning) इसकी व्याख्या करती है कि किसी देश के संसाधनों का प्रयोग किस प्रकार किया जाना चाहिए। योजना के कुछ सामान्य तथा कुछ विशेष उद्देश्य होते हैं, जिन्हें निर्दिष्ट समयावधि में प्राप्त किया जाता है।

नियोजन के उद्देश्य

- भारत में नियोजन का उद्देश्य **राष्ट्रीय आय** (National Income) और **प्रतिव्यक्ति आय** (Per Capita Income) को बढ़ाना है, नियोजन के अन्य प्रमुख उद्देश्य निम्न हैं
  - संसाधनों का सही वितरण सुनिश्चित करना
  - निर्धनता के चक्र को समाप्त करना
  - बेरोजगारी को दूर करना
  - आधारभूत संरचना का विकास करना
  - कृषि एवं उद्योग का समन्वित विकास करना
  - निवेश एवं पूँजी को बढ़ावा देना।

भारत में आर्थिक नियोजन का इतिहास

भारत में आर्थिक नियोजन की उपयोगिता तब सार्थक हुई, जब भारत में नियोजित अर्थव्यवस्था को अपनाया गया। इसके लिए अनेक प्रस्ताव पारित हुए, जो निम्न हैं

विश्वेश्वरैया योजना

- **मोक्षगुण्डम विश्वेश्वरैया** (प्रसिद्ध अभियंता एवं मैसूर प्रांत के पूर्व दीवान) ने भारतीय नियोजन की प्रथम रूपरेखा का प्रस्तुतीकरण किया।
- इन्होंने अपनी पुस्तक **प्लांड इकोनॉमी ऑफ इंडिया** में 10 वर्षीय योजना प्रस्तुत की थी, इस योजना के मूल बिंदु निम्न थे
  - 10 वर्षों में राष्ट्रीय आय को दोगुना करना
  - औद्योगिक उत्पादन में वृद्धि करना
  - लघु एवं बड़े उद्योगों का समन्वित विकास करना

फिक्की का प्रस्ताव

- वर्ष 1934 में **फिक्की** (FICCI-Federation of Indian Chambers of Commerce and Industry) द्वारा भारत में राष्ट्रीय नियोजन पर बल दिया गया।
- यह भारतीय उद्योगपतियों का सर्वप्रमुख संगठन था। इसके अध्यक्ष **एन आर सरकार** थे, जिनके द्वारा यह प्रस्ताव दिया गया कि भारत जैसे पिछड़े देश में आर्थिक विकास के लिए एक व्यापक योजना बनाई जानी चाहिए।

कांग्रेस योजना

- वर्ष 1938 में **सुभाषचंद्र बोस** की पहल पर **राष्ट्रीय योजना समिति** बनाई गई तथा **जवाहरलाल नेहरू** इस समिति के अध्यक्ष थे।
- इस समिति का कार्य अर्थव्यवस्था के प्रमुख क्षेत्रों के विकास की रूपरेखा तैयार करना था। यह योजना **ए प्लान ऑफ इकोनॉमिक डेवलपमेंट ऑफ इंडिया** के नाम से जानी गई, जिसमें 15 वर्षों में प्रतिव्यक्ति आय को दोगुना करने का लक्ष्य था।

गाँधीवादी योजना

- **श्रीमन नारायण अग्रवाल (एस एन अग्रवाल)** ने वर्ष 1944 में गाँधीवादी योजना (Gandhian Plan) का प्रस्ताव रखा। यह योजना भारत में आर्थिक नियोजन के लिए प्रस्तुत की गई थी।
- इस योजना में विकेंद्रीकरण (Decentralisation), आत्मनिर्भरता, सहयोग, समानता, अहिंसा, मानवीय मूल्यों, आत्मनिर्भर ग्राम इकाइयों तथा बुनियादी उद्योगों को महत्त्व दिया गया था। यह **ट्रस्टीशिप** पर आधारित थी।

बॉम्बे प्लान

- **बॉम्बे प्लान** के अंतर्गत कृषि निर्गत में 130%, औद्योगिक निर्गत में 500% तथा सेवा क्षेत्र निर्गत में 200% वृद्धि करने की आशा की गई।
- इस प्लान का प्रतिपादन जनवरी, 1944 में मुंबई के आठ उद्योगपतियों द्वारा किया गया। बॉम्बे प्लान पर हस्ताक्षर करने वाले उद्योगपति थे

– जेआरडी टाटा	– जीडी बिरला
– आर्देशिर दलाल	– लाला श्रीराम
– कस्तूर भाई लालभाई	– एडी श्राफ
– पुरुषोत्तम दास ठाकुर दास	– जॉन मथाई

सर्वोदय योजना

- वर्ष 1950 में **जय प्रकाश नारायण** ने सर्वोदय योजना (Sarvodaya Plan) प्रकाशित की। इसके कुछ अंशों (Parts) को सरकार ने स्वीकार किया तथा योजना आयोग के गठन में इसका उपयोग किया।
- इस योजना में लघु उद्योगों की स्थापना पर बल दिया गया था, इसमें सत्ता के **विकेंद्रीकरण** का समर्थन किया गया था।

नियोजन के प्रकार

नियोजन के प्रमुख प्रकार निम्न हैं

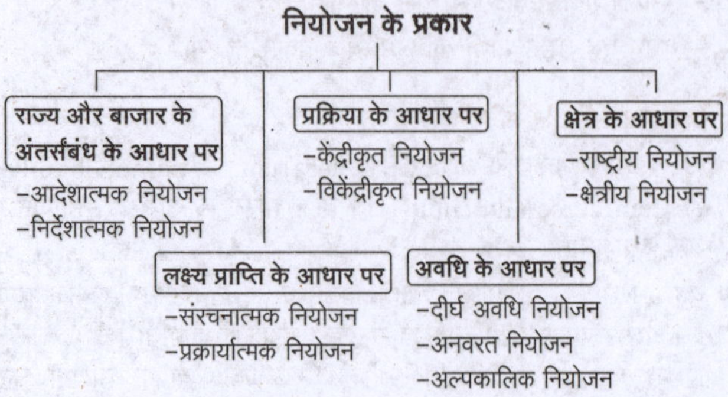

राज्य और बाजार के अंतर्संबंध के आधार पर

राज्य और बाजार के अंतर्संबंध के आधार पर नियोजन के निम्न प्रकार हैं

- **आदेशात्मक नियोजन** (Imperative Planning) इस नियोजन के अंतर्गत राज्य सरकारी संस्थाओं का व्यापक एवं प्रत्यक्ष हस्तक्षेप होता है। इसमें केंद्रीय स्तर पर एक शीर्ष संस्था होती है, जिसके द्वारा योजनाओं का निर्माण तथा उन्हें लागू किया जाता है। इस नियोजन में राज्य की भूमिका आदेशात्मक तथा निर्णयात्मक होती है। इस मॉडल में निर्णय-प्रक्रिया केंद्रीकृत होती है।
- **निर्देशात्मक नियोजन** (Directional Planning) इस नियोजन के अंतर्गत राज्य सरकारी संस्थाओं का हस्तक्षेप होता है तथा सरकार द्वारा केवल नीतियाँ बनाई जाती हैं, इन नीतियों को निजी क्षेत्र लागू करता है। इस प्रणाली में राज्य की भूमिका केवल प्रेरणात्मक तथा प्रोत्साहन देने वाली इकाई के रूप में होती है।

लक्ष्य प्राप्ति के आधार पर

लक्ष्य प्राप्ति के आधार पर नियोजन के प्रकार निम्नलिखित हैं

- **संरचनात्मक नियोजन** (Structural Planning) इस नियोजन के अंतर्गत आर्थिक लक्ष्यों की प्राप्ति के लिए वर्तमान संसाधनों के स्वरूप में परिवर्तन किया जाता है; जैसे-बैंकों का राष्ट्रीयकरण, भूमि सुधार आदि।
- **प्रकार्यात्मक नियोजन** (Functional Planning) इस नियोजन के अंतर्गत आर्थिक लक्ष्य प्राप्त करने के लिए संसाधनों के स्वरूप में परिवर्तन न करके एक अनुकूल रणनीति अपनाई जाती है; जैसे-कृषि की हरित क्रांति में इस विधि को अपनाया जाना।

प्रक्रिया के आधार पर

प्रक्रिया के आधार पर नियोजन के प्रकार निम्नलिखित हैं

- **केंद्रीकृत नियोजन** (Centralised Planning) इस नियोजन के अंतर्गत सभी आर्थिक निर्णय केंद्रीकृत सत्ता द्वारा ही लिए जाते हैं, इस नियोजन को **ऊपर से नीचे की ओर नियोजन** भी कहते हैं।
- **विकेंद्रीकृत नियोजन** (Decentralised Planning) इस नियोजन के अंतर्गत निर्णय लेने के अधिकार का विकेंद्रीकरण कर दिया जाता है अर्थात् कुछ निर्णय केंद्र द्वारा तथा शेष निर्णय निम्न स्तरीय संस्थाओं द्वारा लिए जाते हैं। इस नियोजन को **नीचे से ऊपर की ओर नियोजन** के नाम से भी जाना जाता है। इस प्रकार का नियोजन प्रजातांत्रिक देशों में पाया जाता है।

अवधि के आधार पर

अवधि के आधार पर नियोजन के निम्न प्रकार हैं

- **दीर्घ अवधि नियोजन** (Perspective Planning) इस नियोजन के अंतर्गत योजनाओं का निर्धारण लंबी अवधि के लिए किया जाता है; जैसे-राष्ट्रीय जनसंख्या नीति 2000 तथा विजन 2020।
- **अनवरत नियोजन** (Rolling Planing) इस नियोजन के अंतर्गत दीर्घ अवधि के लिए लक्ष्यों को निर्धारित करके वार्षिक आधार पर उनका मूल्यांकन करते हुए संशोधित लक्ष्यों का निर्धारण भी किया जाता है।
- **अल्पकालिक नियोजन** (Short Term Planning) इस नियोजन में वार्षिक आधार पर लक्ष्यों का निर्धारण किया जाता है। इस प्रकार के नियोजन की अवधि 3 या 4 वर्ष की भी हो सकती है।

क्षेत्र के आधार पर

क्षेत्र के आधार पर नियोजन के निम्न प्रकार हैं

- **राष्ट्रीय नियोजन** (National Planning) इस नियोजन में केंद्रीय सत्ता का प्रभाव होता है तथा उसी के द्वारा लक्ष्यों का निर्धारण किया जाता है; जैसे- स्वच्छ भारत अभियान का क्रियान्वयन आदि।
- **क्षेत्रीय नियोजन** (Regional Planning) इस नियोजन के अंतर्गत किसी क्षेत्र को ध्यान में रखकर योजना के लक्ष्यों का निर्धारण किया जाता है। क्षेत्रीय नियोजन **राष्ट्रीय नियोजन** का ही भाग होता है; जैसे-उत्तर-पूर्वी राज्यों में परियोजना निर्धारण आदि।

योजना आयोग

- केंद्र तथा राज्यों के मध्य वित्त के बँटवारे हेतु तथा योजना का निर्माण करने के लिए योजना आयोग की स्थापना वर्ष 1950 में की गई थी।
- यह एक गैर-संवैधानिक निकाय (Non-Constitutional Body) था। भारत का प्रधानमंत्री इस आयोग का अध्यक्ष होता था। योजना आयोग के प्रथम उपाध्यक्ष **गुलजारी लाल नंदा** थे।
- योजना आयोग को समाप्त कर 1 जनवरी, 2015 को केंद्रीय कैबिनेट के संकल्प द्वारा 'नीति आयोग' का गठन किया गया।

राष्ट्रीय विकास परिषद्

- केंद्र तथा राज्यों के बीच योजनाओं को लेकर समन्वय तथा स्वीकृति हेतु **राष्ट्रीय विकास परिषद्** (NDC-National Development Council) का गठन 6 अगस्त, 1952 को किया गया।
- राष्ट्रीय विकास परिषद् का उद्देश्य आर्थिक नियोजन को सफल बनाना था। प्रधानमंत्री को इस परिषद् का पदेन अध्यक्ष बनाया गया था।

नीति आयोग

- **नीति आयोग** (NITI AAYOG-National Institution for Transforming India) की घोषणा 1 जनवरी, 2015 को की गई थी। इसकी स्थापना **योजना आयोग** के स्थान पर की गई।
- नीति आयोग, प्रधानमंत्री (अध्यक्ष) तथा सभी राज्यों के मुख्यमंत्रियों और संघीय क्षेत्रों के उपराज्यपालों, प्रशासकों से मिलकर बना है।
- इस आयोग में अध्यक्ष के रूप में प्रधानमंत्री के अतिरिक्त नीति आयोग के पूर्णकालिक संगठनात्मक ढाँचे में निम्न सदस्य-उपाध्यक्ष, पूर्णकालिक सदस्य, अंशकालिक सदस्य, पदेन सदस्य (अधिकतम 4) तथा मुख्य कार्यकारी अधिकारी शामिल हैं।
- नीति आयोग सुशासन के 7 स्तंभों पर आधारित है; जैसे- लोगों के लिए (Pro-people), सक्रियता (Por-Active), सहभागिता (Participation), सशक्तीकरण (Empowering), सबका समावेशन (Inclusion for All), समानता (Equality), पारदर्शिता (Transparency)।

नीति आयोग के उद्देश्य

नीति आयोग के प्रमुख उद्देश्य निम्नलिखित हैं

- नीति आयोग नीतियों के क्रियान्वयन को तीव्र गति प्रदान करेगा तथा विकास में महत्त्वपूर्ण भूमिका निभाएगा।
- इसके अंतर्गत केंद्र राज्यों के मध्य विशिष्ट सामंजस्य की व्यवस्था की जाएगी तथा संघवाद को प्रोत्साहन देकर मजबूत राष्ट्र का निर्माण किया जाएगा।
- नीति आयोग प्रौद्योगिकी के आधुनिकीकरण तथा क्षमता निर्माण पर बल देता है।
- यह आयोग ग्राम स्तर पर योजनाएँ बनाने के तंत्र को विकसित करेगा तथा राष्ट्रीय सुरक्षा के हितों और आर्थिक नीति में सामंजस्य स्थापित करेगा।
- इसका अन्य प्रमुख उद्देश्य रणनीतिक और दीर्घावधि के लिए नीति तथा कार्यक्रमों का ढाँचा तैयार करना है।

नीति आयोग के कार्य

नीति आयोग के प्रमुख कार्य निम्नलिखित हैं

- नीति आयोग प्रधानमंत्री तथा मुख्यमंत्रियों को **राष्ट्रीय एजेंडा फ्रेमवर्क** उपलब्ध कराने का कार्य करता है।
- इसका अन्य प्रमुख कार्य राज्य की सक्रिय भागीदारी के साथ राष्ट्रीय विकास प्राथमिकताओं वाले क्षेत्रों और रणनीतियों का एक साझा दृष्टिकोण विकसित करना है।
- इसके अतिरिक्त यह आयोग राज्यों के साथ सतत आधार पर संरचित समर्थन पहलों और प्रणालियों के माध्यम से **सहकारी संघवाद** (Cooperative Federalism) को भी बढ़ावा देता है।

भारत में पंचवर्षीय योजनाएँ

भारत की पंचवर्षीय योजनाओं का विवरण निम्न प्रकार है

प्रथम पंचवर्षीय योजना (वर्ष 1951-56)

- प्रथम पंचवर्षीय योजना की मुख्य प्राथमिकता **कृषि** थी, जिसका उद्देश्य देश की खाद्यान्न समस्या से निपटना था।
- प्रथम पंचवर्षीय योजना **हैरॉड डोमर प्लान** पर आधारित थी। इस योजना का लक्ष्य देश के विभाजन के फलस्वरूप क्षतिग्रस्त अर्थव्यवस्था का पुनरुत्थान करना था।

द्वितीय पंचवर्षीय योजना (वर्ष 1956-61)

- यह पंचवर्षीय योजना 1 अप्रैल, 1956 को लागू की गई थी, जो **महालनोबिस मॉडल** पर आधारित थी।
- द्वितीय पंचवर्षीय योजना के उद्देश्य समाजवादी समाज की स्थापना करना, राष्ट्रीय आय में वृद्धि करना, उद्योगों के विकास पर बल देना, रोजगार में वृद्धि करना आदि थे।

तृतीय पंचवर्षीय योजना (वर्ष 1961-66)

- यह योजना किसी मॉडल पर आधारित नहीं थी, इस योजना में **कृषि** और **उद्योग** दोनों पर बल दिया गया था।
- इसके अंतर्गत वर्ष 1964 में सोवियत संघ के सहयोग से **बोकारो आयरन एंड स्टील इंडस्ट्री** (झारखंड) की स्थापना की गई। इसी योजना के दौरान वर्ष 1962 में भारत-चीन युद्ध तथा वर्ष 1965 में भारत-पाक युद्ध हुआ।

चतुर्थ पंचवर्षीय योजना (वर्ष 1969-74)

- इस योजना का प्रारंभ 1 अप्रैल, 1969 को हुआ। यह योजना **डी आर गाडगिल** मॉडल पर आधारित थी। इस योजना के उद्देश्य-कृषि तथा औद्योगिक क्षेत्र में आत्मनिर्भरता, सार्वजनिक क्षेत्र का विकास, जनसंख्या नियंत्रण आदि थे।

- इसी योजना में परिवार नियोजन कार्यक्रम लागू हुआ तथा 14 **वाणिज्यिक बैंकों का राष्ट्रीयकरण** (Nationalisation of Commercial Bank) एवं **रोजगार गारंटी योजना** को लागू किया गया। भारत द्वारा वर्ष 1974 में **भूमिगत नाभिकीय परीक्षण** (स्माइलिंग बुद्धा) किया गया।

पाँचवीं पंचवर्षीय योजना (वर्ष 1974-78)

- इस योजना को जनता सरकार ने एक वर्ष पूर्व ही समाप्त कर दिया था। इस योजना के लक्ष्य सामाजिक कल्याण कार्यक्रम चलाना, निर्यात प्रोत्साहन, न्यायपूर्ण कीमत-मजदूरी लागू करना, राष्ट्रीय कार्यक्रम लागू करना आदि थे।
- इस योजना में गरीबी हटाओ का नारा, 20 सूत्रीय कार्यक्रम, राष्ट्रीय न्यूनतम आवश्यकता कार्यक्रम तथा काम के बदले अनाज कार्यक्रम क्रियान्वित किए गए।

छठी पंचवर्षीय योजना (वर्ष 1980-85)

- यह योजना **आगत-निर्गत मॉडल** पर आधारित थी तथा इसका मुख्य उद्देश्य गरीबी उन्मूलन तथा रोजगार में वृद्धि करना था।
- इस योजना के अन्य लक्ष्य जनसंख्या वृद्धि पर नियंत्रण, कर नीतियों को प्रोत्साहन देना, गरीबी तथा बेरोजगारी में कमी लाना, आर्थिक विकास की दर में वृद्धि करना, ऊर्जा के घरेलू स्रोतों का तीव्रता से विकास करना आदि थे।

सातवीं पंचवर्षीय योजना (वर्ष 1985-90)

- यह 15 वर्षीय दीर्घावधि परियोजना का भाग थी। इस योजना के लक्ष्यों में खाद्यान्न कार्य तथा उत्पादकता के विकास पर बल, पारिस्थितिकीय एवं पर्यावरण संरक्षण, स्वतंत्र व आत्मनिर्भर अर्थव्यवस्था की स्थापना, ऊर्जा संरक्षण तथा गैर-परंपरागत ऊर्जा स्रोतों का विकास आदि सम्मिलित थे।
- इस योजना के अंतर्गत **ऑपरेशन ब्लैक बोर्ड** तथा **राष्ट्रीय पोषाहार कार्यक्रम** शुरू किए गए।

आठवीं पंचवर्षीय योजना (वर्ष 1992-97)

- यह योजना **जॉन डब्ल्यू मिलर** मॉडल पर आधारित थी। यह योजना समय से दो वर्ष बाद प्रारंभ हुई थी। इस योजना का प्रमुख लक्ष्य **मानव संसाधन** का विकास करना था।
- इस योजना के अन्य लक्ष्यों में प्रारंभिक शिक्षा को सर्वव्यापक बनाना, सभी गाँव तथा समस्त जनसंख्या के लिए पेयजल का प्रावधान करना मैला ढोने की प्रथा का पूर्ण समापन आदि सम्मिलित थे।

नौवीं पंचवर्षीय योजना (वर्ष 1997-2002)

- इस योजना के लक्ष्य न्यायपूर्ण वितरण एवं समानता के साथ विकास, पंचायती राज संस्थाओं को बढ़ावा, पर्याप्त रोजगार सृजन, स्वच्छ पेयजल, कमजोर वर्गों के लिए भोजन एवं पोषण की सुरक्षा आदि थे।
- इस योजना में देश की उन आर्थिक दक्षताओं पर ध्यान दिया गया, जो देश के सामाजिक-आर्थिक विकास में अपनी भूमिका निभा सकती थीं। इस पंचवर्षीय योजना के अंतर्गत सामान्य लोगों के प्रतिनिधित्व तथा सहकारिता को बढ़ावा देने का प्रयास किया गया।
- **आत्मनिर्भता** के लिए नौवीं पंचवर्षीय योजना महत्त्वपूर्ण रही। इस पंचवर्षीय योजना के दौरान महिला सशक्तीकरण को अधिक प्रभावी बनाया गया। इसके अतिरिक्त सामाजिक परिवर्तन में भी इसकी महत्त्वपूर्ण भूमिका रही।

दसवीं पंचवर्षीय योजना (वर्ष 2002-07)

- इस योजना के लक्ष्य साक्षरता तथा मजदूरी में लिंगात्मक अंतर को कम करना, वनों एवं वृक्षों के अंतर्गत क्षेत्रफल को बढ़ाना, सभी प्रदूषित नदियों की सफाई करना, सकल घरेलू उत्पाद में 8% की वार्षिक वृद्धि का लक्ष्य आदि थे।
- इस योजना के अंतर्गत **सर्वशिक्षा अभियान** को प्रारंभ किया गया।

ग्यारहवीं पंचवर्षीय योजना (वर्ष 2007-12)

- इस योजना के लक्ष्य साक्षरता दर को 75% तक पहुँचाना, विकास की गति तेज करते हुए अधिक विकास की ओर अग्रसर होना, शिशु तथा मातृत्व मृत्यु दर को घटाना, साक्षरता में लिंग अंतराल को 10% तक कम करना, GDP की दर 8% से बढ़ाकर 10% करना आदि थे।
- इस पंचवर्षीय योजना में **गरीबी उन्मूलन** के साथ **तीव्र एवं समावेशी विकास** को महत्त्व दिया गया।
- इस पंचवर्षीय योजना का प्रभाव सामाजिक सुरक्षा के क्षेत्र में भी रहा। उच्च शिक्षा के विस्तार के लिए तथा 18 से 23 वर्ष की आयु के लोगों को इससे जोड़ने के लिए पहली बार ग्यारहवीं योजना में महत्त्वपूर्ण प्रयास किए गए।

बारहवीं पंचवर्षीय योजना (वर्ष 2012-17)

- इस योजना के अन्तर्गत **तीव्र, धारणीय** एवं **अधिक समावेशी विकास** के लक्ष्यों को प्राप्त करना था।
- इस योजना के अंतर्गत 25 प्रमुख लक्ष्य थे, जिन्हें आर्थिक विकास, गरीबी और रोजगार, शिक्षा, स्वास्थ्य, ग्रामीण अवसंरचना, पर्यावरण और धारणीयता, सेवा प्रदायगी शीर्षकों में विभाजित किया जा सकता है।

पंचवर्षीय योजनाओं के लक्ष्य

पंचवर्षीय योजनाओं के लक्ष्य है– संवृद्धि, आधुनिकीकरण आत्मनिर्भरता और समानता। पंचवर्षीय योजनाओं के अन्तर्गत प्रत्येक योजनाओं में ऐसे लक्ष्यों का चयन किया गया तथा इनको प्राथमिकता दी गई।

- **संवृद्धि** इसका अर्थ है-देश में वस्तुओं और सेवाओं की उत्पादन क्षमता में वृद्धि करना। इसका अभिप्राय उत्पादक पूँजी के अधिक भंडार या परिवहन, बैंकिंग आदि सहायक सेवाओं का विस्तार या उत्पादक पूँजी तथा सेवाओं की क्षमता में वृद्धि करना है।
- **आधुनिकीकरण** वस्तुओं और सेवाओं का उत्पादन बढ़ाने के लिए उत्पादकों को नई प्रौद्योगिकी अपनाने के लिए प्रोत्साहन देना आधुनिकीकरण है।
- **आत्मनिर्भरता** इससे तात्पर्य अपने देश के अंदर के संसाधनों का प्रयोग कर आर्थिक संवृद्धि को बढ़ावा देना है। इसके द्वारा देश में उत्पादित होने वाले संसाधनों के प्रयोग को बढ़ावा दिया गया।
- **समानता** इससे तात्पर्य है-प्रत्येक भारतीय को भोजन, अच्छा आवास, शिक्षा, स्वास्थ्य सेवाएँ जैसी मूलभूत आवश्यकताओं को पूरा कर पाने में समर्थ होना चाहिए और धन की सम्पत्ति के वितरण में भी असमानताएँ नहीं होनी चाहिए।

पंचवर्षीय योजनाएँ : एक अवलोकन

योजना (अवधि)	लक्षित वृद्धि दर	प्राप्ति वृद्धि दर	मॉडल	केंद्रीय बिंदु
पहली योजना (1951-56)	2.1	3.6	हेरॉड डोमर	कृषि विकास
दूसरी योजना (1956-61)	4.5	4.2	महालनोबिस	भारी उद्योगों का विकास
तीसरी योजना (1961-1966)	5.6	2.7	जे सैंडी, सुखमय चक्रवर्ती	आत्मनिर्भरता, हरित क्रांति
तीन वार्षिक योजनाएँ (1966-69)	–	–	–	–
चौथी योजना (1969-74)	5.7	2.1	डी पी धर मॉडल	स्थिरता के साथ आत्मनिर्भरता
पाँचवीं योजना (1974-78)	4.4	4.8	लियोण्टिक	निर्धनता उन्मूलन
अनवरत योजनाएँ (1978-80)	–	–	–	–
छठी योजना (1980-85)	5.2	5.4	आगत-निर्गत	गरीबी निवारण तथा रोजगार सृजन
सातवीं योजना (1985-90)	5.0	5.8	आगत-निर्गत मॉडल का विस्तार	कृषि विकास प्रेरित समृद्धि रणनीति
वार्षिक योजनाएँ (1990-92)	–	–	–	–
आठवीं योजना (1992-1997)	5.6	6.68	मिलर सिद्धांत	मानव संसाधन विकास
नौवीं योजना (1997-2002)	6.5	5.5	आगत-निर्गत मॉडल	सामाजिक न्याय तथा समता के साथ आर्थिक विकास
दसवीं योजना (2002-2007)	7.9	7.5	व्यापक आगत- निर्गत मॉडल	सामाजिक न्याय तथा समता के साथ विकास
ग्यारहवीं योजना (2007-12)	8.1	7.9	योजना आयोग का दृष्टि पत्र	तीव्रतर तथा अधिक समावेशी विकास
बारहवीं योजना (2012-17)	8.0	7.1	–	त्वरित, सतत और अधिक समावेशी विकास

अतिरिक्त तथ्य
तमिलनाडु बोर्ड एवं NIOS

- योजना आयोग का प्रमुख कार्य देश के संसाधनों को ध्यान में रखते हुए योजनाएँ बनाना तथा उनकों प्रभावशाली तथा संतुलित ढंग से प्रयोग करने के लिए सुझाव देना था।
- भारत की पंचवर्षीय योजनाओं के कारण आधारिक संरचना, शिक्षा, विज्ञान तथा प्रौद्योगिकी और विदेशी व्यापार में उल्लेखनीय वृद्धि की है। पाँचवीं पंचवर्षीय के अंतिम दौर में आधारिक संरचना का विकास किया गया; जैसे- बिजली, कोयला व रेल को अधिक शक्तिशाली बनाकर उद्योगों में निवेश में वृद्धि की गई।
- नियोजन के इच्छित उद्देश्यों की प्राप्ति के लिए मूलभूत तथा भारी उद्योगों पर बल देते हुए भारत ने **औद्योगीकरण की व्यूह रचना** को अपनाया। भारत में नियोजन की महत्वपूर्ण कमियाँ हैं- गरीबी, विषमता तथा बेरोजगारी को पूर्ण रूप से दूर करने में असमर्थता।
- नियोजन की अवधि में भारत की राष्ट्रीय आय तथा प्रतिव्यक्ति आय में वृद्धि दर्ज की गई, फिर भी वृद्धि की दर लक्षित दर से कम है।

04

निर्धनता एवं बेरोजगारी

(स्रोत)

Class IX New NCERT Chap 2 संसाधन के रूप में लोग, Chap 3 निर्धनता : एक चुनौती, Chap 4 भारत में खाद्य सुरक्षा, Class X New NCERT Chap 1 विकास, Chap 2 भारतीय अर्थव्यवस्था के क्षेत्रक, Class IX & X Old NCERT Chap 2 भारतीय अर्थव्यवस्था का एक सिंहावलोकन, Class XI New NCERT Chap 1 स्वतंत्रता की पूर्व संध्या पर भारतीय अर्थव्यवस्था, Chap 6 रोजगार, संवृद्धि, अनौपचारीकरण एवं अन्य मुद्दे, Chap 8 भारत और उसके पड़ोसी देशों का तुलनात्मक विकास
Tamil Nadu Board (Class-XI), NIOS

निर्धनता

- निर्धनता (Poverty) से तात्पर्य ऐसी स्थिति से है, जिसमें एक व्यक्ति अपनी मूलभूत आवश्यकताओं की पूर्ति करने में समर्थ नहीं होता।
- प्रसिद्ध अर्थशास्त्री **अमर्त्य सेन** द्वारा **वास्तविक गरीबी की संकल्पना** दी गई, इनके अनुसार गरीबी को दूर करने में मौद्रिक आय (Monetary Income) की महत्त्वपूर्ण भूमिका होती है। **अमर्त्य सेन** के अनुसार, "गरीबी प्राय: क्षमताओं का अभाव है।"

भारत में निर्धनता की श्रेणियाँ

भारत में निर्धनता की तीन श्रेणियाँ हैं

1. **चिरकालिक निर्धन** (Chronic Poor) ये निर्धन सामान्यत: निर्धनता रेखा के नीचे होते हैं; जैसे–भूमिहीन, मजदूर आदि।
2. **अल्पकालिक निर्धन** (Churning Poor) ये दो प्रकार के होते हैं
   (i) **मौसमी निर्धन** (Occasionally Poor) ये निर्धन और गैर-निर्धन वर्ग के मध्य में आते हैं; जैसे–छोटे किसान, मौसमी मजदूर आदि।
   (ii) **अनियमित निर्धन** (Transient Poor) ये निर्धन सामान्यत: निर्धन नहीं होते हैं, परंतु कभी-कभी दुर्भाग्य का सामना करते हैं; जैसे–जुआरी आदि।
3. **कभी निर्धन नहीं** (Never Poor) ये वे व्यक्ति होते हैं, जिनकी आय निर्धनता रेखा से बहुत अधिक होती है; जैसे–व्यवसायी, चतुर्थ एवं पंचम क्षेत्रक के लोग आदि।

निर्धनता गरीबी/रेखा

- यह वह रेखा है, जो प्रति व्यक्ति औसत मासिक व्यय को व्यक्त करती है, जिसके द्वारा लोग अपनी न्यूनतम आवश्यकताओं को पूरा करते हैं।
- निर्धनता मापन की विधि न्यूनतम कैलोरी उपभोग के मौद्रिक मान (प्रति व्यक्ति व्यय) का निर्धारण करने की एक विधि है।
- इससे अभिप्राय उस सीमा-बिंदु से है, जो किसी क्षेत्र के लोगों को निर्धन तथा धनी में विभाजित करता है।
- इस रेखा के नीचे रहने वाली जनसंख्या के प्रतिशत को **व्यक्ति-गणना अनुपात** (Head Count Ratio) अथवा **निर्धनता प्रभाव अनुपात** (Poverty Incidence Ratio) कहा जाता है।
- इस रेखा का अनुमान **गरीबी उन्मूलन** योजनाओं को बनाने के लिए किया जाता है, जिससे न्यायपूर्ण तथा न्याय संगत समाज की स्थापना की जा सके।
- सरकार निर्धन परिवारों की पहचान के लिए मासिक प्रति व्यक्ति उपयोग व्यय (Monthly Per-capita Consumer Expenditure- MPCE) को परिवार की आय के द्योतक के रूप में प्रयोग करती है।

निर्धनता के प्रकार

निर्धनता दो प्रकार की होती है

निर्धनता के प्रकार

निरपेक्ष गरीबी | सापेक्ष गरीबी

निरपेक्ष निर्धनता

- ऐसे व्यक्ति, जो निर्धनता रेखा से नीचे जीवन व्यतीत करते हैं, वे **निरपेक्ष निर्धन** (Absolute Poverty) की श्रेणी में आते हैं।
- इनका अनुमान प्रतिव्यक्ति उपभोग की जाने वाली न्यूनतम कैलोरी की मात्रा द्वारा लगाया जाता है।
- निरपेक्ष निर्धनता के अंतर्गत मनुष्य की मूलभूत आवश्यकताओं; जैसे-भोजन, स्वास्थ्य, सुरक्षित पेयजल, शिक्षा आदि का अभाव होता है।

सापेक्ष निर्धनता

- किसी औसत व्यक्ति के जीवन स्तर की तुलना में किसी व्यक्ति के उपभोग, आय व संपत्ति के अभाव को **सापेक्ष निर्धनता** (Relative Poverty) कहा जाता है।
- सापेक्ष निर्धनता की व्याख्या देश के अंदर आय में पाई जाने वाली असमानता के रूप में की जा सकती है।

निर्धनता से संबंधित अंतर्राज्यीय असमानताएँ

- भारत में निर्धनता का एक और पहलू है। प्रत्येक राज्य में निर्धन लोगों का अनुपात एक समान नहीं है, यद्यपि 1970 के दशक के प्रारंभ से राज्य स्तरीय निर्धनता में प्रभावी कमी हुई है।
- नीति आयोग की बहुआयामी गरीबी सूचकांक (Multidimenstional Poverty Index) 2021 के अनुसार, भारत में निर्धनता का अनुपात 27.9% है। सबसे अधिक गरीबी बिहार में है, जहाँ 51.91% जनसंख्या निर्धनता से ग्रस्त है।
- निर्धनता स्तर के आधार पर दूसरे स्थान पर झारखंड (42.16%) तथा तीसरे स्थान पर उत्तर प्रदेश (37.79%) है।
- केरल (0.71%), गोवा (3.76%), सिक्किम (3.82%) तथा पंजाब (5.59%) कम गरीब राज्य हैं।
- ओडिशा, मध्य प्रदेश, बिहार तथा उत्तर प्रदेश में ग्रामीण निर्धनता के साथ नगरीय निर्धनता भी अधिक है।
- केरल, महाराष्ट्र, आंध्र प्रदेश, तमिलनाडु, गुजरात और पश्चिम बंगाल में निर्धनता में उल्लेखनीय गिरावट आई है।
- **पंजाब** तथा **हरियाणा** जैसे राज्य उच्च कृषि वृद्धि दर से निर्धनता कम करने में पारंपरिक रूप से सफल रहे हैं।
- **पश्चिम बंगाल** में भूमि सुधार उपायों से निर्धनता कम करने में सहायता मिली। आंध्र प्रदेश और तमिलनाडु में अनाज का सार्वजनिक वितरण इसमें सुधार का कारण हो सकता है।

भारत में निर्धनता का अनुमान

- स्वतंत्रता पूर्व गरीबी का अनुमान सर्वप्रथम **दादाभाई नौरोजी** ने अपनी पुस्तक **पॉवर्टी एंड अनब्रिटिश रूल इन इंडिया** में दर्ज किया था। गरीबी रेखा की सीमा 1867-68 ई. के आधार मूल्य पर ₹ 16 से ₹ 35 प्रतिवर्ष दर्ज की गई थी।
- यह प्रस्तावित गरीबी रेखा एक निर्वाह या **न्यूनतम आधारभूत आहार** (Minimum Basic Nutrition) आवश्यकताओं की लागत पर आधारित थी।
- वर्ष 1938 में राष्ट्रीय आयोजना समिति (National Planning Committee) ने ₹ 15 से ₹ 20 प्रति व्यक्ति प्रतिमाह आय को गरीबी रेखा अनुमानित किया था, जो जीवन स्तर के न्यूनतम मानक पर आधारित थी।
- स्वतंत्रता प्राप्ति के बाद वर्ष 1962 में निर्धनता के आकलन के लिए एक कार्यदल का गठन किया गया। इसके बाद वर्ष 1979 में प्रभावी उपभोग माँग और न्यूनतम आवश्यकता अनुमानन कार्य बल का गठन हुआ।
- स्वतंत्र भारत में गरीबी मापन का प्रथम आधिकारिक प्रयास योजना आयोग (Planning Commission) द्वारा गठित **डी. आर. गाडगिल** समिति ने वर्ष 1962 में किया, जिसमें प्रतिव्यक्ति प्रतिमाह ₹ 20 उपभोग व्यय को गरीबी रेखा मानने का सुझाव दिया।
- वर्ष 1971 में राष्ट्रीय नमूना सर्वेक्षण कार्यालय (NSSO-National Sample Survey Office) के आँकड़ों के आधार पर पहली बार वैज्ञानिक विधि से गरीबी रेखा का निर्धारण **नीलकांत दांडेकर** तथा **एन .रथ** ने किया। इसे **दांडेकर-रथ फॉर्मूला** कहा जाता है। इस फार्मूले के आधार पर 2250 कैलोरी प्रतिदिन उपभोग को गरीबी रेखा माना गया।
- वर्ष 1974 में **वाई के अलघ** की अध्यक्षता में योजना आयोग द्वारा गठित कार्यदल ने आधार वर्ष 1973-74 का उपयोग कर उपभोग व्यय के आधार पर ग्रामीण क्षेत्रों में 2400 कैलोरी प्रतिदिन तथा शहरी क्षेत्रों में 2100 कैलोरी प्रतिदिन से कम उपभोग करने वाले व्यक्ति को गरीब माना गया।
- जब निर्धनों की संख्या का अनुमान निर्धनता रेखा से नीचे के अनुपात द्वारा किया जाता है, तो वह **व्यक्ति गणना अनुपात** (Head Count Ratio) **विधि** कहलाती है।
- निर्धनता विषयक आधिकारिक आँकड़े **नीति आयोग** उपलब्ध कराता है। ये आँकड़े **राष्ट्रीय प्रतिदर्श सर्वेक्षण कार्यालय** (NSSO-National Sample Survey Office) या **राष्ट्रीय सांख्यिकी कार्यालय** (NSO-National Statistical Office) द्वारा उपभोग व्यय के आधार पर आकलित किए जाते हैं।
- निर्धनता रेखा का आकलन समय-समय पर (सामान्यतः प्रत्येक पाँच वर्ष पर) प्रतिदर्श सर्वेक्षण माध्यम से किया जाता है। यह सर्वेक्षण राष्ट्रीय-प्रतिदर्श सर्वेक्षण संगठन (NSSO) द्वारा कराया जाता है।
- इसके अंतर्गत यदि किसी व्यक्ति/परिवार का खर्च निर्णायक व्यय से नीचे आता है, तो उसे **निर्धन** (Poor) माना जाता है। इस संदर्भ में शहरी व ग्रामीण क्षेत्रों के लिए न्यूनतम निर्णायक खर्च अलग-अलग निर्धारित होते हैं।

भारत में विभिन्न समितियों द्वारा निर्धनता का आकलन

भारत में निर्धनता के मापन के लिए अनेक समितियों का गठन किया जा चुका है, इन समितियों का संक्षिप्त विवरण निम्नलिखित है

लकड़ावाला समिति

- योजना आयोग ने वर्ष 1989 में **प्रो.डी.टी. लकड़ावाला** की अध्यक्षता में एक विशेष समूह की नियुक्ति की, जिसका गठन भारत में निर्धनता के अनुपात का परिकलन करने के उद्देश्य से किया गया था।
- लकड़ावाला समिति ने अपनी रिपोर्ट जुलाई, 1993 में प्रस्तुत की थी। इस समिति ने शहरी निर्धनता के आकलन के लिए **औद्योगिक श्रमिकों** के **उपभोक्ता मूल्य सूचकांक** (Consumer Price Index For Industrial Workers) तथा ग्रामीण क्षेत्रों में इस उद्देश्य हेतु कृषि श्रमिकों के उपभोक्ता मूल्य सूचकांक को आधार बनाया।

सुरेश तेंदुलकर समिति

- भारत में योजना आयोग ने निर्धनता रेखा से नीचे (Below Poverty Line) के लोगों की पहचान के लिए एक फॉर्मूले के निर्धारण हेतु **प्रो. सुरेश तेंदुलकर** की अध्यक्षता में एक समिति गठित की।
- इस समिति ने अपनी रिपोर्ट दिसंबर, 2009 में प्रस्तुत की। तेंदुलकर समिति के अनुसार, राष्ट्रीय सैंपल सर्वेक्षण द्वारा संगृहीत भारतीय परिवारों के निजी पारिवारिक उपभोक्ता व्यय संबंधी आँकड़ों का ही प्रयोग किया जाना चाहिए।
- देश में निर्धनता रेखा के निर्धारण के लिए समिति ने **कॉस्ट ऑफ लिविंग** को स्वीकार किया। इसके अंतर्गत जीवन-यापन के लिए कम-से-कम कितनी राशि आवश्यक है, का आकलन किया जाता है।

- तेंदुलकर समिति द्वारा दिया गया मासिक प्रतिव्यक्ति व्यय (MPCE-Monthly Per Capita Expenditure) ग्रामीण क्षेत्र में ₹ 816 तथा शहरी क्षेत्र में ₹ 1000 है।

एस.आर. हाशिम समिति

- योजना आयोग ने **एस.आर. हाशिम** की अध्यक्षता में मई, 2010 में एस.आर. हाशिम समिति का गठन किया, जिसका कार्य शहरी क्षेत्रों में गरीबी रेखा से नीचे रहने वाले परिवारों की पहचान करने की विधि के विषय में सुझाव देना था।
- इस समिति ने त्रिस्तरीय दृष्टिकोण का सुझाव दिया, जिसमें शहरी गरीबी का स्वचालित समावेश एवं निष्कासन होता है।

रंगराजन समिति

- तेंदुलकर समिति पर NSSO द्वारा लगाया गया अनुमान विवादास्पद रहा, जिसके कारण रंगराजन समिति का गठन किया गया।
- रंगराजन समिति ने मासिक प्रतिव्यक्ति व्यय को ग्रामीण क्षेत्र में ₹ 972 तथा शहरी क्षेत्र में ₹ 1407 कर दिया।
- रंगराजन समिति के अनुसार, ग्रामीण व्यक्ति एक महीने में ₹ 972 से कम खर्च करता है तो उसे गरीब समझा जाएगा। शहरी क्षेत्र में यह राशि प्रत्येक महीने ₹ 1407 है।
- इस समिति के अनुसार, ऊर्जा के साथ ही शिक्षा और स्वास्थ्य से जुड़े न्यूनतम खर्चों को ध्यान में रखा जाना चाहिए तथा गाँवों तथा शहरों के लिए 'Poverty Line Basket' समान होनी चाहिए।

भारत में निर्धनता का स्तर

- भारत में निर्धनता का अनुपात वर्ष 1993-94 में लगभग 45% से वर्ष 2004-05 में 37.2% तक हो गया। इस अनुपात में वर्ष 2004-05 में 37.2% तक गिरावट आई। वर्ष 2011-12 में गरीबी रेखा के नीचे (BPL-Below Poverty Line) रहने वाले लोगों की कुल संख्या 21.9% हो गई।
- वर्ष 2019-20 में एक अनुमान के अनुसार गरीबी रेखा के नीचे रहने वाली जनसंख्या का अनुपात 25.9% है। कुल 348 मिलियन लोग गरीबी रेखा के नीचे हैं।
- गरीबी रेखा के नीचे के लोगों का अनुपात भारत के सभी सामाजिक समूहों तथा आर्थिक वर्गों में एक समान नहीं है।
- सामाजिक समूह, जो निर्धनता के प्रति सर्वाधिक असुरक्षित हैं, वे अनुसूचित जाति तथा अनुसूचित जनजाति के परिवार हैं।
- इसी प्रकार आर्थिक समूहों में सर्वाधिक असुरक्षित ग्रामीण कृषि श्रमिक परिवार तथा नगरीय अनियत मजदूर परिवार हैं।

निर्धनता के कारण

भारत में निर्धनता के कारणों **को दो वर्गों में वर्गीकृत** किया जा सकता है

1. विकासशील अर्थव्यवस्था के परिप्रेक्ष्य में

विकासशील अर्थव्यवस्था के परिप्रेक्ष्य में भारत में निर्धनता के निम्न कारण हैं

अत्यधिक जनसंख्या

- भारत में जनसंख्या में तीव्र वृद्धि हुई है, जिसके परिणामस्वरूप 2011 की जनगणना के अनुसार भारत की जनसंख्या 121 करोड़ हो गई।
- इस वृद्धि का कारण अनेक वर्षों से मृत्यु दर में कमी तथा जन्म दर का लगभग स्थिर रहना है।
- लगातार बढ़ती जनसंख्या से निर्भरता भार में वृद्धि होती है, जिसके परिणामस्वरूप निर्धनता में वृद्धि होती है।

निम्न प्रति व्यक्ति आय

- भारत की प्रति व्यक्ति आय जनसंख्या की तुलना में अत्यंत निम्न है, जो वर्ष 2020-21 में ₹ 86,659 है और वर्ष 2022-23 में यह बढ़कर स्थिर कीमत पर ₹ 98,374 हो गई।
- निम्न राष्ट्रीय आय की स्थिति भारत को निर्धन देशों की श्रेणी में रखती है।

बेरोजगारी तथा अल्परोजगार

- भारत में कृषि क्षेत्र में छिपी बेरोजगारी तथा शहरी क्षेत्र में शिक्षित बेरोजगारी की स्थिति पाई जाती है।
- इस बेरोजगारी के कारण निर्धनता की समस्या उत्पन्न होती है।

मुद्रास्फीति जाल

- वस्तुओं तथा सेवाओं की कीमतों में निरंतर वृद्धि होना **मुद्रास्फीति** (Inflation) कहलाता है। मुद्रास्फीति द्वारा लोगों की वास्तविक आय कम होती है। यदि यह लंबे समय तक रहती है तो गरीबी रेखा के ऊपर वाले परिवार गरीबी रेखा के नीचे आ जाते हैं।
- ऐसे परिवार, जो गरीबी रेखा से नीचे होते हैं, वे अत्यधिक निर्धनता की स्थिति में आ जाते हैं, यही स्थिति **मुद्रास्फीति जाल** (Inflation Web) कहलाती है। भारत में जनसंख्या का एक बड़ा वर्ग इस स्थिति के प्रति संवेदनशील है।

पूँजी का अभाव

- निर्धनता के समाधान तथा तीव्र आर्थिक विकास के लिए पूँजी की आवश्यकता होती है, किंतु भारत में **पूँजी स्टॉक** एवं **पूँजी निर्माण** की दर बहुत कम है।
- यह स्थिति **उच्च निर्धनता स्तर** (High Poverty Level) को जन्म देती है।

आधारिक संरचना का अभाव

- निर्धनता के समाधान के लिए शिक्षा, स्वास्थ्य, आवास, ऊर्जा, यातायात एवं संचार जैसी आधारभूत आवश्यकताओं की पूर्ति अति आवश्यक है।
- सभी लोगों तक इन सुविधाओं की पहुँच से जीवन स्तर में सुधार आता है।

2. आय के असमान वितरण के परिप्रेक्ष्य में

- आय का असमान वितरण भारतीय अर्थव्यवस्था का नकारात्मक पक्ष है। सरकार द्वारा अनेक उपायों के माध्यम से आय के अंतर को समाप्त करने का प्रयास किया गया, किंतु पर्याप्त सफलता नहीं मिली।
- ग्रामीण क्षेत्रों में परिसंपत्तियों के पुनर्वितरण पर लक्षित भूमि सुधार जैसी प्रमुख नीति पहल को अधिकतर राज्य सरकारों ने प्रभावी ढंग से कार्यान्वित नहीं किया।
- भारत में **भूमि-संसाधनों की कमी** निर्धनता का एक प्रमुख कारण रही है। इसके अतिरिक्त अनेक अन्य **सामाजिक-सांस्कृतिक** और **आर्थिक कारक** भी निर्धनता के लिए उत्तरदायी हैं।

निर्धनता आकलन के लिए अंतर्राष्ट्रीय मापदंड

- संयुक्त राष्ट्र विकास कार्यक्रम (UNDP-United Nation Development Programme) ने क्षमता निर्धनता माप (Capacity Poverty Measure) का एक नया मापदंड प्रस्तुत किया है, क्योंकि UNDP का मानना है कि निर्धनता एक बहुआयामी संकल्पना है।
- इसे केवल आय के आधार पर नहीं निकाला जा सकता अर्थात् आय निर्धनता (Income Poverty) अपने आप में पूर्ण नहीं है, बल्कि इसके लिए अन्य मानकों को भी ध्यान में रखना होगा।
- इसके अन्य मानकों में स्वास्थ्य व पोषाहार की क्षमता, जिसके अंतर्गत यह देखा जाता है कि 5 वर्ष से कम आयु के बच्चों का कितना प्रतिशत भाग कुपोषण का शिकार है या मानक भार से नीचे है।
- परिवार के सदस्यों की शैक्षणिक स्थिति को भी इसमें सम्मिलित किया जाता है।
- निर्धनता के आकलन के लिए दो और विधियों का उपयोग किया जाता है

1. लॉरेंज वक्र

- लॉरेंज वक्र द्वारा किसी देश के लोगों के बीच आय विषमता को ज्ञात करते हैं। इसे वर्ष 1905 में **मैक्स ओ लॉरेंज** ने विकसित किया।
- इस वक्र (Lorenz Curve) का प्रत्येक बिंदु उन व्यक्तियों को प्रदर्शित करता है, जो एक निश्चित आय के प्रतिशत के नीचे होते हैं।
- 45° कोण पर रेखा बिल्कुल समान आय वितरण दिखती है जबकि दूसरी रेखा आय का वास्तविक वितरण दिखाती है।
- आय वितरण का लोरेंज वक्र इस प्रकार दिया गया है

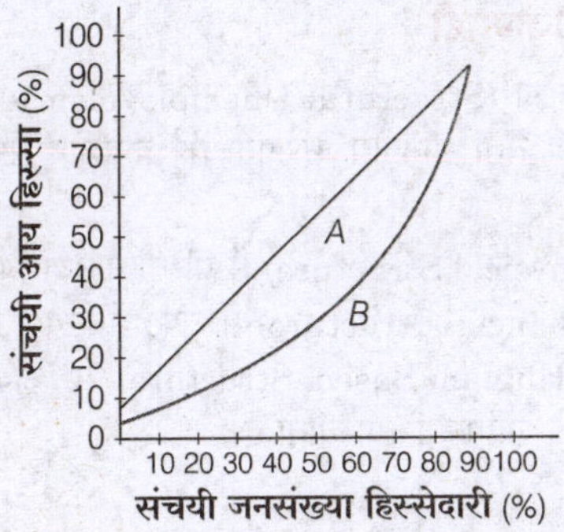

2. गिनी गुणांक

- गिनी गुणांक को वर्ष 1912 में इटैलियन सांख्यिकीविद् **कोरेडो गिनी** (Carrado Gini) ने विकसित किया।
- यह लॉरेन्ज वक्र से क्षेत्रफल और काल्पनिक समता रेखा के नीचे के पूरे क्षेत्रफल के अनुपात को प्रदर्शित करता है।
- इसका मान 0 से 1 के बीच में होता है। यदि विषमता अधिकतम है, तो इसका मान 1 होगा और यदि विषमता न्यूनतम है, तो इसका मान शून्य होगा।
- गिनी गुणांक में यदि 100 से गुणा कर दें, तो गिनी सूचकांक निकलता है।
- लॉरेंज वक्र तथा गिनी गुणांक आय की विषमता की माप से संबंधित हैं। आय की विषमता को प्रतिव्यक्ति आय या कुजनेट्स विषमता वक्र से नहीं मापा जा सकता है।
- इसे विभिन्न आय वर्गों से जनसंख्या के प्रतिशत बँटवारे के आधार पर भी मापा जा सकता है। प्रतिव्यक्ति आय इससे संबंधित नहीं है।
- गिनी गुणांक का आकलन निम्न सूत्र द्वारा किया जाता है

$$= \frac{\text{आदर्श आय वितरण रेखा और लॉरेंज वक्र का क्षेत्रफल}}{\text{आदर्श आय वितरण रेखा के बीच के क्षेत्रफल}}$$

विषमता समायोजन

प्रतिव्यक्ति आय-अवधारणा का प्रतिपादन प्रसिद्ध अर्थशास्त्री अमर्त्य सेन द्वारा किया गया, उन्होंने आय के स्तर तथा वितरण के आयाम को जोड़कर आर्थिक कल्याण के मापन के लिए इस धारणा को विकसित किया। उनके अनुसार, मानव कल्याण में वृद्धि तब होगी, जब प्रतिव्यक्ति आय के स्तर में वृद्धि हो या आय की विषमता समायोजित हो अर्थात् आय की विषमता में कमी आए।

$$W = \mu\,(1 - G)$$

जहाँ W = कल्याण
μ = प्रति व्यक्ति आय
G = विषमता (Inequality) की आयु

निर्धनता दूर करने के उपाय

- विकास की उच्च दर ने निर्धनता को कम करने में एक महत्त्वपूर्ण भूमिका निभाई है। इसलिए यह स्पष्ट होता है कि आर्थिक संवृद्धि और निर्धनता उन्मूलन के बीच एक घनिष्ठ संबंध है।
- आर्थिक संवृद्धि अवसरों को व्यापक बना देती है और मानव विकास में निवेश के लिए आवश्यक संसाधन उपलब्ध कराती है।
- यह शिक्षा में निवेश से अधिक आर्थिक प्रतिफल प्राप्त करने की आशा में लोगों को अपने बच्चों को स्कूल भेजने के लिए प्रोत्साहित करती है।
- इन परिस्थितियों में लक्षित निर्धनता-निरोधी कार्यक्रमों की स्पष्ट आवश्यकता है तथापि ऐसी अनेक योजनाएँ हैं, जिन्हें प्रत्यक्ष या परोक्ष रूप से निर्धनता कम करने के लिए बनाया गया।
- सकल घरेलू उत्पाद में तीव्र संवृद्धि करके निर्धनता के विरुद्ध प्रभावी कदम उठाए जा सकते हैं। आय के वितरण में राजकोषीय तथा कानूनी उपायों के माध्यम से निर्धनता का सामना करके निर्धनता को दूर किया जा सकता है।
- नियंत्रित जनसंख्या वृद्धि से आर्थिक संवृद्धि पर व्यापक प्रभाव पड़ेगा एवं प्रतिव्यक्ति आय में महत्त्वपूर्ण वृद्धि होगी।
- इसके अतिरिक्त कृषि का विकास करके, बेरोजगारी का उन्मूलन करके, पिछड़े क्षेत्रों पर विशेष ध्यान देकर, उत्पादन की तकनीक में परिवर्तन करके निर्धनता को दूर किया जा सकता है।

बेरोजगारी

- बेरोजगारी (Unemployment) एक ऐसी स्थिति है जब प्रचलित मजदूरी पर कार्य करने के लिए इच्छुक व्यक्तियों के लिए कार्यों की उपलब्धता नहीं होती है।
- दूसरे शब्दों में, जब योग्य एवं कुशल लोगों को उनकी क्षमता के अनुसार, रोजगार नहीं मिल पाता है, तो इस समस्या को बेरोजगारी कहते हैं।

बेरोजगारी के प्रकार

भारत में ग्रामीण तथा शहरी बेरोजगारी पाई जाती हैं, जो निम्न प्रकार हैं

ग्रामीण बेरोजगारी

भारत में ग्रामीण क्षेत्रों में **मौसमी बेरोजगारी** (Seasonal Unemployment) और **प्रच्छन्न बेरोजगारी** (Disguised Unemployment) पाई जाती हैं, इनका संक्षिप्त वर्णन निम्नलिखित है

मौसमी बेरोजगारी

- यह बेरोजगारी तब होती है, जब लोग वर्ष के कुछ महीनों में रोजगार प्राप्त नहीं कर पाते हैं।
- कृषि पर आश्रित लोगों के सामने प्रायः इस प्रकार की बेरोजगारी आती है। वर्ष में कुछ व्यस्त मौसम होते हैं, जब बुआई, कटाई, निराई आदि होती है। कुछ विशेष महीनों में कृषि पर आश्रित लोगों को अधिक कार्य नहीं मिल पाता है।

प्रच्छन्न बेरोजगारी

- इस बेरोजगारी के अंतर्गत लोग नियोजित प्रतीत होते हैं, उनके पास भूखंड होता है, जहाँ उन्हें कार्य मिलता है। ऐसा प्रायः कृषिगत कार्य में लगे लोगों में होता है।
- **उदाहरणतः** किसी कार्य में पाँच लोगों की आवश्यकता होती है, लेकिन उसमें आठ लोग लगे होते हैं, इनमें तीन लोग अतिरिक्त हैं।
- ये तीनों भी उसी खेत पर कार्य करते हैं, जिस पर पाँच लोग कार्य करते हैं।
- इन तीनों द्वारा किया गया अंशदान पाँच लोगों द्वारा किए गए योगदान में कोई बढ़ोतरी नहीं करता। यदि तीनों लोगों को हटा दिया जाए तो खेत की उत्पादकता में कोई कमी नहीं आएगी।
- खेत में पाँच लोगों के कार्य की आवश्यकता है और ये तीन अतिरिक्त लोग ही प्रच्छन्न रूप से बेरोजगार की श्रेणी में आते हैं।

शहरी बेरोजगारी

शहरी क्षेत्रों में पाई जाने वाली बेरोजगारी को मुख्यतः दो श्रेणियों में शिक्षित बेरोजगारी (Educated Unemployment) तथा औद्योगिक बेरोजगारी (Industrial Unemployment) में विभाजित किया जाता है।

शिक्षित बेरोजगारी

- पढ़े-लिखे लोगों के द्वारा रोजगार न प्राप्त कर पाना शिक्षित बेरोजगारी कहलाती है।
- ऐसे श्रमिक जिनके शिक्षण-प्रशिक्षण में बड़ी मात्रा में संसाधन उपयोग किए जाते हैं तथा इन श्रमिकों की कार्य दक्षता भी अन्य श्रमिकों से अधिक होती है, ऐसे रोजगार विहिन श्रमिकों को शिक्षित बेरोजगार कहते हैं।

औद्योगिक बेरोजगारी

- औद्योगिक बेरोजगारी में वे लोग शामिल होते हैं, जो **तकनीकी** या **गैर-तकनीकी** रूप से कार्य करने की क्षमता और दक्षता तो रखते हैं, परंतु बेरोजगार होते हैं। औद्योगिक क्षेत्र में बेरोजगारी की समस्या जनसंख्या में तीव्र वृद्धि के साथ-साथ बढ़ती जाती है।
- पंचवर्षीय योजनावधि में आर्थिक दृष्टि से सक्रिय जनसंख्या में तेजी के साथ वृद्धि हुई है, जबकि आर्थिक विकास की दर उपयुक्त मात्रा में रोजगार के अवसर उत्पन्न कर पाने में असमर्थ रही है।
- रोजगार की तलाश में बड़ी मात्रा में ग्रामीणों का शहरी क्षेत्रों में प्रवसन होता रहता है।
- इसके कारण शहरों में औद्योगिक क्षेत्रों में श्रमिकों की पूर्ति बढ़ती जाती है। देश में औद्योगिक बेरोजगारी में वृद्धि का कारण औद्योगीकरण की धीमी प्रक्रिया तथा अनुपयुक्त तकनीक का प्रयोग है।

ग्रामीण तथा शहरी दोनों क्षेत्रों में बेरोजगारी

भारत में शहरों और गाँवों दोनों में ही निम्नलिखित प्रकार की बेरोजगारी पाई जाती है

ऐच्छिक बेरोजगारी

- ऐच्छिक बेरोजगारी (Voluntary Unemployment) वह अवस्था है, जिसमें मजदूर प्रचलित मजदूरी की दरों पर कार्य करना नहीं चाहते।
- **पी दिलाई** के अनुसार, ऐच्छिक बेरोजगारी की अवस्था तब होती है, जब सक्षम श्रमिक प्रचलित मजदूरी या उससे थोड़ी भी कम मजदूरी स्वीकार करना नहीं चाहते।

अनैच्छिक बेरोजगारी

- अनैच्छिक बेरोजगारी (Involuntary Unemployment) वह अवस्था है, जिसमें व्यक्ति बाजार में प्रचलित मजदूरी दर पर कार्य करने को तैयार हैं, परंतु फिर भी उन्हें कार्य नहीं मिलता है।
- अर्थशास्त्री **कीन्स** के अनुसार, अनैच्छिक बेरोजगारी वह अवस्था है, जिसमें कोई व्यक्ति प्रचलित वास्तविक मजदूरी से कम वास्तविक मजदूरी पर कार्य करने के लिए तैयार नहीं होता है।
- इस प्रकार की बेरोजगारी खेतिहर मजदूरों, शिक्षित व्यक्तियों तथा उन लोगों में पाई जाती है, जो गाँव से शहरों में रोजगार के लिए आते हैं, परंतु उन्हें रोजगार नहीं मिल पाता।

संरचनात्मक बेरोजगारी

- संरचनात्मक बेरोजगारी (Structural Unemployment) वह अवस्था है, जहाँ भौतिक, वित्तीय तथा मानवीय संरचना की कमजोर स्थिति के कारण बेरोजगारी आती है।
- भौतिक संरचना (Physical Structure) में परिवहन तथा बिजली की कमी, वित्तीय संरचना (Financial Structure) में राष्ट्र में निवेश का अभाव तथा मानवीय संरचना (Human Based Structure) में कौशल, ज्ञान एवं तकनीकी की कमी को शामिल किया जाता है।

अल्प-रोजगारी

- अल्प-रोजगारी (Low Employment) वह अवस्था है, जब कोई व्यक्ति पूरे वर्ष में कुछ महीनों के लिए बेरोजगार रहता है।
- किसी उच्च व्यक्ति को निम्न योग्यता का कार्य करने को भी इस स्थिति में रखा जाता है।
- **उदाहरणस्वरूप** 'स्नातक' उत्तीर्ण व्यक्ति को 'दसवी' के स्तर का रोजगार मिलना 'अल्प-रोजगार' कहलाता है।

घर्षणात्मक बेरोजगारी

- वह व्यक्ति, जो एक रोजगार को छोड़कर किसी दूसरे रोजगार में जाता है, तब वह दोनों रोजगारों के बीच की अवधि में बेरोजगार हो सकता है। इस प्रकार की बेरोजगारी घर्षणात्मक बेरोजगारी (Frictional Unemployment) होती है।

- घर्षणात्मक बेरोजगारी का संबंध विकसित देशों की अर्थव्यवस्था से है, जहाँ रोजगार के अवसरों का आधिक्य होता है।
- यह उत्पादन की माँग में कमी के कारण आई रोजगार विहीनता के रूप में भी दर्ज की जाती है।

चक्रीय बेरोजगारी

- चक्रीय बेरोजगारी (Cycle Unemployment) अर्थव्यवस्था में आर्थिक विकास की दर में चक्रीय उतार-चढ़ावों के कारण उत्पन्न होती है।
- जब अर्थव्यवस्था में समृद्धि का दौर होता है, तो उत्पादन बढ़ता है तथा रोजगार के नए अवसर उत्पन्न होते हैं।
- जब अर्थव्यवस्था में मंदी का दौर होता है, तो उत्पादन कम होता है और कम लोगों की आवश्यकता होती है, जिसके कारण बेरोजगारी बढ़ती है।

भारत में बेरोजगारी के कारण

भारत में बढ़ती बेरोजगारी के मुख्य कारण निम्नलिखित हैं

- **जनसंख्या वृद्धि** (Population Growth) वर्ष 2001 में भारत की जनसंख्या 102.8 करोड़ थी, जो 2011 में तीव्र गति से बढ़कर 121 करोड़ हो गई।
- एक अनुमान के अनुसार जनवरी, 2024 में भारत की जनसंख्या 143.6 करोड़ है। इतनी विशाल जनसंख्या के लिए रोजगार का सृजन अर्थव्यवस्था के सम्मुख एक बड़ी चुनौती है।
- **सिंचाई सुविधाओं में कमी** (Lack of Irrigation Facilities) भारत में सिंचाई के अभाव में अधिकांश भूमि पर मात्र एक ही फसल का उत्पादन संभव हो पाता है, जिसके कारण किसानों को अधिक समय तक बेरोजगार रहना पड़ता है।
- **कम बचत तथा निवेश** (Lower Savings and Investment) भारतीय अर्थव्यवस्था में पर्याप्त पूँजी का अभाव है, जो पूँजी है इसका निवेश समुचित प्रकार से नहीं किया जा रहा है। पूँजी का अधिकांश भाग वृहत उद्योगों में निवेश किया जा रहा है।
- **श्रमिकों की गतिशीलता में कमी** (Lack of Labour Mobility) भारत के अंतर्गत श्रमिकों की गतिशीलता में कमी पाई जाती है। अनेक परिवार सामाजिक रूढ़िवादिता के कारण रोजगार वाले दूर स्थानों पर जाने के लिए तैयार नहीं होते हैं। श्रम की गतिशीलता में यह कमी बेरोजगारी की समस्या को बढ़ाती है।
- **रोजगार विहीन आर्थिक विकास** (Economic Growth Without Employment) भारतीय अर्थव्यवस्था की उच्च विकास दर होने के बावजूद जनसंख्या के लिए रोजगार के पर्याप्त अवसर उपलब्ध नहीं हो पाए हैं, जो रोजगार विहीन आर्थिक विकास की स्थिति का द्योतक है।
- **कुटीर व लघु उद्योगों का निम्न विकास** (Lower Growth of Cottage and Small Industries) ग्रामीण अर्थव्यवस्था में लघु एवं कुटीर उद्योग रोजगार एवं आय के महत्त्वपूर्ण साधन हैं, किंतु इनके विकास पर अपेक्षित ध्यान नहीं दिया गया। इसलिए ये उद्योग रोजगार के पर्याप्त अवसर सृजित करने में असफल रहे।

भारत में बेरोजगारी दूर करने के संबंध में सुझाव

भारत में बेरोजगारी दूर करने के संबंध में प्रमुख सुझाव निम्नलिखित हैं

- पूँजी निर्माण की दर में वृद्धि तथा **पूँजी उत्पाद में कमी** की जानी चाहिए।
- लघु तथा कुटीर उद्योगों के विकास को बढ़ावा दिया जाना चाहिए।
- कृषि क्षेत्र में बहुफसली पद्धति को बढ़ावा दिया जाना चाहिए।
- सहकारी उद्योगों को प्रोत्साहन दिया जाना चाहिए।
- रोजगार सृजन के लिए कृषि क्षेत्र, औद्योगिक क्षेत्र तथा सेवा क्षेत्र के उत्पादन को बढ़ाने का प्रयास करना चाहिए।

सरकार द्वारा चलाए गए निर्धनता एवं बेरोजगारी उन्मूलन कार्यक्रम

सरकार द्वारा चलाए गए निर्धनता एवं बेरोजगारी उन्मूलन कार्यक्रम निम्नलिखित हैं

प्रधानमंत्री स्वनिधि योजना

- 1 जून, 2020 को भारत सरकार के आवासन एवं शहरी कार्य मंत्रालय द्वारा पीएम स्ट्रीट वेंडर्स आत्मनिर्भर निधि की शुरुआत की गई, जिसे पीएम स्वनिधि योजना के नाम से जाना जाता है।
- कोविड-19 वैश्विक महामारी तथा इसके परिणामस्वरूप लगाए गए लॉकडाउन से पथ विक्रेताओं अथवा रेहड़ी वालों की आजीविका पर बुरा प्रभाव पड़ा है।
- उनकी स्थिति को सुधारने के उद्देश्य से सरकार द्वारा इस योजना की शुरुआत की गई। यह एक केंद्रीय क्षेत्र की योजना है। यह एक विशेष सूक्ष्म ऋण सुविधा योजना है।
- इस योजना का कार्यकाल मार्च, 2022 तक निर्धारित किया गया था, किन्तु अब इसका विस्तार दिसम्बर, 2024 तक के लिए कर दिया गया है।
- इसके अंतर्गत ₹ 10,000 तक का ऋण प्रदान किया जाता है। भारतीय लघु उद्योग विकास बैंक इस योजना के कार्यान्वयन हेतु साझीदार संस्थान हैं।

आत्मनिर्भर भारत अभियान

- प्रधानमंत्री नरेंद्र मोदी ने 17 मई, 2020 को कोरोना संकट के दौर में भारत की अर्थव्यवस्था को सुधारने के लिए ₹ 20 लाख करोड़ के राहत पैकेज का ऐलान किया था। इस पैकेज को आत्मनिर्भर भारत अभियान के अंतर्गत शुरू किया गया।
- यह योजना **वोकल फॉर लोकल** को बढ़ावा देती है। इस पैकेज को **आत्मनिर्भर भारत अभियान** का नाम दिया गया है।
- इस मिशन को दो चरणों में लागू किया गया।
  - **प्रथम चरण** इसमें चिकित्सा, वस्त्र, इलेक्ट्रॉनिक्स, प्लास्टिक, खिलौने जैसे क्षेत्रों को प्रोत्साहित किया गया, जिससे स्थानीय विनिर्माण और निर्यात को बढ़ावा दिया जा सके।
  - **द्वितीय चरण** इस चरण में रत्न एवं आभूषण, फार्मा, स्टील जैसे क्षेत्रों को प्रोत्साहित किया गया।

प्रधानमंत्री गरीब कल्याण योजना

- भारत सरकार ने इस योजना को दिसंबर, 2016 से मार्च, 2017 के लिए चलाया था, परन्तु इसे दिसम्बर, 2023 में अगले पाँच वर्षों अर्थात् दिसम्बर, 2028 तक के लिए बढ़ा दिया गया है।
- राष्ट्रीय खाद्य सुरक्षा कानून के अंतर्गत इस योजना में प्राथमिकता वाले परिवार को प्रतिमाह 5 किग्रा अनाज और अन्त्योदय परिवारों को 35 किग्रा अनाज-चावल, गेहूँ और मोटे अनाज क्रमशः ₹ 3, ₹ 2 और एक रुपया प्रति किग्रा की दर से देने का प्रावधान है। इस कार्यक्रम द्वारा 75% ग्रामीण और 50% तक शहरी जनसंख्या को लाभ प्राप्त हो सकता है।

प्रधानमंत्री उज्ज्वला योजना

- इस योजना की शुरुआत 1 मई, 2016 को की गई। इसके अंतर्गत गरीबी रेखा से नीचे रहने वाले परिवारों को मुफ्त रसोई गैस कनेक्शन दिए गए हैं।
- इस योजना का उद्देश्य गरीब परिवारों में भोजन पकाने के लिए लकड़ी के प्रयोग को समाप्त करना है। इस योजना से 5 करोड़ गरीब परिवारों को लाभान्वित किया गया है।

प्रधानमंत्री कौशल विकास योजना

- गरीबी के विरुद्ध संघर्ष तथा बेहतर रोजगार अवसर के लिए युवाओं को कुशल बनाने के उद्देश्य से 15 जुलाई, 2015 को प्रधानमंत्री कौशल विकास योजना (PMKVY) की शुरुआत की गई।
- इस योजना के माध्यम से देश के युवाओं को कौशल प्रशिक्षण के साथ रोजगार के अवसर प्रदान करना है। इसके लिए औद्योगिक प्रशिक्षण को बढ़ावा दिया जा रहा है।

अटल पेंशन योजना

- राष्ट्रीय पेंशन योजना के रूप में अटल पेंशन योजना (APY) की शुरुआत 1 जून, 2015 से की गई।
- इस योजना का उद्देश्य असंगठित क्षेत्र के लोगों को पेंशन के लाभों के दायरे में लाना है। इस योजना के माध्यम से भारतीय नागरिकों को बीमारी, दुर्घटना तथा वृद्धावस्था में अभाव की चिंता नहीं करनी पड़ेगी।

दीनदयाल उपाध्याय कौशल योजना

- इस योजना का आरंभ 25 सितंबर, 2014 को किया गया। इस योजना का उद्देश्य ग्रामीण गरीबों के लिए माँग आधारित **निःशुल्क कौशल प्रशिक्षण** उपलब्ध कराना है।
- इस योजना के माध्यम से खुदरा, आतिथ्य, स्वास्थ्य, निर्माण, ऑटोमोबाइल, बिजली आदि व्यवसायों में अनेक कौशल प्रशिक्षण कार्यक्रमों के लिए वित्तपोषण किया जाता है।

प्रधानमंत्री जनधन योजना

- प्रधानमंत्री जनधन योजना की शुरुआत 28 अगस्त, 2014 को की गई। इसके अंतर्गत बैंक खातों को खोला गया। प्रत्येक खाताधारक को ₹ 1 लाख का दुर्घटना बीमा का कवर दिया गया है।
- इस योजना के अंतर्गत देशभर के बैंकों में 3.02 करोड़ बैंक खाते खोले गए, जिसमें ₹ 1500 करोड़ की राशि जमा है। जीरो बैलेंस के साथ रूपे डेबिट कार्ड भी खाताधारकों को प्रदान किया गया।

राष्ट्रीय ग्रामीण आजीविका मिशन

- इस मिशन की शुरुआत वर्ष 2011 में **ग्रामीण विकास मंत्रालय** द्वारा की गई। इस योजना का उद्देश्य वर्ष 2024-25 तक सभी ग्रामीण परिवारों को संगठित करना और उन्हें लगातार तब तक संपोषित करना और सहायता देना है, जब तक वे दयनीय गरीबी से बाहर नहीं आ जाते।
- ग्रामीण क्षेत्रों में इस मिशन की शुरुआत 3 जून, 2011 को राजस्थान के **बाँसवाड़ा** जिले से की गई।

महात्मा गाँधी राष्ट्रीय ग्रामीण रोजगार अधिनियम, 2005 (मनरेगा)

- मनरेगा का उद्देश्य ग्रामीण क्षेत्रों में आजीविका सुरक्षित करने के लिए प्रत्येक घर के लिए मजदूरी रोजगार कम-से-कम 100 दिनों के लिए उपलब्ध कराना है।
- इसका उद्देश्य सतत विकास में सहायता करना है, जिससे सूखा, वन कटाई एवं मिट्टी के कटाव जैसी समस्याओं से बचा जा सके। इस प्रावधान के अंतर्गत एक-तिहाई रोजगार महिलाओं के लिए सुरक्षित किया गया है।

राष्ट्रीय काम के बदले अनाज कार्यक्रम

- इस कार्यक्रम को वर्ष 2004 में देश के सबसे पिछड़े 150 जिलों में लागू किया गया था।
- यह कार्यक्रम उन सभी ग्रामीण निर्धनों के लिए है, जिन्हें मजदूरी पर रोजगार की आवश्यकता है और जो अकुशल शारीरिक कार्य करने के इच्छुक हैं।

प्रधानमंत्री ग्रामोदय योजना

- प्रधानमंत्री ग्रामोदय योजना का आरंभ वर्ष 2000 में किया गया।
- इस योजना के अंतर्गत प्राथमिक स्वास्थ्य, प्राथमिक शिक्षा, ग्रामीण आश्रय, ग्रामीण पेयजल और ग्रामीण विद्युतीकरण जैसी मूल सुविधाओं के लिए राज्यों को अतिरिक्त केंद्रीय सहायता प्रदान की जाती है।

स्वर्ण जयंती ग्राम स्वरोजगार योजना

- स्वर्ण जयंती ग्राम स्वरोजगार योजना का आरंभ वर्ष 1999 में किया गया।
- इस कार्यक्रम का उद्देश्य सहायता प्राप्त निर्धन परिवारों को स्वसहायता समूहों में संगठित कर **बैंक ऋण** और सरकारी सहायिकी (Government Subsidies) के संयोजन द्वारा निर्धनता रेखा से ऊपर लाना है।

ग्रामीण रोजगार सृजन कार्यक्रम

- ग्रामीण रोजगार सृजन कार्यक्रम का आरंभ वर्ष 1995 में किया गया।
- इस कार्यक्रम का उद्देश्य ग्रामीण क्षेत्रों और छोटे शहरों में **स्वरोजगार** के अवसर सृजित करना है।

प्रधानमंत्री रोजगार योजना

- यह योजना वर्ष 1993 में आरंभ की गई थी। इस कार्यक्रम का उद्देश्य ग्रामीण क्षेत्रों और छोटे शहरों में शिक्षित बेरोजगार युवाओं के लिए **स्वरोजगार** के अवसर सृजित करना है।
- इस योजना के माध्यम से उन्हें **लघु व्यवसाय** और **उद्योग स्थापित** करने में सहायता दी जाती है।

अतिरिक्त तथ्य

तमिलनाडु बोर्ड एवं NIOS

- **गरीबी का दुष्चक्र** (Vicious Circle of Poverty) सिद्धान्त का प्रतिपादन अर्थशास्त्री नर्क्स (Nurkse) ने किया। इस सिद्धान्त के अनुसार, अविकसित तथा विकासशील अर्थव्यवस्था वाले देशों में एक चक्रीय सम्बन्ध पाया जाता है, जो विकास का निम्न स्तर बनाए रखता है। यह माँग तथा आपूर्ति दोनों पक्षों से सम्बन्धित होता है।
- **'से का बाजार नियम'** (Say's Law of Market) रोजगार से सम्बन्धित एक प्रमुख सिद्धान्त है। इनके अनुसार, पूर्ति अपनी माँग का निर्माण स्वयं करती है (Supply Creates its own Demand)। इसका प्रतिपादन क्लासिकल अर्थशास्त्र **जे.बी. से** ने किया था।
- **'रोजगार तथा आय का सिद्धान्त'** का प्रतिपादन अर्थशास्त्री जे.एम. कीन्स ने किया। इन्होंने 'समग्र प्रभावी माँग' के आधार पर अर्थव्यवस्था में रोजगार के स्तर की व्याख्या की।

05

ग्रामीण एवं नगरीय विकास (आधारभूत संरचना)

(स्रोत)

Class IX & X Old NCERT Chap 3 भारतीय अर्थव्यवस्था की आधारिक संरचना, Class XI New NCERT Chap 1 स्वतंत्रता की पूर्व संध्या पर भारतीय अर्थव्यवस्था, Chap 5 ग्रामीण विकास
Tamil Nadu Board (Class-XI), NIOS

आधारिक संरचना की अवधारणा

- औपनिवेशिक शासन के अंतर्गत देश में रेलों, पत्तनों, जल परिवहन, डाक-तार आदि का विकास हुआ, जिसका उद्देश्य औपनिवेशिक शासन में जनसामान्य को लाभ पहुँचाना नहीं था।
- अंग्रेजों ने 1850 के दशक में भारत में रेल परिवहन की शुरुआत की। इसने भारत की अर्थव्यवस्था की संरचना को प्रभावित किया तथा भारतीय कृषि के व्यवसायीकरण को बढ़ावा दिया।
- आधारिक संरचना औद्योगिक व कृषि उत्पादन, घरेलू व विदेशी व्यापार और वाणिज्य के प्रमुख क्षेत्रों में सहयोगी सेवाएँ उपलब्ध कराती है।
- इन सेवाओं में सड़क, रेल, बंदरगाह, हवाई अड्डे, बाँध, बिजली घर, तेल व गैस पाइपलाइन, दूरसंचार सुविधाएँ, स्कूल-कॉलेज शैक्षिक व्यवस्था, अस्पताल व स्वास्थ्य व्यवस्था, सफाई, पेयजल और बैंक, बीमा, मुद्रा प्रणाली तथा अन्य वित्तीय संस्थाएँ शामिल हैं।

ग्रामीण विकास की अवधारणा

- ग्रामीण विकास (Rural Development) एक व्यापक शब्द है। यह मूलत: ग्रामीण अर्थव्यवस्था के उन घटकों के विकास पर ध्यान केंद्रित करने पर बल देता है, जो ग्रामीण अर्थव्यवस्था के सर्वांगीण विकास में पिछड़ गए हैं।
- ग्रामीण विकास के अंतर्गत सरकार द्वारा संचालित वे सभी कार्यक्रम और योजनाएँ आती हैं, जो ग्रामीण जनसंख्या के कल्याण से संबंधित हैं।
- ग्रामीण अर्थव्यवस्था के सर्वांगीण विकास के लिए जिन क्षेत्रों में नई और सार्थक पहल करने की आवश्यकता बनी हुई है, उनमें निम्न बिंदु शामिल हैं
  - साक्षरता, विशेषकर महिला साक्षरता, शिक्षा और कौशल का विकास।
  - स्वास्थ्य, जिसमें स्वच्छता और जन-स्वास्थ्य दोनों शामिल हैं।
  - भूमि सुधार
  - प्रत्येक क्षेत्र के उत्पादक संसाधनों का विकास
  - आधारिक संरचना का विकास; जैसे-विद्युत, सिंचाई, विपणन, परिवहन सुविधाएँ इत्यादि।
  - निर्धनता निवारण और समग्र समाज के कमजोर वर्गों की जीवन दशाओं में महत्त्वपूर्ण सुधार के विशेष उपाय।

ग्रामीण विकास मंत्रालय

- वर्ष 1974 में कृषि व खाद्य मंत्रालय के अंतर्गत एक खंड के रूप में ग्रामीण विकास विभाग की स्थापना की गई और वर्ष 1979 में ग्रामीण पुनर्निर्माण मंत्रालय के नाम से इसे एक मंत्रालय का दर्जा मिला। जनवरी, 1982 में इसका नाम ग्रामीण विकास मंत्रालय रखा गया।
- वर्ष 1985 में पुन: कृषि व ग्रामीण विकास मंत्रालय में इसे एक विभाग बना दिया गया।
- वर्ष 1999 में पुन: ग्रामीण विकास मंत्रालय की स्थापना की गई, जिसके अंतर्गत वर्तमान समय में ग्रामीण विकास व भू-संसाधन विभाग है।

ग्रामीण विकास के प्रमुख मुद्दे

- ग्रामीण क्षेत्रों का विकास, उनकी मूलभूत समस्याओं के समाधान के माध्यम से ही संभव है। भारत के ग्रामीण क्षेत्रों में भी अनेक समस्याएँ व्याप्त हैं, जिन्हें निम्नलिखित बिंदुओं में वर्गीकृत किया जा सकता है
  - ग्रामीण साख (Rural Credit) की चुनौती
  - ग्रामीण विपणन (Rural Marketing) की चुनौती
  - सहकारिताओं की भूमिका (Role of Cooperatives)
  - कृषि विविधीकरण (Agricultural Diversification)
  - धारणीयता एवं जैविक खेती (Sustainability and Organic Farming)

ग्रामीण साख

- कृषि अर्थव्यवस्था की संवृद्धि समय-समय पर कृषि और गैर-कृषि कार्यों में **उच्च उत्पादकता** (High Productivity) प्राप्त करने के लिए मुख्य रूप से पूँजी के प्रयोग पर निर्भर करती है।
- अन्य क्षेत्रों के विपरीत ग्रामीण अर्थव्यवस्था में लोगों की वित्त संबंधी आवश्यकताएँ भिन्न होती हैं।
- खेतों में बीजारोपण से फसल पकने के बाद आय होने तक की अवधि बहुत लंबी होती है।
- इसी कारण किसानों को बीज, उर्वरक तथा औजार आदि के लिए ऋण लेना पड़ता है। स्वतंत्रता के समय तक **महाजन** तथा **व्यापारी** छोटे सीमांत किसानों एवं भूमिहीन मजदूरों से ऊँची दर पर ब्याज वसूलने तथा ऋण के कुचक्र (Debt Cycle) में उन्हें फँसाने का कार्य करते थे, किंतु वर्ष 1969 में सामाजिक बैंकिंग की प्रणाली प्रारंभ कर इस व्यवस्था में परिवर्तन किया गया।

ग्रामीण साख के प्रकार

ग्रामीण साख (Rural Credit) को निम्न वर्गों में विभाजित किया गया है

1. **अल्पकालीन ऋण** (Short Term Loan) इस ऋण की अवधि बहुत कम होती है। यह ऋण किसानों द्वारा उर्वरक, बीज तथा पशुओं की खरीद हेतु लिया जाता है। किसान को इस ऋण का भुगतान फसल बिकने के तुरंत बाद करना होता है।
2. **मध्यकालीन ऋण** (Medium Term Loan) इस ऋण को **निवेश** तथा **उत्पादन ऋण** भी कहा जाता है। इसकी अवधि अल्पकालीन ऋणों से अधिक होती है। इस ऋण की सहायता से सिंचाई के साधन तथा उत्पादकता में वृद्धि की जाती है।
3. **दीर्घकालीन ऋण** (Long Term Loan) इस ऋण को कृषि, भूमि की खरीद, बड़ी मशीनों की खरीद आदि के लिए लिया जाता है। इस ऋण की अवधि अधिक होती है। यह ऋण पाँच वर्ष या अधिक अवधि के लिए होता है। यह महँगी मशीनों इत्यादि की खरीद के लिए प्रदान किया जाता है।

ग्रामीण साख के स्रोत

ग्रामीण साख के स्रोतों को दो वर्गों में वर्गीकृत किया जाता है

गैर-संस्थागत या अनौपचारिक स्रोत

- ये ऋण प्राप्ति के अनौपचारिक (Informal) स्रोत हैं, जिनके अंतर्गत मुख्यत: साहूकारों (Moneylenders), भू-स्वामियों (Landlords) तथा स्थानीय व्यापारियों (Local Traders) को शामिल किया जाता है।
- चूँकि विभिन्न कारणों से सामान्य ग्रामीण के लिए संस्थागत स्रोतों तक पहुँचना आसान नहीं है, इसलिए स्थानीय स्तर पर उपलब्ध ऋणदाता उनके लिए ATM (Automated Teller Machine) का कार्य करते हैं। साथ ही यह प्रणाली दस्तावेजों की जटिलता से मुक्त होती है। लोग अपनी सुविधानुसार किसी भी आवश्यकता अथवा समय के लिए ऋण प्राप्त कर सकते हैं।

संस्थागत स्रोत

साख के वे सभी स्रोत जो एक औपचारिक व्यवस्था के अंतर्गत कार्य करते हैं, **संस्थागत स्रोत** कहलाते हैं। साख के संस्थागत स्रोतों के अंतर्गत निम्नलिखित संस्थाएँ शामिल की जाती हैं

1. सहकारिताएँ

- ग्रामीण विकास के प्रारंभिक चरण में सहकारिताओं (Co-operatives) के विकास पर विशेष बल दिया गया तथा इनकी स्थापना एवं संचालन हेतु हर संभव सहायता प्रदान की गई।
- बैंकों के अतिरिक्त ग्रामीण क्षेत्रों में सस्ते ऋण का एक अन्य स्रोत सहकारी समितियाँ हैं। कृषक सहकारी समिति कृषि उपकरण खरीदने, खेती तथा कृषि व्यापार करने, मछली पकड़ने, घर बनाने और विभिन्न प्रकार के खर्चों के लिए ऋण उपलब्ध कराती है।
- भारत में सहकारी साख प्रणाली के निम्नलिखित दो स्वरूप हैं
  (i) अल्पकालिक ऋण (ii) दीर्घकालिक ऋण

(i) अल्पकालिक ऋण

- अल्पकालिक ऋण (Short Terms Loan) तत्कालीन एवं कम अवधि की आवश्यकताओं को पूरा करने के लिए प्रयुक्त होते हैं। अल्पकालिक ऋण के सहकारी ढाँचे के तीन स्तर हैं
  - **प्राथमिक कृषि साख समितियाँ** (Primary Agricultural Credit Societies) ये समितियाँ ग्राम-स्तर पर गठित की जाती हैं तथा ये अपने सदस्यों को अल्पकालिक साख उपलब्ध कराती हैं।
  - **केंद्रीय सहकारी बैंक** (Central Co-operative Banks) केंद्रीय सहकारी बैकों का गठन जिला स्तर पर किया जाता है। जिले की सभी प्राथमिक समितियाँ केंद्रीय सहकारी बैकों से जुड़ी होती हैं। ये बैंक प्राथमिक समितियों को वित्त की सुविधा प्रदान करते हैं।
  - **राज्य सहकारी बैंक** (State Co-operative Banks) राज्य सहकारी बैंक का गठन राज्य स्तर पर किया जाता है। ये बैंक केंद्रीय सहकारी बैकों को वित्त की सुविधा प्रदान करते हैं। आवश्यकता पड़ने पर इन बैकों को आवश्यकतानुसार नाबार्ड (NABARD) के द्वारा वित्तीय सहायता उपलब्ध कराई जाती है।

(ii) दीर्घकालिक ऋण

- दीर्घकालिक सहकारी साख ढाँचा के माध्यम से दीर्घकालिक ऋण की व्यवस्था की जाती है। यह ढाँचा दो स्तरों पर कार्य करता है
  - प्राथमिक सहकारी कृषि एवं ग्रामीण विकास बैंक जो ग्राम स्तर पर गठित होते हैं, किसानों को दीर्घकालिक ऋण (Long Terms Loan) प्रदान करते हैं।
  - राज्य सहकारी कृषि एवं ग्रामीण विकास बैंक जो राज्य स्तर पर स्थापित किए जाते हैं, प्राथमिक बैकों को ऋण प्रदान करते हैं।

निर्धन महिलाओं का बैंक

- केरल प्रांत में महिलाओं की ओर उन्मुख एक निर्धनता निवारक सामुदायिक कार्यक्रम कार्यान्वित है, जिसका नाम कुटुंब श्री है।
- वर्ष 1995 में सरकारी बचत एवं साख सोसायटी के रूप में गरीब महिलाओं के लिए इस बचत बैंक की स्थापना की गई।
- इस बचत एवं साख सोसायटी ने छोटी-छोटी बचतों को मिलाकर एक करोड़ की विशाल राशि एकत्र कर ली।
- वर्तमान में इस बचत बैंक को सदस्य संख्या और संगठित बचत के आधार पर एशिया का विशालतम अनौपचारिक बैंक माना जाता है।

2. वाणिज्यिक बैंक

- किसानों को पर्याप्त मात्रा में वित्तीय सहायता उपलब्ध कराने के लिए वर्ष 1969 में 14 बड़े वाणिज्यिक बैंकों का **राष्ट्रीयकरण** (Nationalisation) किया गया। इसके पश्चात् 6 बड़े बैंकों का राष्ट्रीयकरण किया गया।

- कृषि को प्राथमिकता क्षेत्र में सम्मिलित करके वाणिज्यिक बैंकों (Commercial Bank) को कुल ऋणों में से 40% ऋण प्राथमिकता क्षेत्र को देने के निर्देश दिए गए।

3. क्षेत्रीय ग्रामीण बैंक

- क्षेत्रीय ग्रामीण बैंक (Regional Rural Bank) की स्थापना वर्ष 1975 में की गई थी। ये बैंक ग्रामीण क्षेत्रों में साख प्रदान करते हैं। इन बैंकों की स्थापना ग्रामीण क्षेत्रों में ही की जाती है।
- क्षेत्रीय ग्रामीण बैंक भारत, संबंधित राज्य सरकार तथा प्रायोजक बैंक का एक संयुक्त उद्यम है, जिसमें इनकी पूँजी निवेश क्रमश: 50%, 15% एवं 35% है।

नाबार्ड

- राष्ट्रीय कृषि और ग्रामीण विकास बैंक (NABARD-National Bank For Agriculture and Rural Development) की स्थापना 12 जुलाई, 1982 को शिवरामन कमेटी की अनुशंसा पर की गई। इसका मुख्यालय मुंबई में है। इस बैंक का कार्य उन संस्थाओं को वित्त उपलब्ध कराना है, जो ग्रामीण क्षेत्रों में ऋण प्रदान करती हैं।
- यह संपूर्ण ग्रामीण वित्त व्यवस्था के समन्वय के लिए एक शीर्ष संस्था है।

4. ग्रामीण साख में स्वयं सहायता समूह (SHGs) की भूमिका

- ग्रामीण साख व्यवस्था विशेषकर औपचारिक साख व्यवस्था में आई कमजोरियों को दूर करने के लिए 'स्वयं सहायता समूहों (SHGs-Self Help Groups) का भी इस व्यवस्था में प्रादुर्भाव हुआ है।
- 'स्वयं सहायता समूहों' द्वारा एकत्र राशि में से जरूरतमंद सदस्यों को ऋण दिया जाता है।
- इस ऋण की राशि छोटी-छोटी (आसान) किश्तों में वापिस जाती है तथा ब्याज की दर भी उचित रखी जाती है।
- वर्ष 2020 में भारत में 54 लाख महिला स्वयं सहायता समूहों में ₹ 6 करोड़ से अधिक महिला सदस्य हैं।
- ₹ 10000 से ₹ 15000 प्रति (SHGs) और इसके अतिरिक्त ₹ 2.5 लाख प्रति (SHGs) को परिक्रमी निधि के रूप में सामुदायिक निवेश कोष (CIF-Community Investment Fund) का सृजन किया जाता है।
- सामुदायिक निवेश कोष द्वारा प्राप्त साख उपलब्धता को **अतिलघु साख कार्यक्रम** भी कहा जाता है। यह महिलाओं के सशक्तीकरण में सहायता कर रहा है।

ग्रामीण विपणन

- ग्रामीण विपणन (Rural Marketing) वह प्रक्रिया है, जिससे देशभर में उत्पादित कृषि पदार्थों का संग्रह, भंडारण, प्रसंस्करण, परिवहन, पैकिंग, वर्गीकरण और वितरण आदि किया जाता है।
- कुशल विपणन प्रणाली निम्न लक्ष्यों की प्राप्ति में सहायक होती है
  - बाजार प्रणाली सुव्यवस्थित होने पर किसान अपने उत्पादन को अधिक मात्रा में बाजार में बेचना चाहेंगे।
  - मध्यस्थ का न होना, जिससे उत्पादक को अपने उत्पाद का उचित मूल्य मिल सके।
  - उपभोक्ता द्वारा दी गई कीमत तथा किसानों को मिलने वाली कीमत में कम अंतर होना।
  - कृषि से संबंधित पूँजीगत वस्तुएँ उचित मूल्य पर उपलब्ध होना।
  - उपभोक्ताओं तक कृषि उत्पाद अच्छी गुणवत्ता में पहुँचने चाहिए।

वैकल्पिक क्रय-विक्रय साधनों का प्रारम्भ

- यदि किसान अपना उत्पादन उपभोक्ताओं को सीधे बेच सके, तो उसे उपभोक्ताओं द्वारा चुकाई गई कीमत का अपेक्षाकृत अधिक अंश प्राप्त होगा। किसानों द्वारा अपने उत्पादित माल को स्वयं उपभोक्ताओं को बेचने के लिए अनेक प्रकार के नए क्रय-विक्रय स्थलों का विकास हो रहा है।
- ऐसे स्थलों में पंजाब, हरियाणा और राजस्थान की अपनी मण्डी, पूणे की हाड़पसार मण्डी, आन्ध्र प्रदेश की रायथूबाज फल-सब्जी मण्डी, तमिलनाडु की उझावरमण्डी के कृषक बाजार आदि प्रसिद्ध हैं।
- इसके साथ ही अनेक राष्ट्रीय/बहुराष्ट्रीय खाद्य पदार्थ बनाने वाली कम्पनियाँ भी किसानों के साथ कृषि उत्पादों की खेती के लिए अनुबंध कर रही हैं।

सहकारिताओं की भूमिका

- सबके लाभ तथा साझे उद्देश्य की प्राप्ति के लिए साथ मिलकर कार्य करना **सहकारिता** (Co-operatives) कहलाता है।
- सहकारी व्यवस्था के अंतर्गत कार्य करने वाली सहकारी समितियों को दो भागों में बाँटा जा सकता है
  - **सहकारी साख समितियाँ** ये ऐसी समितियाँ होती हैं, जो ग्रामीण स्तर पर ऋण प्रदान करती हैं।
  - **सहकारी गैर-साख समितियाँ** ये ऐसी समितियाँ हैं, जो विभिन्न क्षेत्रों; जैसे-गेहूँ खरीद, चीनी उत्पादन आदि क्षेत्रों में कार्य करती हैं।

कृषि विविधीकरण

कृषि संबंधित गतिविधियों के विविधीकरण (Diversification) के दो पहलू हैं

फसलों के उत्पादन की प्रणाली में परिवर्तन

- फसलों के उत्पादन की प्रणाली में परिवर्तन से ग्रामीण समुदाय को अधिक आय अर्जित कर गरीबी तथा अन्य विषम परिस्थितियों का सामना करने हेतु समर्थ बनाया जाता है।
- देश में अधिकांश कृषि रोजगार खरीफ की फसलों से जुड़ा होता है। **रबी की फसल** के मौसम में तो जहाँ पर्याप्त सिंचाई सुविधा नहीं है, उन क्षेत्रों में लाभप्रद रोजगार दुर्लभ होता है।

श्रमशक्ति को खेती से हटाकर अन्य क्षेत्रों में लगाना

- खेती से अलग ग्रामीण जनसमुदाय को कृषि प्रसंस्करण उद्योग, चर्म उद्योग तथा पर्यटन से जोड़ा गया है। कुछ अन्य क्षेत्रक हैं, जहाँ संभावनाएँ तो हैं, किंतु संरचनात्मक सुविधाओं का अभाव है।
- भारत में किसान समुदाय प्राय: **मिश्रित कृषि पशुधन व्यवस्था** का अनुसरण कर रहा है। देश में मवेशियों के पालन से परिवार की आय में अधिक स्थिरता आती है।
- पशुपालन क्षेत्र से वर्तमान में 7 करोड़ छोटे तथा सीमांत किसानों और भूमिहीन श्रमिकों को आजीविका प्राप्त करने का वैकल्पिक साधन सुलभ हुआ है।
- दुग्ध उत्पादन के लिए **ऑपरेशन फ्लड** (Operation Flood) को वर्ष 1966 में प्रारम्भ किया गया, जिसके अन्तर्गत सभी किसान अपना विक्रय योग्य दुग्ध एकत्रित कर, उसकी गुणवत्ता के अनुसार प्रसंस्करण करते हैं और फिर उसे शहरी केन्द्रों में सहकारिताओं के माध्यम से बेचा जाता है।

- भारत में बजटीय प्रावधानों में वृद्धि और मत्स्यपालन एवं जल कृषिकी में नवीन प्रौद्योगिकी के प्रवेश के बाद से मत्स्य उद्योग में बहुमुखी विकास हुआ है।
- मत्स्य उत्पादन में प्रमुख राज्य- तमिलनाडु, गुजरात, महाराष्ट्र, आन्ध्र प्रदेश तथा केरल हैं।
- बागवानी/उद्यान कृषि के अन्तर्गत फल सब्जियाँ, रेशेदार फसलें, औषधीय तथा सुगंधित पौधे, मसाले, चाय, कॉफी इत्यादि आते हैं।
- बागवानी उद्यान कृषि के विकास को बढ़ावा देने के लिए सरकार द्वारा अनेक प्रयास किए गए हैं। भारत वर्तमान में आम, केला, नारियल, काजू और मसालों के उत्पादन में विश्व में अग्रणी स्थान पर है। इसके साथ ही फल और सब्जियों के उत्पादन में भारत विश्व में दूसरे स्थान पर है।

धारणीयता एवं जैविक कृषि

- भारत में परंपरागत कृषि पूर्णतः रासायनिक उर्वरकों और विषजन्य कीटनाशकों पर आधारित है।
- ये विषाक्त तत्त्व हमारी खाद्य शृंखला व जल स्रोतों में निःसरित हो जाते हैं, जो पशुधन को हानि पहुँचाते हैं।
- इनके कारण मृदा की उर्वरता क्षीण हो जाती है तथा हमारे प्राकृतिक पर्यावरण का विनाश हो जाता है।
- अतः विकास की धारणीयता के लिए पर्यावरण मित्र प्रौद्योगिकी के विकास के प्रयास अनिवार्य हो गए हैं। अतः ऐसी प्रौद्योगिकी को **जैविक कृषि** (Organic Farming) कहा जाता है।
- जैविक कृषि, खेती करने की वह पद्धति है, जो पर्यावरण संतुलन को पुनः स्थापित करके उसका **संरक्षण** और **संवर्द्धन** करती है।
- जैविक कृषि महँगे आगतों के स्थान पर स्थानीय रूप से बने जैविक आगतों के प्रयोग पर निर्भर होती है। ये आगत सस्ते होते हैं और इसी कारण इन पर निवेश से प्रतिफल अधिक मिलता है।
- विश्व बाजारों में जैविक कृषि उत्पादों की बढ़ती हुई माँग के कारण इनके निर्यात से भी अच्छी आय हो सकती है।
- रासायनिक आगतों से उत्पादित खाद्य की तुलना में जैविक विधि से उत्पादित भोज्य पदार्थों में पोषक तत्त्व भी अधिक होते हैं तथा जैविक कृषि में श्रम आगतों का प्रयोग परंपरागत कृषि की अपेक्षा अधिक होता है।

हरित क्रांति तथा स्वर्णिम क्रांति में अंतर

हरित क्रांति	स्वर्णिम क्रांति
इसकी शुरुआत अक्टूबर, 1965 में कृषि उत्पादन के साथ हुई!	वर्ष 1991-2003 की अवधि को स्वर्णिम क्रांति के नाम से संबोधित किया जाता है।
यह कृषि उत्पादन में वृद्धि की रणनीति से सम्बन्धित थी। इसमें उच्च उत्पादकता वाली किस्म (HYV) के बीज, उर्वरक, सिंचाई सुविधाएँ एवं कीटनाशक आदि उपलब्ध कराए गए।	यह बागवानी में नियोजित निवेश के कारण अत्यधिक उत्पादक बन गई। यह स्थायी आजीविका के विकल्प के रूप में उभरी।
इसके द्वारा खाद्य सुरक्षा के लिए उत्पादन प्रभावी हुआ और गैर-कृषि गतिविधियों का भी विस्तार हुआ।	इसके द्वारा बागवानी में लगे कृषकों की आर्थिक दशा में सुधार हुआ और वैकल्पिक रोजगार के साधनों में वृद्धि हुई।

ग्रामीण विकास एवं पंचायती राज

- ग्रामीण विकास में पंचायतों की महत्त्वपूर्ण भूमिका है। इसके लिए संविधान में 73वाँ संविधान संशोधन किया गया। पंचायतों द्वारा ग्रामीण विकास कार्यक्रम में ग्रामीण लोगों की सहभागिता बढ़ी है।
- पंचायतों के निर्वाचन में सहभागिता से लोगों की स्वशासन में भागीदारी बढ़ी है। पंचायतों के तीनों स्तरों पर महिलाओं को 33% आरक्षण दिया गया है।

ई-पंचायत

- ई-पंचायत (E-Panchayat) का प्रमुख उद्देश्य पंचायती राज संस्थाओं के क्रियाकलापों में संपूर्ण सुधार कर उन्हें अधिक पारदर्शी, उत्तरदायी व प्रभावी बनाना है।
- 12वीं पंचवर्षीय योजना में ई-पंचायत मल्टी मीडिया कार्यक्रम को **राजीव गाँधी पंचायत सशक्तीकरण अभियान** का भाग बनाने का प्रस्ताव प्रस्तुत किया गया।

शहरी विकास की अवधारणा

- वैश्वीकरण ने शहरी विकास की अवधारणा को समावेशी विकास की एक अनिवार्य शर्त बना दिया है। शहरी विकास की इस प्रक्रिया में गाँवों के सामने अस्तित्व का संकट उत्पन्न कर दिया है।
- शहरों का अनियोजित विकास, महानगरों का असुरक्षित परिवेश एवं शहरी संस्कृति के बढ़ते तनावमूलक संघर्ष ने शहरीकरण की अवधारणा के विचार को प्रासंगिक बना दिया है।
- पर्यावरणीय प्रदूषण में गाँवों की तुलना में शहरों की भूमिका लगातार बढ़ी है। विकास की प्रक्रिया में शहरों में प्रदूषण समृद्धि का एक नकारात्मक पक्ष प्रस्तुत कर रहा है।

शहरी विकास की चुनौतियाँ

शहरी विकास की चुनौतियाँ निम्नलिखित हैं

पर्यावरणीय चुनौतियाँ

- पर्यावरण सुरक्षा के आधार पर शहरी विकास एक बड़ी चुनौती है। तीव्र प्रौद्योगिकीय विकास के कारण शहरों में जलवायु परिवर्तन का प्रभाव अधिक व्यापक है।
- यातायात के साधनों का विस्तार तथा सार्वजनिक परिवहन सेवाओं में कमी के कारण पर्यावरण को हानि पहुँचाने वाले तत्त्वों का विस्तार हुआ है।

स्वास्थ्य समस्याएँ

- शहरीकरण तथा शहरों की जनसंख्या में हुई वृद्धि के कारण स्वास्थ्य संबंधी चुनौतियाँ का विस्तार हुआ है।
- शहरों के विस्तार से गैर-संचारी रोगों (Non-Communicable Diseases) का विस्तार हुआ है। अस्वास्थ्य आहार तथा मादक पदार्थों के सेवन से स्वास्थ्य सेवाएँ बढ़ी हैं।

रोजगार के अवसरों का अभाव

- शहरी क्षेत्रों में प्रवासी व्यक्ति रोजगार प्राप्त करने की आशा में आते हैं, किंतु जब उन्हें योग्यता एवं कौशल के अनुरूप रोजगार नहीं मिलता है, तब वे शहरी क्षेत्रों में असंतोष में वृद्धि करते हैं।
- अर्द्ध-शिक्षित तथा अकुशल व्यक्तियों को लगातार रोजगार नहीं मिलने से भी सामाजिक अपसंस्कृति का प्रभाव सामने आता है।

ग्रामीण व नगरीय विकास से संबंधित प्रमुख योजनाएँ

ग्रामीण एवं नगरीय विकास से संबंधित प्रमुख योजनाएँ निम्नलिखित हैं

स्वामित्व योजना

- प्रधानमंत्री नरेंद्र मोदी ने 24 अप्रैल, 2020 को स्वामित्व योजना की शुरुआत की।
- इस योजना का उद्देश्य गाँव की संपत्ति के सही आकलन का प्रयास करना तथा योजनाओं के क्रियान्वयन को अधिक प्रभावी बनाना है।
- ग्रामीण क्षेत्र के आवासीय क्षेत्रों की मैपिंग के माध्यम से स्वामित्व के निर्धारण को महत्त्व दिया गया है। इस योजना में **ड्रोन सर्वेक्षण तकनीक** का उपयोग किया गया है।

स्मार्ट सिटी मिशन

- 27 अगस्त, 2015 को **स्मार्ट सिटी मिशन** (Smart City Mission) की शुरुआत की गई। इस मिशन के अंतर्गत देश के 100 चयनित शहरों को स्मार्ट सिटी के रूप में चयनित किया गया है।
- इस मिशन के अंतर्गत चयनित शहरों में सर्वाधिक 12 शहर **उत्तर प्रदेश** के थे।

सबके लिए आवास योजना

- इस योजना का आरंभ 25 जून, 2015 को किया गया। इस योजना के अंतर्गत वर्ष 2022 तक शहरी क्षेत्रों में रहने वाले गरीबों के लिए 2 करोड़ मकानों का निर्माण किया गया।
- इस योजना को **प्रधानमंत्री आवास योजना** का घटक बना दिया गया।

अमृत योजना

- अमृत योजना (AMRUT-Atal Mission For Rejuvenation and Urban Transformation) जून, 2015 में आरंभ की गई। इस योजना का उद्देश्य शहरों का कायाकल्प करना है।
- इसके अंतर्गत शहर के प्रत्येक परिवार को नल का पानी, सीवर कनेक्शन तथा विद्युत सुविधा प्रदान करने का लक्ष्य है। इसके अंतर्गत देश के 500 शहरों में सुविधाओं के विस्तार की रणनीति तैयार की गई है।

राष्ट्रीय विरासत शहर विकास एवं संवर्द्धन योजना (हृदय-HARIDAY)

- इस योजना का प्रारंभ 21 जनवरी, 2015 को **केंद्रीय आवासन और शहरी कार्य मंत्रालय** (MOHUA-Ministry of Housing and Urban Affairs) ने किया।
- इस योजना का उद्देश्य देश की समृद्ध सांस्कृतिक विरासत को संरक्षित करना है। इस योजना के अंतर्गत 12 शहरों को प्रारंभिक चरण में चयनित किया गया।

प्रधानमंत्री आवास योजना

- वर्ष 2015 में इंदिरा आवास योजना का पुनर्गठन करके इसका नाम प्रधानमंत्री आवास योजना कर दिया गया।
- इसका उद्देश्य वर्ष 2022 तक सभी को घर प्रदान करना तथा गरीबी रेखा से नीचे जीवन-यापन करने वाले अनुसूचित जाति/जनजाति एवं बंधुआ मजदूरों को मुक्त कर उन्हें आवासीय सुविधा उपलब्ध कराना था।

सांसद आदर्श ग्राम योजना

- यह योजना 11 अक्टूबर, 2014 को **जयप्रकाश नारायण** की जयंती पर प्रस्तुत की गई।
- इस योजना के अंतर्गत प्रत्येक सांसद और विधायक अपने निर्वाचन क्षेत्र से एक-एक गाँव को चुनेंगे और उनके विकास के लिए प्रयास करेंगे।

प्रधानमंत्री आदर्श ग्राम योजना

- इस योजना की घोषणा 2009-10 के बजट में की गई थी। यह योजना 23 जुलाई, 2010 को **श्रीगंगानगर** (राजस्थान) में आरंभ की गई।
- इस योजना का उद्देश्य उन गाँवों का चयन करना है, जिनकी आधी जनसंख्या अनुसूचित जनजातियों की है।

जलापूर्ति से संबंधित योजनाएँ

जलापूर्ति से संबंधित योजनाएँ निम्नलिखित हैं

हर घर जल योजना

- यह योजना 22 नवंबर, 2020 को प्रारंभ की गई। इस योजना का लक्ष्य देश के प्रत्येक घर में वर्ष 2030 तक शुद्ध जल उपलब्ध कराना है।
- इसके अतिरिक्त **आर्सेनिक** और **फ्लोराइड** से प्रभावित क्षेत्रों को शुद्ध पेयजल की उपलब्धता सुनिश्चित करना है।

अटल भूजल योजना (अटल जल)

- प्रधानमंत्री नरेंद्र मोदी ने पूर्व पीएम अटल बिहारी वाजपेयी की जयंती के अवसर पर 25 दिसंबर, 2019 को **अटल भूजल योजना** की शुरुआत की।
- अटल जल की रूपरेखा सहभागी भूजल प्रबंधन के लिए संस्थागत संरचना को सुदृढ़ करने तथा सात राज्यों अर्थात गुजरात, हरियाणा, कर्नाटक, मध्य प्रदेश, महाराष्ट्र, राजस्थान और उत्तर प्रदेश में टिकाऊ भूजल संसाधन प्रबंधन के लिए समुदाय स्तर पर व्यवहारगत बदलाव लाने के मुख्य उद्देश्य के साथ बनाई गई है।

राष्ट्रीय ग्रामीण पेयजल कार्यक्रम

- इस योजना का प्रारंभ वर्ष 2009 में किया गया। यह केंद्र प्रायोजित योजना है। इस कार्यक्रम के अंतर्गत समस्त ग्रामीण जनसंख्या को गुणवत्तापूर्ण जलापूर्ति सुनिश्चित की जाएगी।
- इसके अंतर्गत **पेयजल एवं स्वच्छता मंत्रालय** द्वारा संचालित राष्ट्रीय जल गुणवत्ता उप-मिशन के अंतर्गत फ्लोराइड व आर्सेनिक से प्रभावित लोगों को लाभ पहुँचाया जाएगा।

प्रधानमंत्री ग्रामीण जल संवर्द्धन योजना

- इस योजना का प्रारंभ 15 अगस्त, 2002 को किया गया।
- अभाव ग्रस्त ग्रामीण क्षेत्रों में एक लाख हैंडपंप लगाना, एक लाख ग्रामीण प्राथमिक विद्यालयों में पेयजल की व्यवस्था करना एवं ग्रामीण क्षेत्रों में पारंपरिक स्रोतों का जीर्णोद्धार करना इस योजना के उद्देश्यों में शामिल हैं।

स्वजलधारा कार्यक्रम

- भारत सरकार द्वारा वर्ष 1999 में समुदाय आधारित ग्रामीण जल आपूर्ति कार्यक्रम प्रारम्भ किया गया, जिसके अनुभव के आधार पर 25 दिसम्बर, 2002 को स्वजलधारा कार्यक्रम (Swaraj Dhara Programme) आरंभ करके देशभर में ग्रामीण पेयजल आपूर्ति क्षेत्र में सुधार का प्रयास किया गया है।

- स्वजलधारा के अंतर्गत परियोजनाओं को मंजूर करने की शक्ति जिला जल एवं स्वच्छता समिति में निहित है।

राजीव गाँधी राष्ट्रीय जल मिशन

- त्वरित ग्रामीण जलापूर्ति योजना को वैज्ञानिक और कम खर्चीला बनाने के उद्देश्य से वर्ष 1986 में 'राष्ट्रीय पेयजल मिशन' की शुरुआत की गई।
- वर्तमान में राष्ट्रीय पेयजल मिशन का नया नामकरण 'राजीव गाँधी राष्ट्रीय जल मिशन' (Rajiv Gandhi National Water Mission) कर दिया गया है।

ग्रामीण पेयजल

- स्वास्थ्य दक्षता तथा जीवन की स्वीकार्य गुणवत्ता की दृष्टि से ग्रामीण पेयजल (Rural Drinking Water) आवश्यक है।
- ग्रामीण जलापूर्ति के महत्त्व को देखते हुए ग्रामीण विकास मंत्रालय ने एक अलग सुरक्षित पेयजल के प्रावधान के अंतर्गत सुरक्षित पेयजल के कम-से-कम 40 ली प्रति व्यक्ति प्रतिदिन से बढ़ाकर 55 ली/व्यक्ति प्रतिदिन तक बढ़ा दिया गया है। (12वीं पंचवर्षीय योजना के दौरान)

शिक्षा संबंधी योजनाएँ

शिक्षा संबंधी योजनाएँ निम्नलिखित हैं

समग्र शिक्षा अभियान

- समग्र शिक्षा अभियान की शुरुआत राष्ट्रीय माध्यमिक शिक्षा अभियान तथा शिक्षक शिक्षा योजनाओं को समाहित कर वर्ष 2018 में की गई है।
- यह नीति सतत विकास लक्ष्य (SDG-4) के अनुसार है।

प्रधानमंत्री ग्रामीण डिजिटल साक्षरता अभियान

- इस अभियान का प्रारंभ 8 फरवरी, 2017 को किया गया। इस अभियान का लक्ष्य मार्च 2019 तक 6 करोड़ ग्रामीण परिवारों को डिजिटल रूप से साक्षर बनाना था।
- यह अभियान विश्व के सबसे बड़े डिजिटल कार्यक्रमों में से एक है।

राष्ट्रीय माध्यमिक शिक्षा अभियान

- राष्ट्रीय माध्यमिक शिक्षा अभियान की शुरुआत मार्च 2009 में तथा अध्यापक शिक्षण की शुरुआत वर्ष 1986 में राष्ट्रीय शिक्षा नीति के अन्तर्गत की गई थी।
- राष्ट्रीय माध्यमिक शिक्षा अभियान का उद्देश्य माध्यमिक शिक्षा को प्रोत्साहन देना था, जबकि अध्यापक शिक्षण का उद्देश्य अध्यापकों को बेहतर प्रशिक्षण प्रदान करना था।

सर्व शिक्षा अभियान

- सर्व शिक्षा अभियान का आरंभ वर्ष 2001 में किया गया। इसका उद्देश्य वर्ष 2010 तक 6-14 आयु समूह के सभी बच्चों को **प्रारंभिक शिक्षा** प्रदान करना था।
- इसके अंतर्गत प्रारंभिक शिक्षा के स्तर पर लैंगिक एवं सामाजिक असमानताओं को दूर करने की परिकल्पना की गई है।

कस्तूरबा गाँधी बालिका शिक्षा योजना

- जिन जिलों में विशेष रूप से महिला साक्षरता दर बहुत कम है, उन क्षेत्रों में बालिकाओं के लिए विशेष विद्यालयों की स्थापना हेतु 15 अगस्त, 1997 को कस्तूरबा गाँधी शिक्षा योजना को प्रारंभ किया गया था।
- अप्रैल, 2007 में इस योजना को सर्व शिक्षा अभियान के साथ मिला दिया गया।

मध्याह्न भोजन कार्यक्रम

- प्राथमिक स्कूल के विद्यार्थियों के लाभ के लिए मध्याह्न भोजन कार्यक्रम (Mid Day Meal) 15 अगस्त, 1995 को मानव संसाधन विकास मंत्रालय (अब शिक्षा मंत्रालय) द्वारा शुरू किया गया था।
- इसका उद्देश्य स्कूलों में दाखिले की संख्या बढ़ाना, स्कूली शिक्षा अधूरी छोड़ने की प्रवृत्ति को हतोत्साहित करना और कक्षाओं में विद्यार्थियों की उपस्थिति बढ़ाने में योगदान करना है। सितंबर 2021 में इस योजना का नाम पीएम पोषण योजना हो गया।

स्वास्थ्य तथा स्वच्छता संबंधी योजनाएँ

स्वास्थ्य तथा स्वच्छता संबंधी योजनाएँ निम्नलिखित हैं

आयुष्मान भारत योजना

- यह योजना 14 अप्रैल, 2018 से प्रारंभ की गई। यह एक **राष्ट्रीय स्वास्थ्य सुरक्षा योजना** है।
- इस योजना के अंतर्गत 10 करोड़ निर्धन परिवारों को ₹ 5 लाख प्रतिवर्ष स्वास्थ्य बीमा प्रदान किया जाएगा। इस योजना का क्रियान्वयन केंद्र एवं राज्य दोनों के सहयोग से किया जाएगा।

मिशन इंद्रधनुष योजना

- इस योजना का शुभारंभ दिसंबर, 2014 में किया गया। इसका उद्देश्य वर्ष 2020 तक संपूर्ण टीकाकरण के कार्य को पूर्ण करना है।
- इस मिशन के अंतर्गत सभी बच्चों को सात टीके लगाए जाते हैं, ताकि उन्हें काली खाँसी, पोलियो, टिटनेस, क्षयरोग, डिप्थीरिया आदि से बचाया जा सके।

स्वच्छ भारत अभियान

- इस अभियान को 2 अक्टूबर, 2014 को आरंभ किया गया। इस अभियान का उद्देश्य प्रत्येक व्यक्ति तक शौचालय, ठोस और तरल अवशिष्ट के प्रबंधन की प्रणाली सहित स्वच्छता सुविधाओं की पहुँच का मार्ग प्रशस्त करना है।
- **पेयजल एवं स्वच्छता विभाग, जल शक्ति मंत्रालय** द्वारा इस कार्यक्रम को चलाया जा रहा है।

राष्ट्रीय स्वास्थ्य बीमा योजना

- इस योजना का आरंभ 1 अक्टूबर, 2007 को किया गया। इस योजना का उद्देश्य असंगठित क्षेत्र के गरीबी रेखा से नीचे रहने वाले कामगार एवं उनके परिवार के सदस्यों को स्वास्थ्य बीमा सुरक्षा उपलब्ध कराना है।
- इस योजना के अंतर्गत प्रति परिवार को प्रतिवर्ष ₹ 30,000 तक की चिकित्सा सहायता प्रदान की जा सकती है।

जननी सुरक्षा योजना

- यह योजना 12 अप्रैल, 2005 को आरंभ की गई। इस योजना का उद्देश्य गरीबी रेखा से नीचे रहने वाले परिवारों में मातृ मृत्यु दर और शिशु मृत्यु दर को कम करना है। जननी सुरक्षा कार्यक्रम का संचालन भारत सरकार के स्वास्थ्य और परिवार कल्याण मंत्रालय द्वारा किया जाता है।
- इस योजना के अंतर्गत शहरी क्षेत्र में गर्भवती महिलाओं को ₹ 1000 तथा ग्रामीण क्षेत्रों में ₹ 1400 की राशि सहयोग के रूप में दी जाती है।

राष्ट्रीय स्वास्थ्य मिशन

- राष्ट्रीय स्वास्थ्य मिशन (NHM) की शुरुआत वर्ष 2013 में राष्ट्रीय ग्रामीण स्वास्थ्य मिशन (2013 में लॉन्च) तथा राष्ट्रीय शहरी स्वास्थ्य मिशन (2013 में लॉन्च) के विलय द्वारा की गई।
- इसका लक्ष्य मातृत्व मृत्यु दर को प्रति एक हजार जीवित जन्म तथा शिशु मृत्यु दर को 25 प्रति हजार जीवित जन्म तक लाना है।

सामाजिक सुरक्षा कार्यक्रम

सामाजिक सुरक्षा कार्यक्रम इस प्रकार हैं

प्रधानमंत्री जन सुरक्षा योजना

इस योजना की शुरुआत 9 मई, 2015 को कोलकाता में सामाजिक सुरक्षा के उद्देश्य से की गई। इसके अंतर्गत निम्न योजनाएँ सम्मिलित हैं

- प्रधानमंत्री जीवन ज्योति योजना
- प्रधानमंत्री सुरक्षा बीमा योजना
- अटल पेंशन योजना

प्रधानमंत्री जन-धन योजना

- यह योजना 28 अगस्त, 2014 को प्रारंभ की गई। इस योजना के अंतर्गत प्रत्येक परिवार को बैंक खाते से जोड़ा जाएगा, जिससे योजनाओं की राशि सीधे उन तक पहुँच सके।
- खाताधारक को ₹ 5000 की ओवरड्राफ्ट सुविधा, एक लाख रुपये का दुर्घटना बीमा तथा ₹ 30 हजार के जीवन बीमा की सुविधा मिलेगी।

ग्रामीण विकास की अन्य प्रमुख योजनाएँ

ग्रामीण विकास की अन्य प्रमुख योजनाएँ इस प्रकार दी गई हैं

- **आत्मनिर्भर भारत** (2020) भारत को आत्मनिर्भर राष्ट्र बनाने का उद्देश्य।
- **प्रधानमंत्री मत्स्य संपदा योजना** (2020) मत्स्यपालकों को व्यापक संरचनात्मक ढाँचा उपलब्ध कराना।
- **प्रधानमंत्री गरीब कल्याण अन्न योजना** (2020) गरीबों को न्यूनतम दर पर मासिक खाद्यान्न उपलब्ध कराने की योजना।
- **प्रधानमंत्री किसान सम्मान निधि योजना** (2019) छोटे तथा सीमांत किसानों को आर्थिक सहायता प्रदान करना।
- **प्रधानमंत्री किसान मान धन योजना** (2019) छोटे तथा सीमांत किसानों को 60 वर्ष की आयु के बाद प्रतिमाह ₹ 3000 पेंशन की सुविधा देना।
- **प्रधानमंत्री फसल बीमा योजना** (2016) फसलों के नष्ट होने पर किसानों को राहत पहुँचाने का लक्ष्य।
- **नई रोशनी योजना** (2013) अल्पसंख्यक वर्ग की महिलाओं को आत्मनिर्भर बनाना।
- **आम आदमी बीमा योजना** (2007) ग्रामीण भूमिहीनों के लिए सामाजिक सुरक्षा प्रदान कराना।
- **अन्त्योदय अन्न योजना** (2000) शहरी तथा ग्रामीण गरीबी को कम करने वाली महत्त्वाकांक्षी योजना।

अतिरिक्त तथ्य
तमिलनाडु बोर्ड एवं NIOS

विकास योजनाएँ

- भारत सरकार की सामाजिक आर्थिक और जाति जनगणना (एसईसीसी) 2015 के अनुसार, भारत में लगभग 73% घर ग्रामीण है। इनमें से 18.5% अनुसूचित जाति के परिवार हैं और 11% अनुसूचित जनजाति वर्ग के हैं।

स्वयं सहायता समूह (एसएचजी)

- यह आमतौर पर एक आर्थिक रूप से सजातीय समूह है, जो अपने सदस्यों की आत्मीयता के आधार पर स्व-चयन की प्रक्रिया के माध्यम से बनता है।
- अधिकांश एसएचजी महिला समूह है, जिनकी सदस्यता 10 से 20 के बीच है।
- एसएचजी के पास अच्छी तरह से परिभाषित नियम और उपनियम हैं, वे नियमित बैठकें आयोजित करते हैं और रिकॉर्ड और बचत और ऋण अनुशासन बनाए रखते हैं।
- एसएचजी स्व-प्रबन्धित संस्थाएँ है, जो भागीदारी और सामूहिक निर्णय लेने की विशेषता रखती है।
- नाबार्ड एसएचजी लिंकेज कार्यक्रम के तहत् एसएचजी अपने उधारकर्ताओं के नियमित भुगतान का सफल ट्रेक रिकॉर्ड दिखाने पर बैंक से ऋण उधार ले सकते हैं।

06

कृषि

(स्रोत)

New NCERT Class IX Chap 1 पालमपुर गाँव की कहानी, Chap 4 भारत में खाद्य सुरक्षा, New NCERT Class X Chap 3 मुद्रा और साख, Old NCERT Class IX & X Chap 4 आर्थिक विकास की ओर, New NCERT Class XI Chap 1 स्वतंत्रता की पूर्व संध्या पर भारतीय अर्थव्यवस्था, Chap 2 भारतीय अर्थव्यवस्था (1950-90), New NCERT Class XI Chap 5 ग्रामीण विकास
Tamil Nadu Board (Class-XI), NIOS

भारतीय कृषि का परिचय

- भारतीय कृषि (Indian Economy), भारत की अर्थव्यवस्था का आधार है। कृषि, अर्थव्यवस्था के प्राथमिक क्षेत्रक के अंतर्गत शामिल की जाती है।
- भारतीय कृषि, देश की कुल श्रम शक्ति के लगभग 49% लोगों के लिए रोजगार का सृजन करती है।
- कृषि तथा संबद्ध क्षेत्र से तात्पर्य **खेती**, **मत्स्यपालन** (Fisheries), **पशुपालन** तथा **बागवानी** (Horticulture) आदि से है। 12वीं पंचवर्षीय योजना में कृषि क्षेत्र का विकास लक्ष्य 11वीं पंचवर्षीय योजना के समान ही 4% निर्धारित किया गया था।

भारतीय कृषि क्षेत्रक

- ब्रिटिश औपनिवेशिक शासन के अंतर्गत भारत मूलतः एक कृषि अर्थव्यवस्था ही बना रहा। देश की लगभग 85% जनसंख्या, जो गाँवों में बसी थी, प्रत्यक्ष या परोक्ष रूप से कृषि पर निर्भर थी। एक बड़ी जनसंख्या का व्यवसाय होने के बाद भी कृषि क्षेत्रक में गतिहीन विकास की प्रक्रिया चलती रही।
- यद्यपि कृषि अधीन क्षेत्र के प्रसार के कारण कुल कृषि उत्पादन में वृद्धि हुई, किंतु उत्पादकता में निरंतर कमी आती रही। औपनिवेशिक शासनकाल में कृषि क्षेत्र की गतिहीनता का मुख्य कारण उस समय लागू भू-व्यवस्था प्रणाली थी।
- इस समय किसानों की दुर्दशा को बढ़ाने में अन्य कारणों में प्रौद्योगिकी का निम्न स्तर, सिंचाई सुविधाओं का अभाव और उर्वरकों का नगण्य प्रयोग भी महत्त्वपूर्ण है।
- देश के कुछ भागों में कृषि के व्यावसायीकरण के कारण नकदी फसलों की उच्च उत्पादकता के भी प्रमाण मिलते हैं, किंतु औपनिवेशिक शासनकाल में इसका लाभ किसानों को नहीं मिल पाता था।

भारतीय कृषि में सुधार

- भारतीय कृषि में व्यवस्थागत परिवर्तन का श्रेय **भूमि सुधार** (Land Reform) तथा **हरित क्रांति** (Green Revolution) की प्रणालियों को दिया जाता है।
- 1950 के दशक में भूमि सुधार के साथ कृषि में समानता लाने का प्रयास किया गया, इसका उद्देश्य जोतों के **स्वामित्व** (Ownership) में परिवर्तन लाना था। इसके अतिरिक्त समानता को बढ़ावा देने के लिए भूमि की अधिकतम सीमा निर्धारण को महत्त्व दिया गया।
- इसका अर्थ प्रायः किसी व्यक्ति की कृषि भूमि के स्वामित्व की अधिकतम सीमा का निर्धारण करना है। इस नीति का उद्देश्य कुछ लोगों में भूस्वामित्व के **संकेंद्रण** (Concentration) को कम करना था।
- स्वतंत्रता के समय देश की 75% जनसंख्या कृषि पर आश्रित थी। उत्पादकता कम होने तथा पुरातन प्रौद्योगिकी का प्रयोग होने के कारण किसानों के पास आधारिक संरचना का अभाव था, इसे **हरित क्रांति** द्वारा दूर किया गया।

भारतीय अर्थव्यवस्था में कृषि का महत्त्व

- भारतीय अर्थव्यवस्था में कृषि के महत्त्व को निम्न प्रकार समझा जा सकता है

ग्रामीण क्षेत्र में आजीविका का स्रोत

- भारत के ग्रामीण क्षेत्रों में कृषि ही **उन्नत आजीविका** (Better Livelihood) का सबसे मुख्य स्रोत है। कृषि पर निर्भर न करने वाले परिवारों की तुलना में पूर्णतः कृषि पर निर्भर रहने वाले परिवारों की कुल संख्या अभी भी भारत में बहुत अधिक है। गैर-कृषि कार्य में लगे ग्रामीण परिवारों के लिए भी कृषि, आय का एक अधिक महत्त्वपूर्ण स्रोत है।

- ग्रामीण क्षेत्रों में कृषि पर निर्भरता का एक महत्त्वपूर्ण कारण कुटीर उद्योगों का ह्रास है। ब्रिटिश औपनिवेशिक काल में ही ग्रामीण कुटीर उद्योगों का पतन आरंभ हो गया था, जो वर्तमान में पूर्णत: ह्रासमान हैं।

राष्ट्रीय आय में कृषि का योगदान

- वर्ष 2022-23 में **सकल घरेलू उत्पाद** (GDP-Gross Domestic Product) में कृषि का योगदान 21.82% था, जो भारतीय अर्थव्यवस्था का सबसे बड़ा घटक है, इसके विपरीत विनिर्माण उद्योग का योगदान 29.34% था।
- विकासशील अर्थव्यवस्था के अंतर्गत जब आर्थिक विकास की प्रक्रिया आगे बढ़ती है, तो कृषि का योगदान घटता जाता है तथा उद्योगों का योगदान बढ़ता जाता है।

सरकारी राजस्व में कृषि का योगदान

- राज्य एवं केंद्रीय राजस्व में कृषि का प्रत्यक्ष योगदान नगण्य है अर्थात् कृषि आय पर कोई केंद्रीय आयकर नहीं है।
- कृषि आयकर राज्यों को जाता है, किंतु इस मद (Item) से मिलने वाले कर-राजस्व की मात्रा न्यूनतम है।

उद्योगों में कृषि का योगदान

- उद्योगों के संदर्भ में कृषि के योगदान को भारतीय अर्थव्यवस्था में दो प्रकार से देखा जा सकता है-**कच्चा माल प्रदान करने वाले के रूप** में और **औद्योगिक उत्पादों के मुख्य क्रेता के रूप में**।
- भारतीय उद्योगों द्वारा कच्चे माल के रूप में जिन कृषि उत्पादों का प्रयोग किया जाता है, उनमें कपास, जूट, तिलहन और गन्ना मुख्य हैं। कृषि से प्राप्त कच्चे मालों का उपयोग सूती वस्त्र, जूट उद्योग एवं खाद्य प्रसंस्करण इत्यादि उद्योगों में किया जाता है।
- भारतीय कृषि में उर्वरकों की बढ़ती माँग ने पिछले दशक के दौरान भारत में इस उद्योग के विकास को प्रोत्साहित किया है।

विदेशी व्यापार में कृषि का योगदान

- वर्ष 1990-91 में देश के कुल निर्यात में कृषि क्षेत्र की भागीदारी 1.9% थी, जो वर्ष 2020-21 में 11% हो गई है।
- यह परिवर्तन अन्य वस्तुओं के निर्यात निष्पादन में अपेक्षाकृत बेहतर प्रदर्शन के कारण हुआ। भारत की वैश्विक कृषि निर्यात में हिस्सेदारी 2.2% है।

कृषि संबंधी आगत

- भूमि (Land) ही कृषि उत्पादन का एक प्रमुख साधन है। अर्थव्यवस्था के अंतर्गत भूमि का स्वामित्व एवं उपयोग हमारी **भू-धारण प्रणाली** (Land Holding System) पर निर्भर करता है। भूमि के अतिरिक्त अन्य **कृषि आगत** (Agricultural Inputs) का विवरण निम्न है
  - **तकनीकी जानकारी** (Technical Knowledge) कृषि के क्षेत्र में तकनीकी जानकारी एक प्रमुख आगत है। कृषि के आधुनिक तरीकों का प्रयोग करने के लिए किसान को बीज के प्रकारों, उर्वरकों, फसल प्रबंध, जल प्रबंध, भंडारण, फसल बीमा आदि जानकारी का होना अति आवश्यक है।
  - **श्रम** (Labour) किसान का निजी एवं उसके परिवार का श्रम एक महत्त्वपूर्ण कृषि आगत है। कृषि में भाड़े का श्रम भी एक प्रभावी आगत है।
  - **पशुधन** (Livestock) कृषक के लिए पशुधन महत्त्वपूर्ण आगत है। यह कृषि में सदैव महत्त्वपूर्ण रहा है। वास्तव में, विभिन्न कृषि परिवारों के वर्गीकरण का एक आधार उनके पास पशुधन की संख्या और किस्म भी है।
  - **कृषि उपकरण** (Agro-Implements) इसमें एक ओर लकड़ी एवं लोहे के हल जैसे परंपरागत उपकरण तथा बैलगाड़ी जैसे यातायात साधनों को सम्मिलित किया जाता है, तो दूसरी ओर आधुनिक ट्रैक्टर तथा उचित उपकरणों को स्थान दिया जाता है।
  - **सिंचाई** (Irrigation) इस आगत का प्रयोग लगभग सभी प्रकार की कृषि और सभी प्रकार की फसलों के लिए महत्त्वपूर्ण है।
  - **बीज** (Seeds) कृषि में उत्पादन बीजों की किस्म पर निर्भर करता है। कृषि में बीजों के प्रयोग के मामले में कृषक को चुनाव करना होता है। उसे सबसे पहले यह चुनाव करना होता है कि उसे किस प्रकार की फसल का उत्पादन करना है।
  - **उर्वरक एवं कीटनाशी** (Fertiliser and Insecticide) आधुनिक दृष्टि से उर्वरक एवं कीटनाशी दो महत्त्वपूर्ण निविष्टियाँ हैं। रासायनिक उर्वरकों का प्रयोग तुलनात्मक रूप से नया है, क्योंकि जब इनका सिंचाई के पानी जैसी अन्य निविष्टियों की उचित मात्राओं के साथ प्रयोग किया जाता है, तो ये भूमि के उपजाऊपन को बड़े पैमाने पर बदल देते हैं।
  - **भंडारण** (Storage) कीड़ों एवं मौसम से बचाव कर सकने वाले भंडारण के तरीकों के अभाव के कारण प्रत्येक वर्ष भारत में उत्पन्न अनाजों का एक बड़ा भाग नष्ट हो जाता है। यही कारण है कि भंडारण कृषि संबंधी आगतों में महत्त्वपूर्ण भूमिका निभाते हैं।

न्यूनतम समर्थन मूल्य

- भारत सरकार द्वारा **न्यूनतम समर्थन मूल्य** (MSP-Minimum Support Price) कृषि उपजों के मूल्यों में तीव्र गिरावट के विरुद्ध सुरक्षित उपाय के रूप में कृषि उत्पादकों को प्रदान किया जाता है। इसका मुख्य उद्देश्य किसानों को विवश होकर सस्ती कीमतों पर फसल बिक्री से बचाना है।
- न्यूनतम समर्थन मूल्य की संस्तुति कृषि लागत एवं मूल्य आयोग द्वारा वर्ष में दो बार की जाती है।
- किसानों के हित एवं आत्मनिर्भरता को देखते हुए सरकार प्रमुख 23 फसलों (वर्ष 2024 के अनुसार) के लिए न्यूनतम समर्थन मूल्य की घोषणा करती है।
- भारत की आर्थिक मामलों संबंधी मंत्रिमंडलीय समिति द्वारा **कृषि लागत एवं मूल्य आयोग** (CACP-Commission For Agricultural Cost and Prices) की अनुशंसाओं के आधार पर फसलों के बुवाई सत्र के आरंभ में न्यूनतम समर्थन मूल्य की घोषणा की जाती है।

कृषि प्रौद्योगिकी व अनुसंधान संस्थाएँ

कृषि प्रौद्योगिकी व अनुसंधान संस्थाएँ इस प्रकार हैं

भारतीय कृषि अनुसंधान परिषद्

- भारतीय कृषि अनुसंधान परिषद् (ICAR-Indian Council of Agricultural Research) की स्थापना 16 जुलाई, 1929 को की गई थी, यह राष्ट्रीय स्तर की शीर्ष **स्वायत्त संस्था** (Top Autonomus Institution) है।
- इस संस्था का उद्देश्य कृषि अनुसंधान के क्षेत्र में **विज्ञान एवं प्रौद्योगिकी** (Science and Technology) कार्यक्रमों को प्रोत्साहित करना और उनके विषय में लोगों को प्रशिक्षित करना है।

- भारतीय कृषि अनुसंधान परिषद् (ICAR) का मुख्यालय नई दिल्ली में है, इसके अंतर्गत देश में 49 संस्थान तथा विश्वविद्यालय स्तर के 4 राष्ट्रीय संस्थान हैं।

कपार्ट

- **कपार्ट** (CAPART-Council for Advancement of People's Action and Rural Technology) का गठन 1 सितंबर, 1986 को किया गया था।
- इसका उद्देश्य ग्रामीण समृद्धि के लिए परियोजनाओं के क्रियान्वयन में निजी क्षेत्र की स्वैच्छिक भागीदारी को प्रोत्साहन देना और उनमें सहायता करना है। इसका मुख्यालय नई दिल्ली में है। इसके अतिरिक्त कपार्ट के 9 प्रादेशिक केंद्र स्थापित किए गए हैं।

सहकारी विपणन के संस्थान

सरकारी विपणन के संस्थान निम्नलिखित हैं

नाफेड

- नाफेड (NAFED-National Agricultural Co-operative Marketing Federation of India Limited) की स्थापना एक सहकारी संस्था के रूप में 2 अक्टूबर, 1958 में की गई थी।
- इसका उद्देश्य उद्यान कृषि तथा वन उपजों का विपणन एवं भंडारण करना है। इसके अतिरिक्त कृषि उपकरणों यंत्रों का अंतर्राष्ट्रीय एवं राष्ट्रीय स्तर पर थोक और खुदरा आयात-निर्यात व्यापार करना है।

राष्ट्रीय सहकारी विकास निगम

- राष्ट्रीय सहकारी विकास निगम (NCDC-National Co-operative Development Corporation) की स्थापना सांविधिक निकाय के रूप में कृषि एवं किसान कल्याण मंत्रालय के अधीन वर्ष 1963 में की गई थी।
- लघु वनोपजों का एकत्रण, प्रसंस्करण (Processing), विपणन, भंडारण एवं निर्यात तथा कृषि उत्पादों में वृद्धि करना इसके प्रमुख कार्य हैं।

एपीडा

- एपीडा (APEDA-Agricultural and Processed Food Development Authority) वर्ष 1986 में अस्तित्व में आया। यह प्राधिकरण कृषि उत्पादों एवं संकर बीजों के विकास तथा कृषि उत्पादों के निर्यात को प्रोत्साहित करता है।
- एपीडा नए बाजारों की खोज करने के साथ निर्यातकों को विशेष सुविधाएँ प्रदान करता है तथा कृषि निर्यात के क्षेत्र में एपीडा, केंद्र सरकार की शीर्ष एजेंसी है।

ट्राइफेड

- ट्राइफेड (TRIFED-Tribal Co-operative Marketing Development Federation of India Limited) की स्थापना वर्ष 1987 में की गई थी, जिसका उद्देश्य जनजातियों को उनकी उपजों का उचित मूल्य प्राप्त करने में सहायता करना तथा व्यापारियों के शोषण से बचाना है।
- अप्रैल, 2008 में ट्राइफेड की नियमावली में से **लघु वन उपज** (MFP-Minor Forest Produce) और **अधिशेष कृषि उपजों** (Surplus Agricultural Produce) की खरीद बंद कर दी गई।

कृषि निर्यात क्षेत्र

- आयात-निर्यात नीति वर्ष 2001-02 के अंतर्गत कृषि निर्यात क्षेत्र (AEZs-Agri Export Zones) में प्रोत्साहन देने के लिए सात राज्यों में आठ नए कृषि निर्यात क्षेत्रों की स्थापना को केंद्र सरकार ने मंजूरी प्रदान की।
- भारत में अब तक 60 से अधिक कृषि निर्यात क्षेत्र स्थापित हो चुके हैं। इनमें से कुछ प्रमुख मध्य प्रदेश में मसालों, उत्तराखंड में बासमती चावल, पश्चिम बंगाल व तमिलनाडु में आम, पश्चिम बंगाल में हरी सब्जी, महाराष्ट्र में प्याज आदि हैं।

कृषि बीमा

- कृषि एवं किसान कल्याण मंत्रालय द्वारा वर्ष 1958 में **फसल बीमा योजना** प्रारंभ की गई।
- इस योजना का उद्देश्य **कृषि बीमा** (Agricultural Insurance) से जुड़े जोखिमों तथा अन्य जोखिमों से किसानों को सुरक्षा प्रदान करना है।
- भारत में तीन प्रमुख बीमा योजनाओं का क्रियान्वयन किया गया; जैसे- **मौसम आधारित फसल बीमा योजना**, **नारियल** तथा **पान बीमा योजना**, **संशोधित राष्ट्रीय कृषि बीमा योजना**।
- इन बीमा योजनाओं को सम्मिलित करके ही राष्ट्रीय फसल बीमा योजना की केंद्रीय योजना तैयार की गई।

प्रधानमंत्री फसल बीमा योजना

- केंद्र सरकार द्वारा 13 जनवरी, 2016 को नई फसल बीमा योजना को मंजूरी प्रदान की गई, इसने सभी फसल बीमा योजनाओं का स्थान ग्रहण किया है।
- इस योजना के अंतर्गत यह सुनिश्चित किया गया है कि किसानों को कम प्रीमियम का भुगतान करना पड़े तथा उन्हें बीमित राशि का भुगतान शीघ्र हो।
- इसके अंतर्गत भुगतान की जाने वाली प्रीमियम दरों को किसानों की सुविधा के लिए बहुत कम रखा गया है।
- इसमें सभी प्रकार की फसलों को सम्मिलित किया गया है तथा इसमें खरीफ की फसलों के लिए 2% प्रीमियम और रबी की फसल के लिए 1.5% प्रीमियम का भुगतान किया जाएगा।
- वार्षिक वाणिज्यिक और बागवानी फसलों के बीमे के लिए 5% प्रीमियम का भुगतान किया जाएगा।
- यह नई फसल बीमा योजना **एक राष्ट्र एक योजना** (One Nation One Scheme) विषय पर आधारित है।

कृषि विपणन

- कृषि विपणन (Agricultural Marketing) वह प्रक्रिया है, जिसमें संपूर्ण देश में उत्पादित कृषि पदार्थों का संग्रह, भंडारण, प्रसंस्करण (Processing), परिवहन, पैकेजिंग तथा वितरण इत्यादि किया जाता है।
- किसानों द्वारा कृषि उत्पादन का एक हिस्सा स्वयं के उपभोग हेतु रख लिया जाता है तथा शेष कृषि उत्पादन को बाजार में बेंच दिया जाता है।
- किसानों द्वारा उत्पादन का बाजार में बेचा गया अंश ही **विपणित अधिशेष** कहलाता है।
- भारत में एक व्यवस्थित **कृषि विपणन प्रणाली** का अभाव है, इसमें सुधार के लिए निम्न पहलुओं पर विचार किया गया है
  - व्यवस्थित एवं पारदर्शी विपणन (Transporot Marketing) की दशाओं का निर्माण करने के लिए बाजार का नियमन करना।

- आधारभूत संरचनाओं का विकास तथा सहकारी विपणन की व्यवस्था करना।
- सरकारी विपणन द्वारा किसानों को अपने उत्पादों का उचित मूल्य उपलब्ध कराना। इसके लिए सहकारी संस्थाओं के विकास को बढ़ावा देना।
- सरकार द्वारा नीतिगत साधनों को बढ़ावा देना, जिनमें कृषि उत्पादों के लिए न्यूनतम समर्थन कीमत सुनिश्चित करना, भारतीय खाद्य निगम द्वारा गेहूँ और चावल के सुरक्षित भण्डार का रख-रखाव करना, सार्वजनिक वितरण प्रणाली के माध्यम से खाद्यानों का वितरण करना आदि शामिल हैं।

सरकार द्वारा की गई पहल

भारत सरकार ने कृषि विपणन को सुगम बनाने के लिए महत्त्वपूर्ण पहल की हैं, जो निम्न हैं

ई-राष्ट्रीय कृषि बाजार

- इलेक्ट्रॉनिक राष्ट्रीय कृषि बाजार (eNam-Electronic-National Agriculture Market) अखिल भारतीय इलेक्ट्रॉनिक ट्रेडिंग पोर्टल है, जिसकी शुरुआत वर्ष 2015 में की गई थी।
- इसका उद्देश्य वर्तमान **कृषि उपज विपणन समिति** मंडियों का एक नेटवर्क स्थापित करना है, जिससे उत्पादों के लिए एक एकीकृत राष्ट्रीय बाजार तैयार हो सके।

कृषि तकनीक मूलभूत सुविधा कोष

- राष्ट्रीय कृषि विपणन को बढ़ावा देने के लिए **कृषि तकनीक मूलभूत सुविधा कोष** (ATIF-Agriculture Technology Infrastructure Fund) की स्थापना वर्ष 2015 में की गई।
- कृषि तकनीक मूलभूत सुविधा कोष को बढ़ावा देने के लिए **कृषि एवं किसान कल्याण मंत्रालय** प्रयासरत है।

कृषि से संबंधित क्रांतियाँ

कृषि से संबंधित क्रांतियाँ निम्नलिखित हैं

हरित क्रांति

- हरित क्रांति (Green Revolution) का विस्तार दो चरणों में हुआ। पहला चरण 1960 से 1970 के दशक के मध्य तक था, जबकि द्वितीय चरण 1970 के दशक के मध्य से 1980 के दशक के मध्य तक था।
- 1960 के दशक में कृषि वैज्ञानिक **नॉर्मन बोरलॉग** द्वारा इसे आरंभ किया गया। नॉर्मन बोरलॉग को **हरित क्रांति का जनक** (Father of Green Revolution) कहा जाता है। भारत में हरित क्रांति का नेतृत्व मुख्य रूप से **एम.एस. स्वामीनाथन** द्वारा किया गया। एम.एस. स्वामीनाथन को वर्ष 2024 में 'भारत रत्न' से अलंकृत किया गया है।
- हरित क्रांति में प्रौद्योगिकी के प्रसार से भारत को खाद्यान्न उत्पादन में आत्मनिर्भरता प्राप्त हुई। अब भारत खाद्यान्न उत्पादन के आयात पर निर्भर नहीं रह गया था।
- हरित क्रान्ति के द्वितीय चरण (1970 के दशक के मध्य से 1980 के दशक के मध्य तक) में HYV बीजों की प्रौद्योगिकी का विस्तार कई राज्यों तक पहुँचा और इसका कई फसलों को लाभ हुआ।
- हरित क्रांति ने किसानों की आय में वृद्धि की तथा मानसून पर उनकी निर्भरता को कम किया।
- औपनिवेशिक काल का कृषि गतिरोध हरित क्रांति से स्थायी रूप से समाप्त हो गया, इसका तात्पर्य **उच्च पैदावार वाली किस्मों के बीजों** (HYV-High Yielding Variety) का प्रयोग किया जाना है।
- हरित क्रांति के प्रभाव से गेहूँ तथा चावल के उत्पादन में वृद्धि हुई। सिंचाई की सुविधाओं तथा उर्वरकों के प्रयोग ने कृषि उत्पादकता में अत्यधिक वृद्धि की।
- हरित क्रान्ति को सफल बनाने में कृषि सहायिकी का प्रमुख योगदान रहा। किसानों द्वारा विशेष रूप से नई HYV प्रौद्योगिकी को अपनाने के लिए प्रोत्साहन प्रदान करने हेतु सहायिकी दी जानी आवश्यक थी। किसान प्रायः किसी भी नई प्रौद्योगिकी को जोखिम पूर्ण समझते हैं। अत: किसानों को नई प्रौद्योगिकी की जाँच के लिए सहायिकी प्रदान की गई।

श्वेत क्रांति

- दुग्ध के क्षेत्र में क्रांति उत्पन्न करके उत्पादकता बढ़ाने के कार्यक्रम को **श्वेत क्रांति** (White Revolution) कहा गया। श्वेत क्रांति की गति को और तीव्र करने के उद्देश्य से **ऑपरेशन फ्लड** (Operation Flood) नामक योजना आरंभ की गई।
- भारत में ऑपरेशन फ्लड के जनक **डॉ. वर्गीज कुरियन** हैं। ऑपरेशन फ्लड 13 जनवरी, 1970 को आरंभ किया गया।
- इस योजना को तीन चरणों में लागू किया गया, जिससे कृषकों तथा दुग्ध उत्पादकों को पर्याप्त लाभ मिला है।

नीली क्रांति

- मछली उत्पादन के क्षेत्र में हुई प्रगति को **नीली क्रांति** (Blue Revolution) कहा जाता है। भारत विश्व में मछली उत्पादन के क्षेत्र में तीसरा बड़ा राष्ट्र है। नीली क्रांति को 1960 के दशक में एक पैकेज प्रोग्राम के माध्यम से आरंभ किया गया।
- भारत में इसका विस्तार **सातवीं पंचवर्षीय योजना** के दौरान अधिक हुआ। देश में मत्स्य उत्पादन में वृद्धि करने के लिए विश्व बैंक की सहायता से 5 तटवर्ती राज्यों में एक परियोजना लागू की गई है।
- वर्ष 2022-23 में देश में कुल 17.54 मिलियन टन मत्स्य उत्पादन हुआ। विश्व में भारत का स्थान मत्स्यपालन में **तीसरा** है।

द्वितीय हरित क्रांति

- पहली हरित क्रांति के दुष्परिणामों को दूर करने के लिए तथा पर्यावरणीय हितों को ध्यान में रखते हुए कृषि क्षेत्र में समग्र विकास को प्रोत्साहन देने के लिए वर्ष 2006 में विज्ञान कॉन्फ्रेंस में **ए.पी.जे. अब्दुल कलाम** ने द्वितीय हरित क्रांति (Second Green Revolution) का आह्वान किया। इसके अंतर्गत उन्नत बीजों का चयन क्षेत्रीय भूमि के आधार पर किया गया है।
- द्वितीय हरित क्रांति के अंतर्गत **जैव-प्रौद्योगिकी** (Bio Technology) तथा **आनुवंशिक इंजीनियरिंग** (Genetic Engineering) के प्रयोग द्वारा अधिक उत्पादकता एवं गुणवत्तापूर्ण बीजों के विकास पर बल दिया गया।

सदाबहार क्रांति

- प्रसिद्ध कृषि वैज्ञानिक **डॉ. एम.एस. स्वामीनाथन** द्वारा **सदाबहार क्रांति** (Evergreen Revolution) की परिकल्पना वर्ष 2006 में प्रस्तुत की गई।

- सदाबहार क्रांति का केंद्र बिंदु सतत कृषि विकास के लक्ष्य की प्राप्ति है। वर्तमान परिप्रेक्ष्य में प्राथमिक क्षेत्र के अंतर्गत नीली, हरित, पीली, गुलाबी, श्वेत तथा भूरी क्रांति को समेकित करते हुए इन्हें सदाबहार क्रांति के अंतर्गत सम्मिलित किया गया है।
- सदाबहार क्रांति का मुख्य उद्देश्य उत्पादकता में वृद्धि से है। इसमें उन्हीं उत्पादों पर निर्भर होना चाहिए, जो पर्यावरण की दृष्टि से सुरक्षित, आर्थिक रूप से व्यवहार्य तथा सामाजिक रूप से टिकाऊ हों।

पंचवर्षीय योजनाओं में कृषि

कृषि संबंधी पंचवर्षीय योजनाएँ निम्नलिखित हैं

- **प्रथम पंचवर्षीय योजना** (1951-56) इस योजना के अंतर्गत कृषि क्षेत्र को प्राथमिकता दी गई। योजना के कुल राजस्व आवंटन का 31% भाग कृषि क्षेत्र को प्रदान किया गया। इसके अंतर्गत औसत वार्षिक उत्पादन 67 लाख टन रहा।
- कृषि क्षेत्र में 2.71% की वृद्धि दर्ज की गई। इस पंचवर्षीय योजना में बाँधों तथा सिंचाई में निवेश सहित कृषि क्षेत्र के प्रभावों पर ध्यान दिया गया। भाखड़ा नांगल बाँध, हीराकुड जैसी योजनाओं पर इसी अवधि में कार्य आरंभ किया गया।
- **द्वितीय पंचवर्षीय योजना** (1956-61) इसके अंतर्गत कुल राजस्व व्यय का 20% भाग कृषि क्षेत्र को आवंटित किया गया, इस समय कृषि उत्पादकता कम रही। यह योजना उद्योगों पर केंद्रित थी।
- **तृतीय पंचवर्षीय योजना** (1961-66) इस योजना में पुन: कृषि को प्राथमिकता दी गई, इसमें गहन कृषि कार्यक्रम के अंतर्गत कृषि जिला कार्यक्रम एवं अधिक उपज वाली किस्मों पर विशेष ध्यान दिया गया। इस योजना के दौरान गेहूँ के उत्पादन में सुधार हुआ। हरित क्रांति का प्रभाव इस दौरान दिखने लगा तथा रक्षा उद्योग की ओर अधिक ध्यान दिया गया।
- **चतुर्थ पंचवर्षीय योजना** (1969-74) इस योजना में कृषि क्षेत्र में अनुसंधान तथा विज्ञान एवं प्रौद्योगिकी के उपयोग पर विशेष बल दिया गया। इस योजना के दौरान कृषि उन्नत हुई थी। यह योजना अशोक रुद्र तथा एएस मान्ने मॉडल पर आधारित थी।
- **पाँचवीं पंचवर्षीय योजना** (1974-79) इस योजना में कुल योजना व्यय का 15% भाग कृषि क्षेत्र के लिए आवंटित किया गया। इसमें खाद्यान्न उत्पादन का लक्ष्य 1,520 लाख टन रखा गया था, परंतु उत्पादन लक्ष्य से अधिक हुआ।
- **छठी पंचवर्षीय योजना** (1980-85) इस योजना में हरित क्रांति का दूसरा चरण प्रारंभ हुआ, जिसमें कृषि क्षेत्र में निवेश पर अधिक बल दिया गया। इस योजना का पूरा ध्यान जनसंख्या नियंत्रण तथा आधुनिकीकरण की ओर था।
- **सातवीं पंचवर्षीय योजना** (1985-90) इस योजना में कपास के अतिरिक्त अन्य सभी फसलों का उत्पादन लक्ष्य से अधिक रहा। कृषि में आधुनिक प्रौद्योगिकी को ग्रामीण क्षेत्र में व्याप्त गरीबी को दूर करने में सक्षम बनाया गया।
- **आठवीं पंचवर्षीय योजना** (1992-97) इस योजना में कृषि क्षेत्र की विकास दर 4.7% रही। इस पंचवर्षीय योजना में कृषि के क्षेत्र में अधिक ध्यान नहीं दिया गया, इसका सबसे अधिक ध्यान उदारीकरण (Liberalisation), निजीकरण (Privatisation) तथा वैश्वीकरण (Globalisation) पर था।
- **नौवीं पंचवर्षीय योजना** (1997-2002) इस योजना में कृषि क्षेत्र की विकास दर 2.06% रही। ग्रामीण विकास के साथ कृषि को प्राथमिकता दी गई तथा पर्याप्त रोजगार के अवसरों को उत्पन्न करने पर ध्यान दिया गया।
- **दसवीं पंचवर्षीय योजना** (2002-07) इस योजना में राष्ट्रीय कृषि नीति **2000** को अपनाया गया, इसमें मृदा स्वास्थ्य तथा जल संसाधनों के प्रबंधन पर विशेष बल दिया गया।
- **ग्यारहवीं पंचवर्षीय योजना** (2007-12) इस योजना में कृषि उत्पादकता में वृद्धि, रोजगार सृजन, भूमि पर जनसंख्या दबाव जैसे लक्ष्य निर्धारित किए गए। इसमें कृषि क्षेत्र में 4% वार्षिक वृद्धि का लक्ष्य निर्धारित किया गया।
- **बारहवीं पंचवर्षीय योजना** (2012-17) इस योजना में कृषि क्षेत्र में 4% वार्षिक विकास दर का लक्ष्य रखा गया, इसमें प्रौद्योगिकी को कृषि के विकास का इंजन घोषित किया गया।

नोट *वर्ष 1966-69 के बीच योजना-अवकाश वर्ष (Plan Holiday) 1978-80 के बीच अनवरत योजनाएँ (Rolling Plans) तथा वर्ष 1990-92 के बीच वार्षिक योजनाएँ (Annual Plans) संचालित थीं।*

कृषि क्षेत्र की योजनाएँ

कृषि क्षेत्र से संबंधित प्रमुख योजनाओं का वर्णन निम्न है

एक राष्ट्र एक उर्वरक योजना

- इस योजना का प्रारम्भ 17 अक्टूबर, 2022 को प्रधानमन्त्री द्वारा प्रधानमन्त्री किसान सम्मेलन के दौरान किया गया।
- इसमें यूरिया, डाई-अमोनियम फॉस्फेट, डीएपी, म्यूरेट ऑफ पोटाश (MOP) और नाइट्रोजन फॉस्फोरस पोटैशियम (NPK) आदि के लिए एकल ब्राण्ड नाम क्रमश: भारत यूरिया, भारत डीएपी, भारत MOP और भारत NPK आदि है। सभी उर्वरक कम्पनियों, राज्य व्यापार संस्थाओं और उर्वरक विपणन संस्थाओं के लिए एक ब्राण्ड होगा।

प्रधानमंत्री किसान मानधन योजना

- प्रधानमंत्री किसान मानधन योजना, किसानों को पेंशन प्रदान करने की योजना है। इसे 31 मई, 2019 को लागू किया गया।
- छोटे तथा सीमांत किसान जो 60 वर्ष से अधिक आयु के हैं, उन्हें ₹ 3000 प्रतिमाह धनराशि पेंशन के रूप में दी जाती है।

प्रधानमंत्री किसान सम्मान निधि योजना

- प्रधानमंत्री किसान सम्मान निधि योजना की शुरुआत वर्ष 2018 में की गई। इस योजना के अंतर्गत किसानों को प्रत्येक वर्ष ₹ 6000 की राशि तीन किस्तों में प्रदान की जाती है।
- इसका उद्देश्य किसानों की आर्थिक स्थिति सुधारने के लिए वित्तीय सहायता प्रदान करना है।

प्रधानमंत्री फसल बीमा योजना

- प्रधानमंत्री फसल बीमा योजना की शुरुआत 18 फरवरी, 2016 को की गई। इस योजना का उद्देश्य बुआई से पहले तथा फसल की कटाई तक किसानों को बीमा सुरक्षा प्रदान है।
- किसानों को खरीफ फसलों के लिए 2% तथा रबी फसलों के लिए 1.5% का भुगतान करना होता है।

नीरांचल जल संभरण योजना

- इस योजना को **केंद्रीय मंत्रिमंडल** ने 7 अक्टूबर, 2015 को मंजूरी प्रदान की। यह विश्व बैंक से सहायता प्राप्त परियोजना है। यह योजना देश के 9 राज्यों-आंध्र प्रदेश, तेलंगाना, राजस्थान, छत्तीसगढ़, गुजरात, झारखंड, मध्य प्रदेश, ओडिशा तथा महाराष्ट्र में संचालित की गई है।

- प्रधानमंत्री कृषि सिंचाई योजना के जल संरक्षण घटक के रूप में नीरांचल का मुख्य लक्ष्य प्रत्येक खेत तक सिंचाई सुनिश्चित करना और जल के अधिकतम प्रयोग को बढ़ावा देना है।

प्रधानमंत्री कृषि सिंचाई योजना

- यह योजना 1 जुलाई, 2015 को प्रारंभ की गई थी। इसका उद्देश्य समुचित प्रौद्योगिकी के माध्यम से जल का उचित उपयोग एवं क्षेत्रीय स्तर पर सिंचाई में निवेश सहबद्धता को प्रोत्साहित करना है।
- राष्ट्रीय स्तर पर इस योजना का निरीक्षण प्रधानमंत्री की अध्यक्षता में गठित एक अंतर मंत्रालयी राष्ट्रीय संचालन समिति द्वारा किया जाता है।

परंपरागत कृषि विकास योजना

- इस योजना की शुरुआत वर्ष 2015 में की गई थी। देश में पारंपरिक तथा आधुनिक तकनीकों के माध्यम से कृषि को प्रभावशाली रूप देने के लिए इसे आरंभ किया गया।
- परंपरागत कृषि विकास योजना के अंतर्गत **जैविक खेती** (Organic Farming) को बढ़ावा दिया जा रहा है।

मृदा स्वास्थ्य कार्ड योजना

- मृदा स्वास्थ्य कार्ड योजना (Soil Health Card Scheme) भारत सरकार द्वारा वर्ष 2015 में आरंभ की गई।
- इस योजना में देश के किसानों की भूमि की मिट्टी की जाँच कर उसकी गुणवत्ता का अध्ययन किया जाता है।

राष्ट्रीय गोकुल मिशन

- राष्ट्रीय गोकुल मिशन (National Gokul Mission) की शुरुआत 28 जुलाई, 2014 को की गई।
- इस मिशन का उद्देश्य स्वदेशी गायों के संरक्षण तथा नस्लों के विकास को प्रोत्साहित करना है। यह मिशन राष्ट्रीय प्रजनन एवं डेयरी विकास कार्यक्रम पर आधारित है।

खाद्य सुरक्षा

संपूर्ण जनसंख्या को सही समय पर आवश्यक बुनियादी भोजन के लिए भौतिक एवं आर्थिक दोनों रूपों में उपलब्धि का आश्वासन **खाद्य सुरक्षा** (Food Security) है।

- अन्य शब्दों में सभी लोगों के लिए सदैव भोजन की **उपलब्धता, पहुँच** और उसे प्राप्त करने का सामर्थ्य, खाद्य सुरक्षा कहलाता है।
- **खाद्य उपलब्धता** का तात्पर्य देश में खाद्यान्न उत्पादन, खाद्य आयात और सरकारी अनाज भण्डारों में संचित पिछले वर्षों के स्टॉक से है।
- **पहुँच** का अर्थ है कि खाद्य प्रत्येक व्यक्ति को मिलता रहे।
- **सामर्थ्य** का अर्थ है कि लोगों के पास अपनी भोजन आवश्यकताओं को पूरा करने के लिए पर्याप्त और पौष्टिक भोजन खरीदने के लिए धन उपलब्ध हो।
- खाद्य सुरक्षा सार्वजनिक वितरण प्रणाली, शासकीय सतर्कता और खाद्य सुरक्षा के खतरे की स्थिति में सरकार द्वारा दी गई कार्यवाही पर निर्भर करता है।

राष्ट्रीय खाद्य सुरक्षा अधिनियम

- 10 सितंबर, 2013 को राष्ट्रीय **खाद्य सुरक्षा अधिनियम** (NFSA-National Food Security Act) अधिसूचित किया गया, इसका उद्देश्य सस्ती कीमतों पर पर्याप्त मात्रा में अच्छी गुणवत्ता के भोजन तक पहुँच सुनिश्चित करना तथा खाद्य एवं पोषाहार सुरक्षा प्रदान करना है।
- इस अधिनियम के अंतर्गत 75% ग्रामीण जनसंख्या तथा 50% शहरी जनसंख्या को लाभान्वित किया जाना है।
- इसके अंतर्गत **प्राथमिकता प्राप्त परिवारों** (Priority Households) के लिए प्रतिव्यक्ति 5 किग्रा खाद्यान्न और अंत्योदय अन्न योजना के अंतर्गत परिवारों के लिए ₹ 3 प्रति किग्रा चावल, ₹ 2 प्रति किग्रा गेहूँ एवं ₹ 1 प्रति किग्रा मोटे अनाज की देय कीमतों पर प्रत्येक परिवार 35 किग्रा खाद्यान्न के लिए अधिकृत है।
- 3 नवंबर, 2016 को राष्ट्रीय खाद्य सुरक्षा अधिनियम देश के 36 राज्यों व केंद्रशासित प्रदेशों में लागू किया गया। **केरल** व **तमिलनाडु** ने इस कानून को सबसे बाद में लागू किया। इस अधिनियम के अंतर्गत **राशन कार्ड** को गृहस्थ परिवार की सबसे वरिष्ठ महिला के नाम से जारी करने का प्रावधान है।

बफर स्टॉक

- बफर स्टॉक भारतीय खाद्य निगम (एफ. सी. आई.) के माध्यम से सरकार द्वारा अधिप्राप्त अनाज, गेहूँ और चावल का भण्डार है। भारतीय खाद्य निगम अधिशेष उत्पादन वाले राज्यों में किसानों से गेहूँ और चावल खरीदता है।

सार्वजनिक वितरण प्रणाली

- भारत में **सार्वजनिक वितरण प्रणाली** (PDS-Public Distribution System) वर्ष 1950 में लागू की गई थी। इसका उद्देश्य उपभोक्ताओं को सस्ती कीमत पर आवश्यक उपयोग हेतु वस्तुएँ उपलब्ध कराना है।
- इसके निम्न 5 आधार थे

(i) सरकारी सस्ते गल्ले की दुकानें
(ii) सहकारी उपभोक्ता भंडार
(iii) नियंत्रित उपभोक्ता भंडार
(iv) सुपर बाजार
(v) मिट्टी के तेल विक्रय की दुकानें

- भारत में राशन व्यवस्था की शुरुआत बंगाल के अकाल की पृष्ठभूमि में 1940 के दशक में हुई। हरित क्रान्ति से पूर्व भारी खाद्य संकट के कारण 60 के दशक के दौरान राशन प्रणाली पुनर्जीवित की गई।

सार्वजनिक वितरण प्रणाली की कुछ महत्त्वपूर्ण विशेषताएँ

योजना का नाम	आरम्भ का वर्ष	लक्षित समूह	अद्यतन मात्रा	निर्गम कीमत (रु. प्र. कि.)
सार्वजनिक वितरण प्रणाली	1992 तक	सर्वजनीन	–	गेहूँ - 2.34 चावल-2.89
संशोधित सार्वजनिक वितरण प्रणाली	1992	पिछड़े ब्लॉक	20 किग्रा खाद्यान्न	गेहूँ - 2.80 चावल-3.77

योजना का नाम	आरम्भ का वर्ष	लक्षित समूह	अद्यतन मात्रा	निर्गम कीमत (रु. प्र. कि.)
लक्षित सार्वजनिक वितरण प्रणाली	1997	निर्धन और गैर-निर्धन बी.पी.एल. ए.पी.एल.	35 किग्रा खाद्यान्न	बी.पी. एल.-गेहूँ - 4.15 चावल - 5.65 ए.पी.एल - गेहूँ - 6.10 चावल - 8.30
अंत्योदय अन्न योजना	2002	निर्धनों में सबसे निर्धन	35 किग्रा खाद्यान्न	गेहूँ-2.00 चावल-3.00
अन्नपूर्णा योजना	2000-01	वरिष्ठ नागरिक (जो वृद्धापेंशन प्राप्त नहीं करते)	10 किग्रा खाद्यान्न	निःशुल्क
राष्ट्रीय खाद्य सुरक्षा अधिनियम	2013	योग्य परिवार	5 किग्रा प्रति व्यक्ति प्रति माह	गेहूँ-2.00 चावल-3.00 अनाज-1.00
प्रधानमंत्री गरीब कल्याण अन्न योजना	2020	सभी बी.पी.एल. परिवार	5 किग्रा अनाज (निःशुल्क)	–

खाद्य प्रबंधन

- खाद्य प्रबंधन (Food Management) के अंतर्गत लाभकारी मूल्यों में किसानों से खाद्यान्नों की अधिप्राप्ति, उपभोक्ताओं को वहनीय कीमतों पर खाद्यान्न का वितरण तथा खाद्य सुरक्षा एवं मूल्य विस्तार के लिए खाद्य बफर का अनुरक्षण करना है।
- **भारतीय खाद्य निगम** (FCI-Food Corporation of India) खाद्यान्न की अधिप्राप्ति, वितरण तथा भंडारण करने वाली एजेंसी है, इसकी स्थापना 14 जनवरी, 1965 को की गई थी।

अंत्योदय अन्न योजना

- अंत्योदय अन्न योजना दिसम्बर, 2000 में शुरू की गई थी। इस योजना के अन्तर्गत लक्षित सार्वजनिक वितरण प्रणाली में आने वाले निर्धनता रेखा से नीचे के परिवारों में से एक करोड़ लोगों की पहचान की गई।
- इसके लिए सम्बन्धित राज्य के ग्रामीण विकास विभागों ने गरीबी रेखा से नीचे के गरीब परिवारों को सर्वेक्षण के द्वारा चुना। ₹ 2 प्रति किग्रा गेहूँ और ₹ 3 प्रति किग्रा की अत्यधिक आर्थिक सहायता प्राप्त दर पर प्रत्येक पात्र परिवार को 25 किग्रा अनाज उपलब्ध कराया गया।
- अनाज की यह मात्रा अप्रैल 2002 में 25 किग्रा से बढ़ाकर 35 किग्रा कर दी गई।
- जून 2003 और अगस्त 2004 में इसमें 50-50 लाख अतिरिक्त बी. पी. एल. परिवार दो बार जोड़े गए। इससे इस योजना में आने वाले परिवारों की संख्या 2 करोड़ हो गई।

- सहायिकी (सब्सिडी) वह भुगतान है, जो सरकार द्वारा किसी उत्पादक को बाजार कीमत की अनुपूर्ति के लिए किया जाता है।
- सहायिकी से घरेलू उत्पादकों के लिए ऊँची आय कायम रखते हुए, उपभोक्ता कीमतों को कम किया जा सकता है।

अतिरिक्त तथ्य
तमिलनाडु बोर्ड एवं NIOS

कृषि उपज बाजार समिति (एपीएमसी)

- यह कृषि या बागवानी या पशुधन उत्पादों के व्यापार के लिए राज्य सरकार द्वारा गठित एक वैधानिक निकाय है।

एपीएमसी के कार्य

- कृषि बाजारों के दायरें में सार्वजनिक निजी भागीदारी को बढ़ावा देना।
- किसानों को बाजार आधारित विस्तार सेवाएँ प्रदान करना।
- मूल्य निर्धारण प्रणाली और बाजार में पारदर्शी तरीके से होने वाले लेनदेन में पारदर्शिता लाना।
- किसानों को कृषि उपज की बिक्री का भुगतान उसी दिन सुनिश्चित करना। कृषि गतिविधियों को बढ़ावा देना।
- समय-समय पर बाजार में कृषि उपज की आवक और दरों के आँकड़े प्रदर्शित करना।

किसान क्रेडिट कार्ड योजना

- किसान क्रेडिट कार्ड (केसीसी) एक ऋण वितरण तन्त्र है, जिसका उद्देश्य किसानों को किफायती ऋण तक त्वरित और समय पर पहुँच प्राप्त करने में सक्षम बनाना है।
- इसे वर्ष 1998 में भारतीय रिज़र्व बैंक और नाबार्ड द्वारा लॉन्च किया गया था।
- इसका उद्देश्य ऋण के लिए अनौपचारिक बैंकिंग क्षेत्र पर किसानों की निर्भरता को कम करना है, जो बहुत महँगा हो सकता है और उन्हें ऋण के जाल में फसा सकता है।
- यह कार्ड सहकारी बैंकों, क्षेत्रीय ग्रामीण बैंकों और सार्वजनिक क्षेत्र के बैंकों द्वारा पेश किया जाता है। केसीसी के कामकाज की समीक्षा के आधार पर, सरकार ने बैंकों को केसीसी को स्मार्ट कार्ड सह डेबिट कार्ड में बदलने की सलाह दी है।

सीड बॉल (या सीड बम)

- सीड बॉल एक बीज है, जिसे मिट्टी की सामग्री, आमतौर पर मिट्टी और खाद के मिश्रण में लपेटा जाता है और फिर सुखाया जाता है।
- सीड बॉल अनिवार्य रूप से, बीज 'पूर्व रोपित' होता है और बीज बॉल को प्रजातियों के लिए उपयुक्त कहीं भी जमा करके बोया जा सकता है, उचित अंकुरण विण्डो आने तक बीज को सुरक्षित रखा जाता है।
- सीड बॉल्स पौधों को उगाने का एक आसान और टिकाऊ तरीका है, जो बुआई के लिए अधिक समय प्रदान करता है।

हरित क्रांति

- हरित क्रांति की उपलब्धि
  - नई रणनीति की प्रमुख उपलब्धि प्रमुख अनाज; जैसे– गेहूँ और चावल के उत्पादन को बढ़ावा देना था।
  - हरित क्रांति केवल ऊपज वाली किस्मों (HYV) अनाज, मुख्य रूप से चावल, गेहूँ, मक्का और ज्वार तक ही सीमित थी।
  - यह रणनीति गन्ना, कपास, जूट, तिलहन और आलू जैसी वाणिज्यिक फसलों या नकदी फसलों के उत्पादन को बढ़ाने के लिए भी निर्देशित की गई थी।
  - बेहतर बीजों के कारण सभी फसलों की प्रति हेक्टेयर उत्पादकता बढ़ गई थी।
  - हरित क्रांति ने ग्रामीण लोगों में समृद्धि ला दी थी। बढ़े हुए उत्पादन ने ग्रामीण जनता के लिए रोजगार के अवसर पैदा किए हैं।

07

उद्योग एवं औद्योगिक नीति

(स्रोत)

Old NCERT Class IX & X Chap 4 **आर्थिक विकास की ओर**, Chap 5 **राज्य एवं आर्थिक विकास**, New NCERT Class XI Chap 1 **स्वतंत्रता की पूर्व संध्या पर भारतीय अर्थव्यवस्था**, Chap 2 **भारतीय अर्थव्यवस्था (1950-90)**, Chap 3 **उदारीकरण, निजीकरण और वैश्वीकरण : एक समीक्षा**

उद्योग

- **उद्योग** (Industry) ऐसी व्यावसायिक क्रिया है, जो वस्तुओं के उत्पादन, परिष्करण या निर्माण से संबद्ध है, अत: व्यावसायिक क्रियाओं के उत्पादन को ही उद्योग कहा जाता है।
- उद्योगों में **उपभोक्ता** तथा **पूँजीगत वस्तुओं** (Consumer and Capital Goods) का उत्पादन किया जाता है। वस्तुओं के निष्कर्षण, उत्पादन, विनिर्माण तथा संरचनात्मक गतिविधियों में संलग्न सभी मानवीय क्रियाएँ औद्योगिक गतिविधियों के अंतर्गत आती हैं।

भारत में औद्योगिक विकास

- किसी देश के आर्थिक विकास तथा आर्थिक समृद्धि के लिए **औद्योगिक विकास** (Industrial Development) को महत्त्व दिया जाता है। देश की राष्ट्रीय आय में तीव्र वृद्धि के लिए औद्योगीकरण अत्यधिक आवश्यक है।
- प्राथमिक उत्पादों को विनिर्माण उत्पादों (Manufacturing Products) में रूपांतरित करने वाली गतिविधियों को **औद्योगीकरण** (Industrialisation) कहा जाता है।
- उन्नीसवीं शताब्दी के उत्तरार्द्ध में भारत में कुछ आधुनिक उद्योगों की स्थापना होने लगी, किन्तु इनकी उन्नति बहुत धीमी गति से हुई। प्रारम्भ में यह विकास केवल सूती वस्त्र और पटसन उद्योगों को आरम्भ करने तक ही सीमित था।
- पटसन उद्योग की स्थापना का श्रेय विदेशियों को दिया जाता है। आरंभ में यह उद्योग केवल बंगाल तक ही सीमित रहा।
- बीसवीं शताब्दी के आरम्भिक वर्षों में **लोहा और इस्पात उद्योग** का विकास हुआ। टाटा आयरन स्टील कम्पनी (TISCO) की स्थापना वर्ष 1907 में हुई। द्वितीय विश्व युद्ध के पश्चात् चीनी, सीमेण्ट, कागज आदि के कुछ कारखानें भी स्थापित हुए।
- टाटा एयरलाइंस कम्पनी की स्थापना से टाटा संस के विभाग के रूप में वर्ष 1932 में भारत में उड्डयन क्षेत्र की नींव रखी गई।

भारतीय औद्योगिक क्षेत्रक

भारतीय अर्थव्यवस्था के अंतर्गत औद्योगिक क्षेत्रकों को तीन क्षेत्रकों में वर्गीकृत किया गया है

1. सार्वजनिक क्षेत्रक

- **सार्वजनिक क्षेत्रक** (Public Sector) के अंतर्गत आने वाले उद्यमों पर **सरकार का स्वामित्व** होता है।
- इस क्षेत्रक के अंतर्गत कुछ उद्यम विभागीय हैं; जैसे–डाक, रेलवे, तार आदि। ये उद्यम मंत्रालयों के अधीन हैं।
- इसके अतिरिक्त ऐसे विभागेत्तर उद्यम भी हैं, जिनकी स्थापना संसद द्वारा पारित अधिनियमों के अधीन **सार्वजनिक निगमों** (Public Corporation) के रूप में की गई।
- सार्वजनिक क्षेत्रक का उद्देश्य केवल लाभ कमाना नहीं होता, बल्कि यह लोक कल्याणकारी प्रवृत्तियों में भी संलग्न रहता है।

2. निजी क्षेत्रक

- निजी क्षेत्रक (Private Sector) के अंतर्गत आने वाले उद्यमों पर लोगों का **निजी स्वामित्व** होता है।
- भारत में स्वतंत्रता के पश्चात् मिश्रित अर्थव्यवस्था को अपनाकर निजी क्षेत्रक को महत्त्वपूर्ण स्थान दिया गया।
- वर्ष 1956 की औद्योगिक नीति में वृहद् उद्योगों (Major Industry) में निजी उद्यम को भी अनुमति दी गई।
- भारत में निजी क्षेत्रक बहुत विस्तृत है। देश की सबसे महत्त्वपूर्ण आर्थिक क्रिया अर्थात् कृषि पूर्णत: निजी क्षेत्रक के अंतर्गत है।
- **टाटा आयरन एंड स्टील कंपनी लिमिटेड** (टिस्को) अथवा **रिलायंस इंडस्ट्रीज** लिमिटेड जैसी कंपनियाँ निजी स्वामित्व में हैं।

3. संयुक्त क्षेत्रक

- संयुक्त क्षेत्रक (Joint Sector) निजी एवं सार्वजनिक क्षेत्रक के मध्य साझेदारी का एक प्रकार है।
- इस क्षेत्रक के उद्यमों का स्वामित्व, प्रबंधन तथा नियंत्रण सरकार एवं निजी क्षेत्रक दोनों करते हैं।
- वर्ष 1969 में सुबिमल दत्त के नेतृत्व में 'इंडस्ट्रियल लाइसेंसिंग पॉलिसी इंक्वायरी कमिटी' (दत्त समिति) का गठन किया गया, जिसने संयुक्त क्षेत्रक की स्थापना के संदर्भ में अपनी रिपोर्ट प्रस्तुत की।

भारत की औद्योगिक नीतियाँ

- किसी भी देश के संतुलित औद्योगिक विकास के लिए एक स्पष्ट एवं व्यापक औद्योगिक नीति की आवश्यकता होती है।
- भारत में औद्योगिक नीति के लिए **वाणिज्य एवं उद्योग मंत्रालय का उद्योग संवर्द्धन और आंतरिक व्यापार विभाग** (DPIIT-Department for Promotion of Industry and Internal Trade) उत्तरदायी है।
- इसे वर्ष 2019 से पूर्व औद्योगिक नीति और संवर्द्धन विभाग (DIPP-Department for Industrial Policy and Promotion) कहा जाता था।
- स्वतंत्रता प्राप्ति के पश्चात् भारत में अनेक औद्योगिक नीतियों की घोषणा की गई है, जिनका विवरण निम्न है

औद्योगिक नीति, 1948

- 6 अप्रैल, 1948 को तत्कालीन उद्योग एवं वाणिज्य मंत्री **डॉ. श्यामा प्रसाद मुखर्जी** द्वारा औद्योगिक नीति, 1948 की घोषणा की गई।
- इस नीति के अंतर्गत सार्वजनिक और निजी क्षेत्र के सह-अस्तित्व को स्वीकार किया गया साथ ही इस नीति के अंतर्गत मिश्रित अर्थव्यवस्था को अपनाने का सुझाव प्रस्तुत किया गया।
- इस औद्योगिक नीति में छोटे तथा कुटीर उद्योगों को बढ़ावा देने तथा उद्योगों के विकास के लिए सरकारी कार्यक्रमों के आयोजन को स्वीकृति दी गई।

औद्योगिक नीति, 1956

- भारी उद्योगों के विकास को व्यावहारिक रूप देने के लिए 30 अप्रैल, 1956 को इस नीति की घोषणा की गई।
- इस नीति में **द्वितीय पंचवर्षीय योजना** को आधार बनाया गया था।
- समाजवादी स्वरूप के आधार पर औद्योगिक विकास की प्रक्रिया को आगे बढ़ाने पर बल दिया गया।
- इस नीति में लघु एवं कुटीर उद्योगों के विकास पर भी बल दिया गया, इसके अंतर्गत उद्योगों का वर्गीकरण अधिक कठोरता से नहीं किया गया था।
- इस औद्योगिक नीति के अनुसार उद्योगों को तीन वर्गों में विभाजित किया गया- प्रथम वर्ग के अंतर्गत वे उद्योग शामिल थे, जिनमें राज्य का अनन्य स्वामित्व था, दूसरे वर्ग के उद्योग में निजी क्षेत्रक सरकारी क्षेत्रक के साथ मिलकर प्रयास करते थे तथा तीसरे वर्ग के उद्योग में निजी क्षेत्रक के उद्योग शामिल थे।
- इस नीति का उद्देश्य क्षेत्रीय समानता को बढ़ावा देना था।

औद्योगिक नीति, 1977

- यह औद्योगिक नीति 23 दिसंबर, 1977 को घोषित की गई थी।
- इस नीति के अंतर्गत लघु तथा कुटीर उद्योगों के विकास पर अधिकं बल दिया गया तथा इन्हें कुटीर, सूक्ष्म तथा लघु उद्योगों में बाँटा गया, इसी नीति के अंतर्गत **जिला उद्योग केंद्र** की स्थापना की गई।

औद्योगिक नीति, 1980

- इस नीति की घोषणा 23 जुलाई, 1980 को की गई। इसके तीन उद्देश्य थे– आधुनिकीकरण, विस्तार तथा पिछड़े क्षेत्रों का विकास।
- इस नीति के अंतर्गत ग्रामीण क्षेत्रों में उद्योगों की स्थापना पर बल दिया गया, साथ ही छोटे पैमाने की इकाइयों के लिए निवेश की सीमा ₹ 10 लाख से बढ़ाकर ₹ 20 लाख कर दी गई।
- इस नीति के मुख्य उद्देश्य निर्माण क्षमता का पूर्ण उपयोग, अधिकतम उत्पादन तथा उच्चतम उत्पादकता के स्तर को प्राप्त करना, अधिक रोजगार के अवसरों का सृजन करना, कृषि आधारित उद्योगों को प्राथमिकता प्रदान कर कृषि आधार को मजबूत करना आदि थे।

नई औद्योगिक नीति, 1991

- नई औद्योगिक नीति 24 जुलाई, 1991 को घोषित की गई। इस नीति के माध्यम से **औद्योगिक लाइसेंस नीति** (Industrial Licensing Policy) तथा **प्रतिबंधात्मक व्यापार व्यवहार** (Restrictive Trade Practices) आदि के संबंध में विस्तृत बदलाव किए गए।
- इस नीति के अंतर्गत **उच्च प्रौद्योगिकी** व **उच्च निवेश** के आधार पर कुछ प्राथमिक उद्योगों की सूची तैयार की गई तथा इन उद्योगों में सरकार की अनुमति के बिना 51% तक विदेशी इक्विटी प्रदान की गई। इस औद्योगिक नीति में सार्वजनिक क्षेत्र के लिए आरक्षित रखे गए उद्योगों की संख्या 8 रखी गई।

नई औद्योगिक नीति तथा संयुक्त उपक्रम

- नई औद्योगिक नीति, 1991 के अंतर्गत संयुक्त उद्यम के लिए निम्न प्रस्ताव दिए गए
- इस नीति में निजी क्षेत्र के लिए 25% स्वामित्व है, जिसके अंतर्गत बैंकों, पारस्परिक निधियों तथा कर्मचारियों को भी 5% तक अंश हस्तांतरित किए जा सकते हैं।
- सरकार द्वारा 51% अंश-पूँजी को अपने पास रखा जा सकता है तथा 49% भाग निजी क्षेत्र को बेचा जा सकता है।
- निजी क्षेत्र को 74% अंश-पूँजी हस्तांतरित की जा सकती है तथा सरकार द्वारा 26% भाग अपने पास रखा जा सकता है।

औद्योगिक नीति के प्रमुख बिंदु

औद्योगिक नीति के प्रमुख बिंदु निम्नलिखित हैं

उद्योगों को अनारक्षित करना

- वर्ष 1956 की औद्योगिक नीति में केंद्र सरकार द्वारा आरक्षित उद्योगों की संख्या 17 से घटाकर 8 कर दी गई।
- वर्तमान में मात्र 3 उद्योग केंद्र सरकार के लिए आरक्षित हैं; जैसे- नाभिकीय ऊर्जा, रेल सेवा व नाभिक अनुसंधान तथा संबद्ध गतिविधियाँ।

उद्योगों से लाइसेंस हटाना

- वर्ष 1991 में नई औद्योगिक नीति लागू होने के बाद विभिन्न प्रकार के नियंत्रणों को समाप्त कर दिया गया।
- वर्ष 1991 की नई औद्योगिक नीति में औद्योगिक लाइसेंस की व्यवस्था को समाप्त कर दिया गया। सुरक्षा, सामाजिक तथा पर्यावरण से जुड़े क्षेत्रों को छोड़कर अधिकांश उद्योगों में औद्योगिक लाइसेंस की व्यवस्था समाप्त कर दी गई।

विदेशी निवेश को प्रोत्साहन

- वर्ष 1991 की औद्योगिक नीति ने भारतीय अर्थव्यवस्था को एक बंद अर्थव्यवस्था से एक खुली अर्थव्यवस्था में परिवर्तित किया।
- सरकार ने विदेशी निवेश के प्रत्यक्ष तथा अप्रत्यक्ष दोनों रूपों को प्रोत्साहित करने की नीति को स्वीकृति प्रदान की।
- **विदेशी संस्थागत निवेश** (FII-Foreign Institutional Investment) को भारतीय प्रतिभूति शेयर बाजार में निवेश की अनुमति प्रदान की गई।

उद्योगों की अवस्थिति

- नई औद्योगिक नीति 1991 के अनुसार, उद्योगों को दो श्रेणियों में बाँटा गया है, जिसके अंतर्गत एक श्रेणी में, प्रदूषण फैलाने वाले उद्योग तथा दूसरी श्रेणी में, प्रदूषण नहीं फैलाने वाले उद्योगों को रखा गया है।
- इन सभी उद्योगों को अवस्थित करने के लिए निम्न प्रावधान किए गए हैं
  - प्रदूषण फैलाने वाले उद्योगों को मिलियन शहरों से 25 किमी की दूरी पर स्थापित किया जा सकता है।
  - प्रदूषण नहीं फैलाने वाले उद्योगों को कहीं भी स्थापित किया जा सकता है।

कंपनियों के संचालन संबंधी नीतियाँ

- कंपनियों के संचालन तथा उनके सामाजिक उत्तरदायित्व से जुड़े पहलुओं को स्पष्ट करने के लिए समय-समय पर केंद्र सरकार द्वारा महत्त्वपूर्ण नीतियाँ लागू की गईं।
- इन नीतियों द्वारा उन मानदंडों तथा मानकों को स्थापित करने की प्रक्रिया को अपनाया गया, जिनसे कंपनियों को अधिक स्वायत्तता प्रदान की जा सके।

कंपनियों की संचालन संबंधी नीतियों का वर्णन निम्न प्रकार है

नई विनिर्माण नीति, 2011

- इस नीति की घोषणा 4 नवंबर, 2011 को की गई। इस नीति का उद्देश्य वर्ष 2020 तक देश के सकल घरेलू उत्पाद (GDP-Gross Domestic Product) में विनिर्माण क्षेत्र की हिस्सेदारी 25% करना तथा रोजगार के 10% अतिरिक्त अवसरों का निर्माण करना था।
- विनिर्माण नीति में इस बात पर बल दिया गया है कि औद्योगिक विकास में राज्यों की भागीदारी आवश्यक है।
- केंद्र सरकार सक्षम नीतिगत ढाँचा तैयार करेगी, जिसमें सार्वजनिक-निजी भागीदारी (Public-Private Partnership) के माध्यम से बुनियादी ढाँचे के विकास को प्रोत्साहन प्रदान किया जा सकेगा।
- इस नीति में राष्ट्रीय निवेश और विनिर्माण क्षेत्र (National Investment and Manufacturing Zone) को एकीकृत औद्योगिक टाउन शिप के रूप में विकसित करने की सैद्धांतिक मंजूरी दी गई है।
- इस नीति में प्रौद्योगिकीय उन्नयन, पर्यावरण अनुकूलन प्रौद्योगिकी इत्यादि के माध्यम से विनिर्माण उद्योगों को प्रभावी बनाने का संकल्प लिया गया है।

कंपनी अधिनियम, 2013

कंपनी अधिनियम, 2013 को सितंबर, 2013 से लागू किया गया, इस अधिनियम द्वारा कंपनियों की नई परिभाषा को इंगित किया गया

- **एक व्यक्ति कंपनी** (One Proprietor Company) एक व्यक्ति कंपनी व्यवसायियों को एक व्यवस्थित व्यवसाय आरंभ करने का अवसर देती है। एक व्यक्ति कंपनी का सुझाव सर्वप्रथम **जे.जे. ईरानी कमेटी** ने दिया था।
- **लघु कंपनी** (Small Company) लघु कंपनी ऐसी कंपनियों को कहते हैं, जिनकी प्रदत्त पूँजी ₹ 50 लाख से अधिक न हो तथा जिनका कुल व्यापार ₹ 2 करोड़ से कम हो।
- **सुषुप्त कंपनी** (Dormant Company) सुषुप्त कंपनी वह कंपनी है, जो इस अधिनियम के अंतर्गत किसी भविष्य की परियोजना के लिए पंजीकृत है या कुछ परिसंपत्ति रखती है और कोई महत्त्वपूर्ण लेन-देन नहीं करती।
- **राष्ट्रीय वित्तीय प्रतिवेदन प्राधिकरण** (NFRA-National Financial Reporting Authority) कंपनी अधिनियम, 2013 के अंतर्गत **राष्ट्रीय वित्तीय प्रतिवेदन प्राधिकरण** के गठन का प्रावधान है। यह प्राधिकरण इकाई लेखा परीक्षा पेशे का विनियमन करता है।
- इस संस्था द्वारा कंपनी के निदेशकों को सुविधा देने के लिए उच्च स्तरीय लेखे की व्यवस्था की जाती है।

कंपनी अधिनियम, 2013 द्वारा स्थापित संस्थाएँ

- **कॉर्पोरेट सामाजिक जिम्मेदारी** (CSR-Corporate Social Responsibility) कंपनी अधिनियम, 2013 के अंतर्गत भारतीय कॉर्पोरेट क्षेत्र में इस जिम्मेदारी को प्रस्तावित किया गया है, इसके अंतर्गत प्रत्येक कंपनी को एक कॉर्पोरेट सामाजिक जिम्मेदारी की नीति बनानी होती है।
- इसके अतिरिक्त कंपनियों को एक न्यूनतम राशि का भुगतान सामाजिक गतिविधियों के लिए करना होता है।

कंपनी (संशोधन) अधिनियम, 2019

- कंपनी (संशोधन) अधिनियम, 2019 को जुलाई, 2019 में पारित किया गया। इस अधिनियम का उद्देश्य कॉर्पोरेट सामाजिक उत्तरदायित्व के मानदंडों को कठोर बनाने तथा कंपनी कानून के नियमों का पालन नहीं करने वालों के विरुद्ध कार्रवाई सुनिश्चित करना है।
- संशोधित अधिनियम के मुख्य बिंदु निम्न हैं
  - इसके अंतर्गत कंपनी को कॉर्पोरेट सामाजिक उत्तरदायित्व (CSR) से जुड़ी धन राशि को एक विशेष बैंक खाते में रखना अनिवार्य है।
  - इस अधिनियम में 16 छोटे अपराधों को फिर से **सिविल डिफॉल्ट** की श्रेणी में रखने तथा केंद्र सरकार को वित्तीय वर्ष बदलने के लिए प्राप्त आवेदनों के निस्तारण हेतु कार्यों के हस्तांतरण का प्रावधान किया गया है।
  - इसमें सार्वजनिक कंपनी को निजी कंपनी में परिवर्तित करने हेतु आवश्यक शक्तियों को केंद्र सरकार को स्थानांतरित करने के साथ राष्ट्रीय वित्तीय प्रतिवेदन प्राधिकरण (NFRA-National Financial Reporting Authority) की शक्तियों को स्पष्टता प्रदान करने का निर्देश दिया गया है।

विभिन्न उद्योगों का अर्थव्यवस्था में योगदान

- विश्व इस्पात संघ (World Steel Association) की वर्ष 2021 की रिपोर्ट के अनुसार जून, 2021 में भारत विश्व में चीन के बाद इस्पात उत्पादन में **दूसरे** स्थान पर है। जापान का वैश्विक इस्पात उत्पादन में तीसरा स्थान है।
- भारत में इस्पात उद्योग लगभग 25 लाख लोगों को प्रत्यक्ष एवं परोक्ष रूप से रोजगार प्रदान करता है, जो देश के सकल घरेलू उत्पाद में 2% का योगदान देता है। ऑटोमोबाइल उद्योग का भारत की GDP में 7.1% का योगदान है। भारत के विनिर्माण उद्योग में इसका योगदान 49% है।
- भारतीय अर्थव्यवस्था में अपने विशिष्ट योगदान के कारण ऑटोमोबाइल उद्योग को **सनराइज उद्योग** कहा जाता है।
- **वस्त्र उद्योग** (Textile Industry) देश की GDP में 4% तथा विदेशी आय में लगभग 11% का योगदान देता है।
- देश की GDP में रसायन उद्योग का योगदान 3% है। संयुक्त राष्ट्र औद्योगिक विकास संगठन के अनुसार, भारतीय रसायन उद्योग का विश्व में छठा स्थान है।
- ध्यातव्य है कि प्रथम सात पंचवर्षीय योजनाओं के दौरान भारत के औद्योगिक क्षेत्र की उपलब्धियाँ वस्तुतः उल्लेखनीय रहीं। औद्योगिक क्षेत्रक द्वारा प्रदत्त जी.डी.पी. का अनुपात वर्ष 1950-51 में 13% से बढ़कर वर्ष 1990-91 में 24.6% हो गया। वर्ष 2021-22 में इसका योगदान 26.8% रहा।

लघु उद्योग

- वर्ष 1955 में ग्राम तथा लघु उद्योग पर स्थापित कर्वे समिति ने माना कि ग्राम विकास को प्रोत्साहित करने के लिए लघु उद्योगों को बढ़ावा दिया जाना चाहिए।
- वर्ष 1950 में लघु उद्योग उसे कहा जाता था, जिसमें अधिकतम निवेश की सीमा ₹ 5 लाख थी, जिसे कालान्तर में बढ़ाकर ₹ 1 करोड़ कर दिया गया।
- लघु उद्योग को श्रम प्रधान उद्योग माना जाता है, क्योंकि इसमें श्रम का प्रयोग अधिक किया जाता है। इस उद्योग में अधिक रोजगार का सृजन होता है।

सूक्ष्म एवं लघु उद्यम विकास से जुड़ी संस्थाएँ

भारत में सूक्ष्म, लघु एवं मध्यम उद्यमों, (MSME-Micro, Small, Medium Enterprises) के लिए निम्न संस्थाएँ उत्तरदायी हैं

भारतीय लघु उद्योग विकास बैंक

- भारतीय लघु उद्योग विकास बैंक (SIDBI-Small Industries Development Bank of India) की स्थापना 2 अप्रैल, 1990 में **भारतीय औद्योगिक विकास बैंक** के सहायक बैंक के रूप में की गई। इसका उद्देश्य सूक्ष्म एवं लघु उद्योगों की स्थापना तथा उनका वित्त पोषण करना है।
- SIDBI का मुख्यालय **लखनऊ** में है तथा इसके 15 क्षेत्रीय एवं 100 शाखा कार्यालय हैं।

सूक्ष्म, लघु और मध्यम उद्योग विकास संगठन

- सूक्ष्म, लघु और मध्यम उद्योग विकास संगठन (MSME-DO-The Micro, Small and Medium Enterprises Development Organisation) की स्थापना वर्ष 1954 में लघु उद्योग विकास संगठन के रूप में की गई थी। यह सूक्ष्म, लघु एवं मध्यम उद्योगों के लिए एक शीर्ष संस्था के रूप में कार्य करता है।
- यह सूक्ष्म, लघु एवं मध्यम औद्योगिक इकाइयों को सुविधाएँ एवं सेवाएँ प्रदान करता है। संबंधित नीतियों एवं कार्यक्रमों को लागू करने में इसकी प्रमुख भूमिका है।

राष्ट्रीय लघु उद्योग निगम लिमिटेड

- राष्ट्रीय लघु उद्योग निगम (NSIC-National Small Industry Corporation) की स्थापना वर्ष 1955 में की गई।
- इसका कार्य सूक्ष्म एवं लघु उद्योग के लिए प्रोत्साहन, सहायता एवं पोषण का कार्य करना है।
- जून, 2020 में सूक्ष्य, लघु और मध्यम उद्योगों को निवेश और वार्षिक कारोबार के आधार नए सिरे से परिभाषित किया गया है, जो निम्न प्रकार है

श्रेणी (उद्योग के प्रकार)	निवेश की सीमा	वार्षिक कारोबार (टर्न ओवर)
सूक्ष्म उद्यम	₹ 1 करोड़	₹ 5 करोड़
लघु उद्यम	₹ 10 करोड़	₹ 50 करोड़
मध्य उद्यम	₹ 50 करोड़	₹ 250 करोड़

लघु उद्योग पर आबिद हुसैन समिति

- लघु उद्योगों के विकास हेतु सुझाव देने के लिए वर्ष 1995 में आबिद हुसैन समिति का गठन किया गया, इस समिति की प्रमुख सिफारिशें निम्न थीं
- लघु उद्योगों में निवेश की सीमा बढ़ाई जानी चाहिए।
- लघु उद्योगों के लिए मदों की आरक्षण प्रणाली की समाप्ति की जाए।
- आगामी पाँच वर्षों में लघु उद्योगों के हितों के लिए सरकार ₹ 2500 करोड़ के निवेश पैकेज की घोषणा करे।
- लघु उद्योग क्षेत्र में विदेशी पूँजी निवेश की सीमा 24% की समाप्ति हो।
- अति लघु उद्योगों की सहायता के लिए रिवॉल्विंग फंड की स्थापना की जाए।
- एक ही स्थान पर एक ही प्रकार के केंद्रीय लघु उद्यम समूहों के लिए क्रेडिट रेटिंग प्रणाली विकसित की जानी चाहिए।

केंद्रीय सार्वजनिक क्षेत्र के उपक्रम

- इन उपक्रमों का उद्देश्य लाभ अर्जित करना न होकर सामाजिक और सार्वजनिक हित को बढ़ाना है। भारत में सार्वजनिक क्षेत्र के उपक्रमों को निम्न भागों में विभाजित किया गया है
- इन उपक्रमों का लाभ और हानि संचित निधि से संबंधित है; जैसे–दूरसंचार, रेलवे आदि। कंपनी अधिनियम, 1956 के अंतर्गत गठित **सरकारी लिमिटेड कंपनियाँ** भेल, सेल आदि हैं। निगमित कंपनी अथवा लोक निगम; जैसे–राष्ट्रीय ताप विद्युत निगम (NTPC-National Thermal Power Corporation) एवं तेल एवं प्राकृतिक गैस निगम (ONGC-Oil and Natural Gas Corporation) आदि केंद्रीय सार्वजनिक क्षेत्र के उपक्रम हैं।

महारत्न, नवरत्न एवं मिनीरत्न योजना

केंद्रीय सार्वजनिक क्षेत्र के उपक्रमों को महारत्न, नवरत्न तथा मिनीरत्न श्रेणी में वर्गीकृत किया गया है। महारत्न, नवरत्न एवं मिनीरत्न श्रेणी योजना का संक्षिप्त वर्णन निम्नलिखित है

महारत्न योजना

इस योजना का प्रारंभ वर्ष 2009 में किया गया। इसका उद्देश्य बड़े आकार के नवरत्न उपक्रमों के बोर्ड को अधिक स्वायत्तता सौंपना है, जिससे उपक्रमों के संचालन में घरेलू बाजार के साथ ही वैश्विक बाजार में भी अधिक स्वायत्तता प्राप्त हो सके।

लोक उद्यम विभाग (मार्च, 2024 के अनुसार) भारत की 13 महारत्न कंपनियाँ निम्नलिखित हैं

- भारत इस्पात प्राधिकरण लिमिटेड (SAIL)
- तेल एवं प्राकृतिक गैस निगम (ONGC)
- भारतीय तेल निगम (IOC)
- राष्ट्रीय ताप विद्युत निगम (NTPC)
- कोल इंडिया लिमिटेड (CIL)
- भारत हेवी इलेक्ट्रिकल्स लिमिटेड (BHEL)
- भारतीय गैस प्राधिकरण लिमिटेड (GAIL)
- हिंदुस्तान पेट्रोलियम कॉर्पोरेशन लिमिटेड (HPCL)
- पावर ग्रिड कॉर्पोरेशन (PGC)
- भारत पेट्रोलियम कॉर्पोरेशन लिमिटेड (BPCL)
- पावर फाइनेंस कॉर्पोरेशन लिमिटेड (PFCL)
- ग्रामीण विद्युतीकरण कॉर्पोरेशन (RECL) लिमिटेड
- ऑयल इण्डिया लिमिटेड (OIL)

नवरत्न योजना

नवरत्न सार्वजनिक उपक्रमों का एक विशिष्ट वर्ग है, जिसके अंतर्गत सरकार ग्लोबल कंपनी होने की संभाव्य क्षमता देखती है। इस योजना का प्रारंभ वर्ष 1997 में किया गया। किसी सार्वजनिक क्षेत्र की कंपनी को नवरत्न का दर्जा प्राप्त करने के लिए कुल 100 में से 60 अंक प्राप्त करने होते हैं, जो 6 चयनित मानदंडों पर आधारित हैं।

लोक उद्यम विभाग (2024) के अनुसार भारत की 16 नवरत्न कंपनियाँ निम्नलिखित हैं

- भारत इलेक्ट्रॉनिक्स लिमिटेड (BEL)
- कंटेनर कॉर्पोरेशन ऑफ इंडिया लिमिटेड (CONCOR)
- इंजीनियर्स इंडिया लिमिटेड (EIL)
- हिंदुस्तान एयरोनॉटिक्स लिमिटेड (HAL)
- महानगर टेलीफोन निगम लिमिटेड (MTNL)
- नेशनल एल्युमीनियम कंपनी लिमिटेड (NALCL)
- नेशनल बिल्डिंग कंस्ट्रक्शन कॉर्पोरेशन (इंडिया) लिमिटेड (NBCL)
- नेशनल मिनरल डेवलपमेंट कॉर्पोरेशन (NMDC)
- न्यैवेली लिग्नाइट कॉर्पोरेशन (इंडिया) लिमिटेड (NLCL)
- राष्ट्रीय इस्पात निगम लिमिटेड (RINL)
- शिपिंग कॉर्पोरेशन ऑफ इंडिया (SCI)
- रेल विकास निगम लिमिटेड (RVNL)
- ONGL विदेश लिमिटेड
- राष्ट्रीय केमिकल्स एण्ड फर्टिलाइजर लिमिटेड
- एरकॉन इंटरनेशनल लिमिटेड
- राइट्स लिमिटेड

मिनीरत्न योजना

- मिनीरत्न योजना की शुरुआत सरकार ने वर्ष 1997 में की थी। सरकार ने नवरत्न के अतिरिक्त लाभ कमा रहे अन्य उद्यमों को प्रोत्साहन देने के लिए कुछ शर्तों के साथ इन्हें वित्तीय संचालन एवं प्रबंधन संबंधी स्वायत्तता प्रदान की। वर्तमान में इनकी संख्या 68 है।
- इसमें 57 मिनीरत्न श्रेणी-I में तथा 11 मिनीरत्न श्रेणी-II में सम्मिलित किए गए हैं।

विनिवेश एवं निजीकरण

- किसी सार्वजनिक उपक्रम में लगी सरकारी पूँजी को बाहर निकालना विनिवेश (Disinvestment) कहलाता है।
- निजीकरण (Privatisation) वह अवस्था है, जब किसी सार्वजनिक क्षेत्र के उपक्रम की पूँजी एवं प्रबंधन पर निजी नियंत्रण स्थापित हो जाता है।
- वर्ष 1991 में उदारीकरण की नीति अपनाए जाने के बाद विनिवेश की दिशा में अधिक तेजी आई।
- सार्वजनिक उपक्रमों के विनिवेश से संबंधित सुझाव देने हेतु **रामकृष्ण** की अध्यक्षता में विनिवेश आयोग का गठन किया गया।

राष्ट्रीय निवेश कोष

- राष्ट्रीय निवेश कोष (NIF-National Investment Fund) का गठन वर्ष 2005 में किया गया।
- इसकी स्थापना सार्वजनिक उपक्रमों के विनिवेश से प्राप्त होने वाले राजस्व के सुनिश्चित प्रयोग के लिए हुई। यह कोष भारत के संचित कोष (Consolidated Fund of India) से बाहर है।
- इस राशि का 75% भाग शिक्षा, स्वास्थ्य जैसे सामाजिक क्षेत्र के विकास में किया जाता है, जबकि 25% राशि का उपयोग सार्वजनिक क्षेत्र की इकाइयों में किया जाता है।

पंचवर्षीय योजनाएँ तथा औद्योगिक विकास

पंचवर्षीय योजनाएँ तथा औद्योगिक विकास का संक्षिप्त वर्णन निम्नलिखित है

- **पहली पंचवर्षीय योजना** (1951-56) के अंतर्गत औद्योगिक विकास में सार्वजनिक व निजी दोनों क्षेत्रों की भूमिका को स्वीकार किया गया। इस पंचवर्षीय योजना के अंतर्गत मिश्रित अर्थव्यवस्था की प्रक्रिया को प्रारंभ किया गया। कुल व्यय का 2.8% भाग उद्योग एवं खनिज क्षेत्र को प्रदान किया गया।
- **दूसरी पंचवर्षीय योजना** (1956-61) में औद्योगिकीकरण को केंद्र में रखा गया था। इसके अंतर्गत देश में तीव्र औद्योगिक विकास सुनिश्चित करने के लिए आधारभूत उद्योगों की स्थापना पर बल दिया गया। इस पंचवर्षीय योजना के कुल व्यय की 20.1% राशि उद्योग क्षेत्र को प्रदान की गई।

- **तीसरी पंचवर्षीय योजना** (1961-66) के दौरान सीमेंट तथा उर्वरक कारखानों की स्थापना की गई। इस योजना में द्वितीय पंचवर्षीय योजना के लक्ष्यों को लगातार आगे बढ़ाया गया। इस पंचवर्षीय योजना के दौरान औद्योगिक क्षेत्र पर कुल व्यय के लिए 20.1% राजस्व की व्यवस्था की गई थी।
- **चौथी पंचवर्षीय योजना** (1969-1974) में उद्योगों के विकास को बल मिला। हरित क्रांति के प्रभाव में कृषि के क्षेत्र में आई गतिशीलता ने उद्योगों को बढ़ावा दिया। इस पंचवर्षीय योजना में औद्योगिक क्षेत्र पर व्यय 18.2% रहा।
- **पाँचवीं पंचवर्षीय योजना** (1974-78) में न्यूनतम आवश्यकता कार्यक्रम (MNP-Minimum Needs Programme) की शुरुआत की गई। इस योजना के अंतर्गत ही बीससूत्रीय कार्यक्रम (Twenty Pont Programme) को वर्ष 1975 में आरंभ किया गया। इस पंचवर्षीय योजना में औद्योगिक क्षेत्र पर कुल व्यय का लगभग 22.8% हिस्सा उद्योगों पर व्यय किया गया, जो अन्य योजनाओं की तुलना में सर्वाधिक था।
- **छठी पंचवर्षीय योजना** (1980-85) के दौरान उदारीकरण (Liberalisation) की प्रक्रिया आरंभ हुई। इस पंचवर्षीय योजना में कुल व्यय का 13.8% भाग औद्योगिक क्षेत्र पर खर्च किया गया।
- **सातवीं पंचवर्षीय योजना** (1985-1990) में प्रौद्योगिकीय विकास (Technological Development) के साथ उद्योगों को प्रभावी रूप दिया गया तथा सामाजिक न्याय के साथ विकास को गति प्रदान की गई। इस पंचवर्षीय योजना में कुल राजस्व का 11.9% भाग औद्योगिक क्षेत्र पर व्यय किया गया।
- **आठवीं पंचवर्षीय योजना** (1992-1997) में नई आर्थिक नीति के प्रभाव में नवीन आर्थिक नीति, 1999 को लागू किया गया। इस पंचवर्षीय योजना में कुल योजनागत व्यय का 9.3% भाग औद्योगिक क्षेत्र को प्रदान किया गया।
- **नौवीं पंचवर्षीय योजना** (1997-2002) में औद्योगिक विकास को महत्त्व दिया गया। इस योजना में आर्थिक दक्षता तथा क्षमता की वृद्धि के लिए अनेक प्रयास किए गए। इस योजना में कुल परियोजनागत व्यय का 5% भाग औद्योगिक क्षेत्र को प्रदान किया गया।
- **दसवीं पंचवर्षीय योजना** (2002-2007) में औद्योगिक क्षेत्र में निवेश के स्थान पर सामाजिक क्षेत्र में निवेश को स्थान दिया गया। इस पंचवर्षीय योजना में कुल राजस्व व्यय का मात्र 3.9% भाग था, जो औद्योगिक क्षेत्र पर कुल व्यय का अन्य किसी भी पंचवर्षीय योजना में न्यूनतम है।
- **ग्यारहवीं पंचवर्षीय योजना** में औद्योगिक विकास का लक्ष्य 10% रखा गया, इस योजना में कुल व्यय का लगभग 4.5% भाग औद्योगिक क्षेत्र को प्रदान किया गया।
- **बारहवीं पंचवर्षीय योजना** (2012-2017) में औद्योगिक विकास का लक्ष्य 9.6% रखा गया, इस पंचवर्षीय योजना में औद्योगिक विकास के लिए आधारभूत संरचनाओं के विकास पर ध्यान दिया गया।

केंद्र सरकार के कार्यक्रम

केंद्र सरकार के कार्यक्रम निम्नलिखित हैं

नेशनल टेक्निकल टेक्सटाइल मिशन

- राष्ट्रीय तकनीकी वस्त्र मिशन (National Technical Textile Mission) को आरंभ करने का निर्णय फरवरी, 2020 में आर्थिक मामलों की मंत्रिमंडलीय समिति (CCEA-Cabinet Committee On Economic Affairs) द्वारा किया गया।
- इसका उद्देश्य देश में तकनीकी वस्त्रों (Technical Textile) के मामले में एक नया परिदृश्य निर्मित करते हुए चार वर्षों में इसे $ 50 बिलियन की दक्षता तक ले जाना है।

FAME इंडिया स्कीम

- FAME इंडिया योजना का संबंध इलेक्ट्रिक वाहनों के निर्माण से है। FAME का पूर्ण रूप Faster Adoption and Manufacturing of Hybrid and Electric Vehicles है।
- इस योजना को वर्ष 2019 में लागू किया गया, इसके दूसरे संस्करण को जून, 2021 में आरंभ किया गया।

स्टार्ट-अप इंडिया अभियान

- 16 जनवरी, 2016 को प्रधानमंत्री द्वारा स्टार्ट-अप इंडिया (Startup India) अभियान का एक्शन प्लान प्रस्तुत किया गया, इसका उद्देश्य नए उद्यमों को वित्तीय मदद देना और उद्यमियों को रोजगार सृजन हेतु प्रोत्साहित करने के लिए रियायतें देना है।
- स्टार्ट-अप कंपनियों के विकास तथा वित्तीय प्रोत्साहन हेतु ₹ 2500 करोड़ की प्रारंभिक तथा ₹ 10 हजार करोड़ की कुल राशि के साथ 4 वर्षों के लिए **स्टार्ट-अप कोष** स्थापित किया जाएगा।

स्टैंड अप इंडिया योजना

- 5 अप्रैल, 2016 को नोएडा (उत्तर प्रदेश) से स्टैंड अप इंडिया (Stand up India) योजना का आरंभ किया गया।
- इस योजना के अंतर्गत बैंकों द्वारा अनुसूचित जाति/जनजाति तथा महिला उद्यमियों को ₹ 10 लाख से 1 करोड़ की राशि ऋण के रूप में उपलब्ध कराई जाएगी।

प्रधानमंत्री कौशल विकास योजना

- इस योजना को 20 मार्च, 2015 को स्वीकृति प्रदान की गई। यह योजना **राष्ट्रीय कौशल विकास निगम** (NSDC-National Skill Development Corporation) के माध्यम से नवगठित कौशल विकास और उद्यमिता मंत्रालय द्वारा कार्यान्वित की जा रही है।
- यह योजना युवाओं को कौशल प्रशिक्षण प्रदान करने की प्रमुख योजना है। इस योजना के अंतर्गत प्रशिक्षु को उसके प्रशिक्षण के पूर्ण होने के बाद ₹ 8000 का मौद्रिक पुरस्कार दिया जाता है।

मेक इन इंडिया

- मेक इन इंडिया (Make in India) भारत का एक राष्ट्रीय कार्यक्रम है, जिसका उद्देश्य नवाचार में वृद्धि, कौशल विकास तथा निवेश को प्रोत्साहित करना है।
- 'मेक इन इंडिया' कार्यक्रम की शुरुआत 25 दिसंबर, 2014 को की गई, वाणिज्य तथा उद्योग मंत्रालय इसकी नोडल एजेंसी है।

अतिरिक्त तथ्य
तमिलनाडु बोर्ड एवं NIOS

औद्योगिक प्रदर्शन का मूल्यांकन

- भारत में औद्योगिक प्रदर्शन के मूल्यांकन की सबसे सुगम प्रक्रिया-उद्योगों का वार्षिक सर्वेक्षण है। इस सर्वेक्षण के अंतर्गत विनिर्माण क्षेत्र की उन इकाइयों को शामिल किया जाता है, जहाँ 10 या उससे अधिक लोग कार्यरत् हैं।
- उद्योगों के वार्षिक सर्वेक्षण के अनुसार, देश की कुल फैक्ट्रियों में सर्वाधिक संख्या खाद्य उत्पाद समूह से संबंधित है, जिसका हिस्सा 16.1% है। फैक्ट्रियों के मामले में शीर्ष स्थान क्रमशः तमिलनाडु, महाराष्ट्र तथा आंध्र प्रदेश का है। रोजगार की दृष्टि से भी इन राज्यों का स्थान महत्त्वपूर्ण है।
- औद्योगिक उत्पादन सूचकांक का आकलन मासिक आधार पर विकास के नियमित संकेतक के रूप में किया जाता है। यह भारत में औद्योगिक उत्पादन का एक आधारयुक्त सूचकांक है।
- औद्योगिक क्षेत्र में संरचनात्मक परिवर्तनों पर दृष्टि रखने हेतु दशकीय आधार पर इसमें संशोधन किया जाता है।

आठ कोर उद्योग

- औद्योगिक उत्पादन सूचकांक (IIP-Index of Industrial Production) के अंतर्गत आठ प्रमुख उद्योगों (ECI-Eight Core Industry) को स्थान दिया गया है।
- इन प्रमुख उद्योगों से सामान्य आर्थिक क्रियाकलापों पर प्रभाव पड़ता है। यह एक संकेतात्मक मासिक सूचकांक है, जो संबंधित महीने के अंतिम उत्पादन सूचकांकों पर आधारित होता है।
- आठ कोर उद्योग इस प्रकार हैं

(i) विद्युत (v) इस्पात
(ii) कच्चा तेल (vi) कोयला
(iii) सीमेंट (vii) प्राकृतिक गैस
(iv) रिफाइनरी उत्पाद (viii) उर्वरक

जूट उद्योग

- भारत की पहली आधुनिक जूट उद्योग रिशरा (पश्चिम बंगाल) में 1855 ई. में स्थापित किया गया था।
- पारंपरिक रूप से जूट उद्योग भारत में निर्यातोन्मुख है।
- वस्त्र उद्योग भारत का सबसे पुराना उद्योग है, जो लोगों को सबसे अधिक रोजगार प्रदान करता है।
- भारत की प्रथम आधुनिक कपड़ा मिल 1818 ई. में **फोर्ट ग्लोस्टर** (कोलकाता) में स्थापित की गई थी।
- दूसरी कपड़ा मिल **मुम्बई स्पिनिंग एण्ड वीविंग कम्पनी के** नाम से 1854 ई. में मुम्बई में के. जी. एन. डावर द्वारा स्थापित की गई थी।
- पहली मशीनीकृत कागज मिल 1812 ई. में सेरामपुर (पश्चिम बंगाल) में स्थापित की गई थी।

पेट्रोलियम तथा प्राकृतिक गैस उद्योग

- भारत का पहला पेट्रोलियम कुआँ 1889 ई. में **डिग्बोई, असम** में खोदा गया था।
- पेट्रोलियम अनुसंधान हेतु वर्ष 1956 में देहरादून (उत्तराखण्ड) में तेल तथा प्राकृतिक गैस आयोग (Oil and Natural Gas Commision-ONGC) स्थापित किया गया था।

लौह तथा इस्पात उद्योग

- प्रथम लौह उद्योग (बंगाल आयरन वर्क्स कम्पनी) 1870 ई. में पश्चिम बंगाल में स्थापित किया गया था।
- टाटा आयरन एण्ड स्टील कम्पनी (TISCO) की स्थापना वर्ष 1907 में जमशेदपुर में की गई थी।
- पहली सार्वजनिक क्षेत्र की इकाई **विश्वेश्वरैया आयरन एण्ड स्टील वर्क्स** भद्रावती में स्थापित की गई थी।
- सार्वजनिक क्षेत्र के इस्पात प्लाण्ट का प्रबंधन स्टील अथॉरिटी ऑफ इंडिया लिमिटेड (SAIL) द्वारा किया जाता है। इसे वर्ष 1974 में स्थापित किया गया था तथा यह भारत में इस्पात उद्योग के विकास के लिए उत्तरदायी है।

लौह/इस्पात प्लाण्ट	देश की सहायता से स्थापित
राउरकेला (ओडिशा)	जर्मनी
भिलाई (मध्य प्रदेश)	रूस
दुर्गापुर (पश्चिम बंगाल)	यूके
बोकारो (झारखण्ड)	रूस
बर्नपुर (पश्चिम बंगाल)	वर्ष 1976 में निजी क्षेत्र से अधिकृत
सेलम (तमिलनाडु)	भारत सरकार
विजय नगर (कर्नाटक)	भारत सरकार
भद्रावती (कर्नाटक)	विश्वेश्वरैया लौह तथा इस्पात लिमिटेड के राष्ट्रीयकरण द्वारा

08

मुद्रा एवं बैंकिंग

(स्रोत)

New NCERT Class X Chap 3 **मुद्रा और साख,** Old NCERT Class IX & X Chap 3 **भारतीय अर्थव्यवस्था की आधारिक संरचना,** Chap 5 **राज्य एवं आर्थिक विकास,** New NCERT Class XII Chap 3 **मुद्रा एवं बैंकिंग,** Old NCERT Class XII Chap 7 **मुद्रा और बैंक व्यवस्था : परिशिष्ट**
Tamil Nadu Board (Class-XII), NIOS

मुद्रा

- मुद्रा, **विनिमय प्रक्रिया** (Exchange Process) में मध्यस्थता का कार्य करती है, इसे विनिमय का माध्यम कहा जाता है। प्रत्येक देश की एक विशेष मुद्रा होती है, जिसे उस देश की सरकार द्वारा प्रत्याभूत (Guaranteed) किया जाता है।
- विश्व के अधिकांश देशों की मुद्रा उस देश के केंद्रीय बैंक द्वारा निर्गमित की जाती है; जैसे-भारत में भारतीय रिजर्व बैंक (RBI-Reserve Bank of India) द्वारा।
- सभी समकालीन मुद्राएँ वर्तमान परिप्रेक्ष्य में **फिएट प्रणाली** (सरकार द्वारा कानूनी रूप से वैध कोई मुद्रा, जिसका अपना मूलभूत महत्त्व नहीं होता) पर आधारित हैं
- मुद्रा का निर्गमन केंद्रीय बैंक तथा केंद्रीय सरकार द्वारा किया जाता है। मुद्रा का तात्पर्य केवल करेंसी से नहीं, बल्कि उन सभी वस्तुओं से है, जो सामान्यतया भुगतान के लिए स्वीकार की जाती हैं।

मुद्रा के आधुनिक रूप

- आधुनिक सिक्कों के प्रचलन से पूर्व विभिन्न प्रकार की वस्तुएँ मुद्रा के रूप में प्रयोग की जाती थीं; जैसे-भारतीय प्राचीन काल से ही अनाज और पशु का मुद्रा के रूप में प्रयोग करते थे।
- इसके पश्चात् सोना, चाँदी और ताँबे जैसी धातुओं के सिक्कों का चलन हुआ, जो पिछली सदी तक प्रचलन में रहा।
- मुद्रा के आधुनिक रूपों में करेंसी-कागज के नोट और सिक्के शामिल हैं।

मुद्रा की क्रय शक्ति

इकाई मुद्रा द्वारा किसी वस्तु को क्रय करने की शक्ति, मुद्रा की क्रय शक्ति (Purchasing Power of Money) कहलाती है। इसे दो भागों में वर्गीकृत किया गया है

(i) **घरेलू क्रय शक्ति** (Domestic Purchasing Power) ऐसी शक्ति, जिसके द्वारा देश की घरेलू सीमा के अंदर वस्तुओं का क्रय किया जाता है, घरेलू क्रय शक्ति कहलाती है।

(ii) **अंतर्राष्ट्रीय क्रय शक्ति** (International Purchasing Power) घरेलू मुद्रा की किसी दूसरे देश में वस्तुओं एवं सेवाओं के क्रय करने की क्षमता, अंतर्राष्ट्रीय क्रय शक्ति कहलाती है।

मुद्रा के प्रकार

मुद्रा के प्रमुख प्रकारों का वर्णन निम्नलिखित है

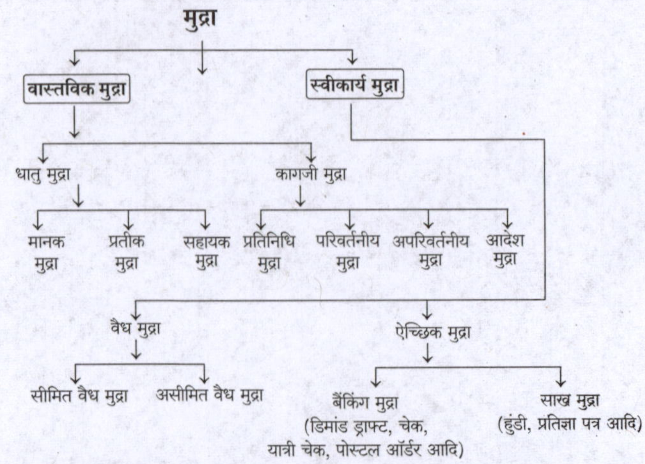

वास्तविक मुद्रा

- किसी देश के अंतर्गत दैनिक जीवन में प्रचलित मुद्रा को ही **वास्तविक मुद्रा** (Real Money) कहा जाता है।
- भारत में प्रचलित **सिक्के** (Coins) तथा **करेंसी नोट** (Currency Notes) वास्तविक मुद्रा के उदाहरण हैं।

वास्तविक मुद्रा को दो रूपों में वर्गीकृत किया जाता है

1. धातु मुद्रा

ऐसी मुद्रा, जिसका निर्माण धातु द्वारा किया जाता है, धातु मुद्रा (Metallic Money) कहलाती है; जैसे- सिक्के। धातु मुद्रा को तीन भागों में वर्गीकृत किया जाता है

(i) **मानक मुद्रा** (Standard Money) जिस मुद्रा का मूल्य गैर-मौद्रिक उद्देश्यों तथा मुद्रा के रूप में बराबर होता है, उसे मानक मुद्रा कहते हैं। इस मुद्रा को पिघलाकर धातु के रूप में उपयोग किया जा सकता है। इस रूप में भी इसका मूल्य कम नहीं होता, इसलिए इस मुद्रा को पूर्ण मूल्य मुद्रा भी कहा जाता है।

(ii) **प्रतीक मुद्रा** (Symbolic Money) ऐसी मुद्रा, जिसका वास्तविक मूल्य उसके अंकित मूल्य से कम होता है, प्रतीक मुद्रा कहलाती है। ऐसी मुद्रा को पिघलाने पर धातु का मूल्य मुद्रा से कम होता है। भारत में प्रचलित **एक रुपये** का सिक्का प्रतीक मुद्रा है।

(iii) **सहायक मुद्रा** (Helping Money) यह मुद्रा प्रतीक मुद्रा की सहायक होती है। भारत में 50 पैसे से ₹ 10 तक के सिक्के सहायक मुद्रा हैं।

2. कागजी मुद्रा

यह मुद्रा विशेष प्रकार के कागज पर लिखा गया एक प्रतिज्ञा पत्र होता है, जिसके माध्यम से निर्गमन अधिकारी धारक को इस पर अंकित राशि देने का वचन देता है। कागजी मुद्रा (Paper Money) को चार भागों में वर्गीकृत किया जाता है

(i) **प्रतिनिधि कागजी मुद्रा** (Substitute Paper Money) ऐसी मुद्रा चलन में नहीं होती है, किंतु आवश्यक रूप से धातु की नहीं होती है। प्रतिनिधि कागजी मुद्रा का प्रचलन करते समय उसके पीछे शत्-प्रतिशत स्वर्ण कोष रखा जाता है, जिसका वह प्रतिनिधित्व करती है।

(ii) **परिवर्तनीय कागजी मुद्रा** (Convertible Paper Money) ऐसी मुद्रा को मानक सिक्कों या बुलियन के रूप में पूर्ण समर्थन प्राप्त नहीं होता है, किंतु धारक इसे माँग पर सिक्कों में परिवर्तित करा सकता है।

(iii) **अपरिवर्तनीय कागजी मुद्रा** (Constant Paper Money) ऐसी मुद्रा, जिसे मानक सिक्कों का समर्थन प्राप्त नहीं होता तथा जिसे सिक्कों में भी नहीं बदला जा सकता, अपरिवर्तनीय कागजी मुद्रा कहलाती है। किसी भी देश के केंद्रीय बैंक द्वारा जारी नोट अपरिवर्तनीय कागजी मुद्रा है।

(iv) **आदेश मुद्रा** (Order Money) ऐसी प्रतीक मुद्रा, जिसे राज्य द्वारा जारी किया जाता है, आदेश मुद्रा कहलाती है, इसे केवल कानून के माध्यम से ही बदला जा सकता है। यह वैध मुद्रा है। भारत सरकार के वित्त मंत्रालय (Finance Ministry) द्वारा जारी सिक्के तथा एक रुपये के नोट, आदेश मुद्रा हैं।

स्वीकार्य मुद्रा

जिस मुद्रा का चलन सामान्य जनता में व्यापक रूप से स्वीकार्य होता है, वह स्वीकार्य मुद्रा (Acceptable Money) कहलाती है, इस आधार पर मुद्रा दो प्रकार की होती है

1. वैध मुद्रा

ऐसी मुद्रा, जो सरकार तथा लोगों द्वारा ऋण आदि चुकाने में स्वीकार की जाती है, वैध मुद्रा (Valid Money) कहलाती है। इस मुद्रा को सीमित तथा असीमित मुद्रा में बाँटा जाता है

(i) **सीमित वैध मुद्रा** (Limited Valid Money) जिस मुद्रा के द्वारा कानूनी रूप से एक निश्चित सीमा तक भुगतान किया जाता है, वह सीमित वैध मुद्रा कहलाती है।

(ii) **असीमित वैध मुद्रा** (Unlimited Valid Money) ऐसी मुद्रा, जिसका असीमित मात्रा में कानूनी रूप से भुगतान किया जा सकता है, असीमित वैध मुद्रा कहलाती है। भारत के अंतर्गत कागज के नोट, पचास पैसे, एक, दो और पाँच रुपये के सिक्के असीमित वैध मुद्रा हैं।

2. ऐच्छिक मुद्रा

- ऐसी मुद्रा, जो भुगतान के रूप में स्वीकार करने के लिए वैधानिक रूप से बाध्य नहीं है, ऐच्छिक मुद्रा (Voluntary Money) कहलाती है; जैसे- प्रतिज्ञा पत्र, हुंडी आदि।
- ऐच्छिक मुद्रा दो प्रकार की होती है- **बैंकिंग** तथा **साख मुद्रा**।

(i) बैंकिंग मुद्रा

बैंकों, डाकघर तथा अन्य वित्तीय संस्थाओं द्वारा संचालित मुद्रा बैंकिंग मुद्रा कहलाती है। प्रमुख बैंकिंग मुद्रा निम्न हैं

- **चेक** (Cheque) यह बैंक द्वारा खाताधारक को दिया जाता है। इसके माध्यम से ग्राहक किसी दूसरे व्यक्ति को स्वयं के खाते से प्रत्यक्ष नकद न देकर भुगतान कर सकता है।
- **डिमांड ड्राफ्ट** (Demand Draft) यह पूर्व भुगतान का उपकरण है। बैंक द्वारा राशि तथा कमीशन लेने के बाद डिमांड ड्राफ्ट जारी किया जाता है। यह किसी व्यक्ति या संस्था के नाम जारी किया जा सकता है। ड्राफ्ट को **बैंकर** जारी करता है। यह किसी विशेष शहर की विशेष शाखा में ही भुनाया जा सकता है।
- **यात्री चेक** (Travellers Cheque) यात्री चेक बैंक द्वारा जारी किया गया ऐसा चेक होता है, जिसके मुखपृष्ठ पर आवेदक के हस्ताक्षर होते हैं। इस चेक का भुगतान देश में संबंधित बैंक की किसी भी शाखा से प्राप्त किया जा सकता है।
- **पोस्टल आर्डर** (Postal Order) इस प्रणाली के माध्यम से डाक के द्वारा धन भेजा जाता है। पोस्टल ऑर्डर को पोस्ट ऑफिस से खरीदकर नामित प्राप्तकर्ता को किसी अन्य पोस्ट ऑफिस में देय किया जाता है। पोस्टल आर्डर **कानूनी निविदा** (Legal Tender) नहीं है।

(ii) साख मुद्रा

साख मुद्रा का प्रयोग विनिमय (Exchange) से जुड़ी वित्तीय संस्थाओं द्वारा किया जाता है। ऐसी संस्थाएँ **सार्वजनिक** (Public) तथा **निजी** (Private) क्षेत्र की हो सकती हैं।

- **विनिमय विपत्र** (Bill of Exchange) यह जारीकर्ता के हस्ताक्षर सहित एक लिखित आदेश है। इसके अंतर्गत एक निश्चित व्यक्ति को निश्चित धनराशि देने का आदेश दिया जाता है।
- **हुंडी** (Hundee) यह भारतीय भाषा में लिखी जाती है। यह विनिमय पत्र का रूप है। इसके अंतर्गत निश्चित राशि के भुगतान का आदेश दिया जाता है। हुंडी पर जारीकर्ता के हस्ताक्षर होते हैं।

मुद्रा के अन्य प्रकार

मुद्रा के अन्य प्रकार निम्नलिखित हैं

- **सुलभ मुद्रा** (Soft Money) वह मुद्रा, जिसकी अंतर्राष्ट्रीय बाजार में आपूर्ति अधिक तथा माँग कम रहती है, सुलभ मुद्रा कहलाती है; जैसे-भारतीय रुपया।
- **दुर्लभ मुद्रा** (Hard Money) वह मुद्रा, जिसकी अंतर्राष्ट्रीय बाजार में आपूर्ति कम तथा माँग अधिक होती है, दुर्लभ मुद्रा कहलाती है; जैसे-अमेरिकी डॉलर।
- **हॉट मुद्रा** (Hot Money) ऐसी मुद्रा, जो लाभ के स्थान पर तुरंत स्थानांतरित हो जाती है, हॉट मुद्रा कहलाती है; जैसे-डॉलर, यूरो।
- **प्लास्टिक मुद्रा** (Plastic Money) यह मुद्रा, विभिन्न बैंकों, वित्तीय संस्थानों तथा कंपनियों द्वारा जारी डेबिट एवं क्रेडिट कार्ड के रूप में होती है।
- **सस्ती मुद्रा** (Cheap Money) जब सरकार द्वारा अपने बॉण्ड को उनकी परिपक्वता अवधि से पूर्व ही वापस खरीद लिया जाता है, तो इस प्रक्रिया से अर्थव्यवस्था में जो धन प्रवाहित होता है, वह सस्ती मुद्रा कहलाता है।
- **महँगी मुद्रा** (Dear Money) सरकार द्वारा बॉण्ड जारी करने के दौरान जिस मुद्रा का प्रवाह सरकार के कोष में होता है, वह महँगी मुद्रा कहलाती है।

मुद्रा का पूर्ति के आधार पर वर्गीकरण

मुद्रा को पूर्ति के आधार पर दो रूपों में वर्गीकृत किया जाता है

परंपरागत मुद्रा

परंपरागत मुद्रा (Traditional Money) को M_1, M_2, M_3 तथा M_4 के रूप में वर्गीकृत किया जाता है।

M_1 = जनता के पास नकदी + बैंकों की माँग जमा + RBI के पास अन्य जमाएँ

$M_2 = M_1$ + डाकघरों के पास बचत जमाएँ

$M_3 = M_1$ + बैंकों की सावधि जमाएँ (FD)

$M_4 = M_3$ + डाकघरों की समग्र जमाएँ

नवीन मुद्रा

- नवीन मुद्रा (New Sum of Money) को M_0, M_1, M_2, M_3 में बाँटा गया है।

  M_0 = जनता के पास नकदी + बैंकों की RBI के पास जमा + RBI की अन्य जमा
- डाकघरों के महत्त्व के कम होने के कारण M_4 को नवीन मुद्रा की श्रेणी से हटा दिया गया है।

मुद्रा के कार्य

मुद्रा के प्रमुख कार्य निम्नलिखित हैं

- मुद्रा, विनिमय का माध्यम है, जिसके उपयोग से विनिमय में होने वाले खर्च, समय और श्रम की बचत होती है। मुद्रा के द्वारा आदान-प्रदान में मध्यस्थता करते हुए व्यापार प्रक्रिया सरल बनती है। मुद्रा के द्वारा सभी वस्तुओं और सेवाओं के मूल्यमान का मापन किया जाता है।
- मुद्रा धारक के पास सामान्यीकृत क्रय-शक्ति का भंडार होता है, जिसे वह कभी भी वस्तु और सेवा खरीदने में व्यय कर सकता है।
- इस प्रकार मुद्रा व्यक्तियों के लिए मूल्य संचय का कार्य करती है।
- मुद्रा के अतिरिक्त अन्य परिसंपत्ति (सोना, संपत्ति, भू-संपत्ति, मकान और बंध पत्र) भी मूल्य संचय का कार्य कर सकती हैं, किन्तु ये संपत्तियाँ दूसरी वस्तु के रूप में आसानी से परिवर्तनीय नहीं भी हो सकती हैं और इनकी सार्वभौमिक स्वीकार्यता नहीं होगी।
- मुद्रा का प्रयोग किसी भी ऋण को देने में किया जा सकता है। न्यायालय में वैध निविदा के रूप में भी इसका प्रयोग किया जा सकता है।
- बैंकों में मुद्रा का उपयोग ऋण देने और ब्याज से मुक्ति के लिए किया जा सकता है।

मुद्रा की तरलता

मुद्रा की तरलता (Liquidity) से आशय मुद्रा की किसी वस्तु में परिवर्तनीयता से है अर्थात् अपनी संपत्ति के बदले कितनी शीघ्रता से आप नकद को प्राप्त कर सकते हैं।

मुद्रा की आपूर्ति

किसी देश में निश्चित समय पर सभी प्रकार की मुद्राओं के कुल योग को मुद्रा की आपूर्ति (Money Supply) कहा जाता है।

मुद्रा की माँग और पूर्ति

मुद्रा की माँग

- मुद्रा सभी प्रकार की सम्पत्तियों में सबसे तरल सम्पत्ति इस अर्थ में है कि यह सार्वभौमिक रूप से स्वीकार्य है और इसका किसी दूसरी वस्तु के रूप में आसानी से विनिमय किया जा सकता है।
- लोगों में मुद्रा कोष रखने के (मुद्रा की माँग) मुख्यत: दो उद्देश्य हैं-
  (i) **सव्यवहार प्रयोजन :** मुद्रा धारण (रखने) का मुख्य प्रयोजन संव्यवहारों (दैनिक आवश्यकताओं की पूर्ति) को जारी रखने से है।
  (ii) **सट्टा उद्देश्य प्रयोजन** मुद्रा रखने का दूसरा उद्देश्य सट्टा है।

मुद्रा का संचलन वेग

मुद्रा की एक इकाई का एक इकाई अवधि (समय) में जितनी बार हस्तांतरण (एक व्यक्ति से दूसरे व्यक्ति के पास) होता है। उसे मुद्रा का संचलन वेग कहते हैं।

मुद्रा की पूर्ति

- मुद्रा की माँग की तरह, मुद्रा की पूर्ति एक स्टॉक परिवर्तन है। एक निश्चित समय में लोगों में संचरण करने वाली कुल मुद्रा को मुद्रा की पूर्ति कहते हैं।
- भारतीय रिजर्व बैंक (RBI) मुद्रा की पूर्ति के वैकल्पिक मापों को चार रूपों में प्रकाशित करता है; जिसके नाम M_1, M_2, M_3 और M_4। ये सभी निम्नलिखित तरह से परिभाषित किए जाते हैं-

$M_1 = CU + DD$ [CU – लोगों द्वारा रखी गई करेंसी (नोट और सिक्के) DD – व्यावसायिक बैंकों द्वारा रखी गई निवल माँग जमा है (लोगों का बैंकों में रखा जमा)

$M_2 = M_1$ + डाकघर बचत बैंकों में बचत जमाएँ

$M_3 = M_1$ + व्यावसायिक बैंकों की निवल आवधिक जमाएँ

$M_4 = M_3$ + डाकघर बचत संस्थाओं में कुल जमाएँ (राष्ट्रीय बचत प्रमाण-पत्रों को छोड़कर)

- **संकुचित और व्यापक मुद्रा** - M_1 और M_2 संकुचित मुद्रा कहलाती है जबकि $M_3 + M_4$ को व्यापक मुद्रा कहा जाता है। M_3 मुद्रा पूर्ति की माप का सबसे साधारण रूप है। इसे समस्त मौद्रिक संसाधन भी कहते हैं।
- **उपर्युक्त कोटियों का तरलता क्रम**- M_1 संव्यवहार के लिए सबसे तरल और आसान है; जबकि M_4 इनमें सबसे कम तरल है।
- अंतर बैंक जमा, जो एक व्यावसायिक बैंक दूसरे व्यावसायिक बैंक में रखते हैं, को मुद्रा की पूर्ति के भाग के रूप में नहीं रखा जाता।

मुद्रास्फीति

- मुद्रास्फीति (Inflation) का शाब्दिक अर्थ, मुद्रा के मूल्य में कमी होना है अर्थात् एक अर्थव्यवस्था में वस्तुओं के कीमत स्तर में होने वाली निरंतर वृद्धि को मुद्रास्फीति कहा जाता है।
- जब देश में वस्तुओं और सेवाओं के उत्पादन की तुलना में मुद्रा के प्रचलन में अपेक्षाकृत तीव्र वृद्धि होती है, तब मुद्रास्फीति और अधिक हो जाती है।

मुद्रास्फीति के प्रकार

मुद्रास्फीति के प्रमुख प्रकार निम्नलिखित हैं

- **माँग प्रेरित मुद्रास्फीति** (Demand Pull Inflation) जब मुद्रा की आपूर्ति में वृद्धि के साथ-साथ उत्पादन में इस अनुपात में वृद्धि न हो, तब ऐसी स्थिति को माँग प्रेरित मुद्रास्फीति कहते हैं। समग्र माँग की वृद्धि मौद्रिक कारकों में वृद्धि से हो सकती है। यह मुद्रा की पूर्ति में वृद्धि तथा वास्तविक चरों में परिवर्तन के कारण भी हो सकती है।
- **लागत प्रेरित मुद्रास्फीति** (Cost Pull Inflation) इसके अंतर्गत लागत में वृद्धि हो जाने के परिणामस्वरूप कीमतों में वृद्धि होने लगती है। मजदूरी **अधिजन्य** (Wage Push) और **लाभजन्य** (Profit Push) के कारण कीमतों में जो वृद्धि होती है, उसे लागत जन्य स्फीति कहते हैं। इस प्रकार की स्फीति में श्रम की उत्पादकता की अपेक्षा मुद्रा मजदूरी अधिक तेजी से बढ़ने लगती है।
- **रेंगती मुद्रास्फीति** (Creeping Inflation) जब किसी एक वित्तीय वर्ष में मुद्रास्फीति की दर 3% या इससे कम होती है, तो इसे रेंगती मुद्रा स्फीति कहा जाता है, इस प्रकार की स्फीति की सबसे प्रमुख विशेषता इसका पूर्वाभास है अर्थात् इस प्रकार की स्फीति का पूर्वाभास किया जा सकता है, इसके आने की सूचना पर ही नीतिगत सुधार किए जाते हैं।
- **चलती मुद्रास्फीति** (Walking Inflation) जब कीमतों में वृद्धि की दर 3% से 6% प्रतिवर्ष के बीच या 10% से कम हो, तो वह चलती हुई मुद्रा स्फीति कहलाती है। यह सामान्य रूप से बढ़ती है तथा वार्षिक स्फीति दर एक अंक की होती है।
- **दौड़ती मुद्रास्फीति** (Running Inflation) जब मुद्रास्फीति की दर 10-20% के मध्य होती है, तो उसे दौड़ती हुई मुद्रास्फीति कहते हैं, इसमें बढ़ती हुई कीमतों की दर में वृद्धि होती है। ऐसी मुद्रास्फीति का प्रभाव गरीब तथा मध्यम वर्गीय परिवारों पर अधिक पड़ता है, इस पर शीघ्रता से नियंत्रण आवश्यक होता है।
- **कूदती मुद्रास्फीति** (Galloping Inflation) वह स्थिति जब वस्तुओं और सेवाओं की कीमतें दो अंकीय या तीन अंकीय वृद्धि से बढ़ती हैं तथा मुद्रास्फीति की दर 20% से अधिक हो जाती है, तो वह स्थिति कूदती मुद्रास्फीति कहलाती है। इसकी वार्षिक दर अत्यधिक होती है।
- **अतिस्फीति** (Hyper Inflation) जब स्फीति की दर तीन अंकों से भी अधिक हो जाए, तो वह अतिस्फीति की अवस्था होती है। अतिस्फीति की स्थिति में मुद्रा से लोगों का विश्वास उठने लगता है, इसकी सबसे पहली चर्चा **फिलिप केगन** (Phillip Cagan) ने वर्ष 1956 में की थी।

मुद्रास्फ्रीति के कारण

मुद्रास्फीति के तीन प्रमुख कारण निम्नलिखित हैं

- **सरकारी नीति** (Government Policy) मुद्रास्फीति का एक प्रभावी कारण सरकार की अर्थ नीति (Economic Policy) है। कई बार सरकार जान-बूझकर मुद्रा चलन की मात्रा में वृद्धि कर साख मुद्रा का विस्तार करती है, जिससे मूल्यों में वृद्धि होती है और मुद्रास्फीति की स्थिति उत्पन्न होती है।
- **हीनार्थ प्रबंधन** भारत में मुद्रास्फीति का एक मुख्य कारण **घाटे की वित्त व्यवस्था** (Deficit Financing) भी है। इसके अतिरिक्त आर. बी. आई. की सस्ती मौद्रिक तथा साख नीति के कारण भी मुद्रास्फीति उत्पन्न होती है। उपभोक्ता की व्यय योग्य आय में होने वाली वृद्धि के कारण, काले धन के कारण व अधिक निवेश होने से भी मुद्रास्फीति की स्थिति उत्पन्न होती है।
- **प्राकृतिक कारण** (Cause Related to Nature) मुद्रा 'धातु मान' (Gold Value) पर आधारित है। धातुओं में वृद्धि से मुद्रा की मात्रा में वृद्धि होती है। अर्थव्यवस्था के विस्तार से यह कारण मुद्रास्फीति के लिए अब अधिक प्रासंगिक नहीं रह गया है।

मुद्रास्फीति की माप

- सामान्य मूल्य सूचकांक के द्वारा **मुद्रास्फीति की माप** (Calculation of Inflation) की जाती है।
- इस सूचकांक के अंतर्गत एक आधार वर्ष का चयन किया जाता है तथा इसके सूचकांक का मान 100 रखा जाता है।
- इसके अनुसार यदि चालू वर्ष का सूचकांक 100 से कम है, तो यह मुद्रा अवस्फीति को दर्शाता है। यदि चालू वर्ष का सूचकांक 100 से अधिक है, तो यह मुद्रास्फीति की स्थिति को दर्शाता है।
- **थोक मूल्य सूचकांक** (WPI-Wholesale Price Index) तथा **उपभोक्ता मूल्य सूचकांक** (CPI-Consumer Price Index) का प्रयोग भारत में मुद्रास्फीति की गणना में किया जाता है।

मुद्रास्फीति के प्रभाव

- मुद्रास्फीति में ऋणदाताओं को हानि और ऋणी वर्ग को लाभ होता है। ऐसे निवेशक जिन्होंने प्रतिभूतियों, ऋणपत्र आदि में पूँजी लगाई है, उन्हें मुद्रास्फीति से हानि होती है तथा ऐसे निवेशक जिन्होंने संयुक्त पूँजी कंपनियों के अंशपत्र खरीदे हैं, उन्हें मुद्रास्फीति से लाभ होता है।
- श्रमिकों, क्लर्कों, अध्यापकों तथा निश्चित आय वर्ग के व्यक्तियों को मुद्रास्फीति से सबसे अधिक हानि होती है।
- कृषक वर्ग पर मुद्रास्फीति का प्रभाव अनुकूल होता है तथा मध्यम वर्ग को इससे अधिक हानि होती है।
- मुद्रास्फीति की प्रारंभिक स्थितियों में रोजगार पर अनुकूल प्रभाव पड़ता है। कीमतें अधिक होने के कारण उत्पादकों को लाभ होता है, जिससे वे अधिक उत्पादन करते हैं।

- मुद्रास्फीति के कारण कम समय में वस्तुओं की कीमतें बढ़ जाती हैं, जिसके कारण आयात में वृद्धि तथा निर्यात में कमी आ जाती है, अत: भुगतान संतुलन प्रतिकूल हो जाता है।
- मुद्रास्फीति के कारण व्यापारियों, उद्योगपतियों तथा कृषकों की आय में वृद्धि होती है, इसलिए वे बैंकों में अधिक पैसा जमा करते हैं, इससे बैंकिंग संस्थाएँ विकसित होती हैं।
- मुद्रास्फीति के कारण साधारण उपभोग की वस्तुएँ महँगी होने के कारण निर्धन लोगों के लिए वस्तुएँ खरीदना कठिन हो जाता है। मुद्रास्फीति के कारण समाज की नैतिक व्यवस्था पर नकारात्मक प्रभाव होता है।

मुद्रास्फीति पर नियंत्रण

- मुद्रास्फीति को रोकने का एक महत्त्वपूर्ण उपाय **मुद्रा की मात्रा पर नियंत्रण** करना है। मुद्रास्फीति को नियंत्रित करने के लिए केंद्रीय बैंक को **साख का संकुचन** (Credit Contraction) करना चाहिए।
- मुद्रास्फीति की संकटपूर्ण अवस्था के दौरान सरकार पुरानी मुद्रा समाप्त करके नई मुद्रा जारी कर सकती है।
- सार्वजनिक व्यय में कमी, सार्वजनिक ऋणों में वृद्धि, करों में वृद्धि, मुद्रा का अधिमूल्यन, घाटे की वित्त व्यवस्था में कमी आदि राजकोषीय उपाय अपनाकर मुद्रास्फीति को दूर किया जा सकता है।
- उत्पादन में वृद्धि ,उचित निवेश नीति, कीमत नियंत्रण एवं राशनिंग, बचत प्रोत्साहन आदि के द्वारा भी मुद्रास्फीति को नियंत्रित किया जा सकता है।

मुद्रास्फीति पर नियंत्रण के नीतिगत उपाय

मुद्रास्फीति पर नियंत्रण के प्रमुख आयाम राजकोषीय नीति तथा मौद्रिक नीति के आधार पर निर्धारित किए गए हैं

राजकोषीय नीति

- राजकोषीय नीति (Fiscal Policy) के अंतर्गत भारत सरकार के आय-व्यय एवं ऋण प्रबंधन का लेखा-जोखा होता है, इसका मुख्य उद्देश्य देश की आर्थिक स्थिरता को बनाए रखना तथा देश के आर्थिक कार्यक्रमों को सफल बनाना है।
- मुद्रास्फीति पर नियंत्रण **करारोपण** (Taxation), **सार्वजनिक ऋण** (Public Loan) तथा **सार्वजनिक व्यय** (Public Expenditure) में कमी के द्वारा किया जा सकता है।
- करारोपण का उद्देश्य राजस्व प्राप्त करना ही नहीं है, बल्कि प्रभावपूर्ण माँग को नियंत्रित करना है। कर की दरों में वृद्धि कर जनता की क्रयशक्ति की मात्रा को नियंत्रित किया जा सकता है।
- मुद्रास्फीति के दौर में सरकार व्यक्ति की व्यय योग्य आय में कटौती करने के उद्देश्य से विभिन्न स्रोतों से जनता से ऋण लेती है, इससे लोगों की क्रय शक्ति में कमी आती है।
- सार्वजनिक व्यय, मुद्रास्फीति का एक महत्त्वपूर्ण कारक है। मुद्रास्फीति के दौरान व्यय में कमी तथा मंदी की स्थिति में व्यय में वृद्धि करना आवश्यक होता है।

मौद्रिक नीति

- मौद्रिक नीति (Monetary Policy) मुद्रास्फीति को नियंत्रित करने का सर्वाधिक उपयोगी तंत्र है। इसके माध्यम से तीन प्रक्रियाओं को विनियमित किया जाता है; जैसे- बैंक दर, नकद आरक्षित अनुपात (CRR-Cash Reserve Ratio) तथा ओपन मार्केट ऑपरेशंस (OMO-Open Market Operations)।
- मौद्रिक नीति में सबसे महत्त्वपूर्ण **बैंक दर नीति** है। भारतीय रिजर्व बैंक (RBI-Reserve Bank of India) बाजार में मुद्रा की तरलता बढ़ाने तथा घटाने के लिए 'बैंक दर' का उपयोग करता है।

मुद्राविस्फीति

- वह स्थिति, जिसमें मुद्रा का मूल्य बढ़ता जाता है तथा वस्तुओं का मूल्य घटता जाता है, **मुद्राविस्फीति** (Deflation) कहलाती है। मुद्राविस्फीति मूल रूप से सरकारी नीति के कारण होती है।
- वह स्थिति, जब देश का भुगतान संतुलन (Balance of Payment) पक्ष सकारात्मक हो तथा विदेशों से स्वर्ण का निरंतर आयात होने पर भी न तो मुद्रा की मात्रा में वृद्धि हो और न ही वस्तुओं के मूल्य में वृद्धि हो, तब मुद्राविस्फीति की स्थिति उत्पन्न हो जाती है।

मुद्राविस्फीति के कारण

- मुद्रा के प्रसार में कमी के कारण तथा बैंक दर में वृद्धि के कारण मुद्राविस्फीति उत्पन्न होती है।
- सरकार की कराधान प्रणाली के कारण तथा खुले बाजार की क्रियाओं के कारण भी मुद्राविस्फीति उत्पन्न होती है।
- इसके अतिरिक्त यदि वस्तुओं की पूर्ति में निरंतर वृद्धि हो और मुद्रा की मात्रा में उस अनुपात में वृद्धि न हो, तो मुद्राविस्फीति उत्पन्न हो जाती है।

मुद्राविस्फीति का प्रभाव

- मुद्राविस्फीति के कारण मूल्यों में कमी होती है, जिससे सामान्य जनता को लाभ होता है। कृषि पदार्थों के मूल्य अत्यधिक कम होने के कारण किसानों को हानि होती है तथा मजदूरी की दर कम न होने से उद्योग तथा व्यापार को आघात होता है।
- मुद्राविस्फीति से बैंकिंग व्यवस्था को आघात होता है तथा मंदी की स्थिति आरंभ होती है। मुद्राविस्फीति के कारण सरकार की आय कम हो जाती है।

मुद्राअपस्फीति

- मुद्राअपस्फीति (Disinflation) के अंतर्गत वे सभी क्रियाएँ , नीतियाँ व उपाय सम्मिलित होते हैं, जो मुद्रास्फीति को रोकने के लिए उपयोग किए जाते हैं।
- मुद्राविस्फीति देश में मंदी की स्थिति उत्पन्न करती है, जबकि मुद्राअपस्फीति कीमत स्तर को सामान्य अवस्था में लाने के लिए प्रयत्न करती है।

मुद्रा का अवमूल्यन

- जब किसी देश की सरकार द्वारा अपने देश की मुद्रा के मूल्य को अन्य देशों की मुद्राओं के मूल्य की अपेक्षा जान-बूझकर कम कर दिया जाता है, तो वह स्थिति **मुद्रा अवमूल्यन** (Devaluation of Money) की स्थिति कहलाती है।
- इसका उद्देश्य आयात को कम करना, निर्यात बढ़ाना तथा भुगतान को संतुलन के अनुकूल बनाना है।
- मुद्रा का अवमूल्यन **अंतर्राष्ट्रीय मुद्रा कोष** (IMF) के निर्देशों के अंतर्गत होता है।
- मुद्रा के अवमूल्यन का संबंध मुद्रा की विदेशी विनिमय दर से होता है।

विमुद्रीकरण

- अर्थव्यवस्था में भ्रष्टाचार, कालाधन, आतंकवाद तथा जाली मुद्रा के चलन जैसी समस्याओं से निपटने के लिए 8 नवंबर, 2016 में भारत सरकार द्वारा **विमुद्रीकरण** (Demonetisation) को अपनाया गया।
- ₹ 500 तथा ₹ 1000 के पुराने नोट को हटाकर ₹ 500 तथा ₹ 2000 के नोटों की एक नई शृंखला आरंभ की गई।
- लोगों को 31 दिसंबर, 2016 तक पुराने करेंसी नोटों को बदलने का समय दिया गया।
- सरकार के इस कदम का धनात्मक प्रभाव पड़ा, इससे कर अनुपालन में सुधार हुआ तथा बड़ी संख्या में लोगों को कर के क्षेत्र में लाया जा सका। लोगों की बचत औपचारिक वित्तीय व्यवस्था के अंतर्गत आई।
- विमुद्रीकरण ने नकदी लेन-देन को औपचारिक भुगतान प्रणाली में बदलकर नई प्रक्रिया को प्रभावी बनाया, जिसमें नकदी से इलेक्ट्रॉनिक भुगतान की ओर कदम बढ़ाया गया।
- विमुद्रीकरण के प्रभाव में बैंक से बैंक हस्तांतरण, इंटरनेट मोबाइल फोन, चैक, एटीएम कार्ड, दुकानों पर पी.ओ.एस. (Point of Sale) मशीनों द्वारा नकदरहित लेन-देन विधियों का प्रसार हुआ।
- इनको लेन-देन के लिए नकदी की आवश्यकता कम करने तथा भ्रष्टाचार को नियंत्रित करने के लिए प्रोत्साहित किया गया।

नोट : 19 मई, 2023 को भारतीय रिजर्व बैंक (RBI) ने ₹ 2000 के नोट (सर्वोच्च मुद्रा वर्ग) को अन्य नोटों में बदलने की समय सीमा 30 सितम्बर, 2023 निर्धारित की थी, जिसे बाद में बढ़ाकर 7 अक्टूबर, 2023 कर दिया गया था।

बैंकिंग व्यवस्था

- बैंक से तात्पर्य ऐसी संस्था से है, जो लोगों से जमा स्वीकार करती है तथा इसके बदले साख निर्माण करके अग्रिम ऋण देती है।
- बैंकों द्वारा विदेशी व्यापार में वित्तीय सहायता उपलब्ध कराई जाती है।
- बैंकिंग संरचना दो प्रकार की हो सकती है-संगठित तथा असंगठित बैंकिंग संरचना।
- संगठित बैंकिंग व्यवस्था के अंतर्गत **भारतीय रिजर्व बैंक** तथा **वाणिज्यिक बैंक** आते हैं, जबकि असंगठित बैंकिंग व्यवस्था के अंतर्गत **साहूकार** (Moneylender) तथा **महाजन** (Merchant) आते हैं।

भारत में बैंकिंग का विकास

- 1770 ई. में **बैंक ऑफ हिंदुस्तान** के नाम से कलकत्ता में स्थापित बैंक **भारत का प्रथम बैंक** था। यह बैंक पूर्णत: **यूरोपीय बैंकिंग पद्धति** पर आधारित था।
- ईस्ट इंडिया कंपनी के हितों को ध्यान में रखते हुए 1806 ई. में **बैंक ऑफ बंगाल**, 1840 ई. में **बैंक ऑफ बॉम्बे** तथा 1843 ई. में **बैंक ऑफ मद्रास** की स्थापना की गई।
- वर्ष 1921 में तीनों बैंकों का आपस में विलय कर **इंपीरियल बैंक ऑफ इंडिया** की स्थापना की गई। पूर्ण रूप से भारतीयों द्वारा स्थापित एवं संचालित प्रथम बैंक **पंजाब नेशनल बैंक** था, जो 1894 ई. में स्थापित हुआ था।
- केंद्रीय बैंकिंग जाँच समिति के आधार पर वर्ष 1934 में **भारतीय रिजर्व बैंक अधिनियम** पारित किया गया, इसके परिणामस्वरूप 1 अप्रैल, 1935 से भारतीय रिजर्व बैंक ने कार्य करना प्रारंभ किया।
- वर्ष 1939-1946 तक की अवधि को **बैंकिंग विस्तार की अवधि** कहा जाता है।
- 1 जनवरी, 1949 को **भारतीय रिजर्व बैंक** का राष्ट्रीयकरण किया गया।
- 1 जुलाई, 1955 को **इंपीरियल बैंक ऑफ इंडिया** का राष्ट्रीयकरण किया गया तथा इसका नाम परिवर्तित कर **भारतीय स्टेट बैंक** कर दिया गया।
- वर्ष 1991 में नई आर्थिक नीति लागू होने के बाद विदेशी बैंकों को भी भारत में अपना विस्तार करने तथा नई शाखाएँ खोलने हेतु अनुमति दी गई।

भारत में बैंकिंग संरचना

भारत में बैंकिंग संरचना को निम्न प्रकार से समझा जा सकता है

भारतीय रिजर्व बैंक

- भारतीय रिजर्व बैंक (RBI-Reserve Bank of India) की स्थापना 1 अप्रैल, 1935 को ₹ 5 करोड़ की अधिकृत पूँजी के साथ हुई, यह भारत का **केंद्रीय बैंक** (Central Bank) है।
- भारतीय रिजर्व बैंक के प्रबंधन एवं निर्देशन का कार्य **केंद्रीय निदेशक मंडल** के द्वारा किया जाता है।
- इस मंडल में एक गवर्नर, 4 डिप्टी गवर्नर, एक वित्त मंत्रालय द्वारा नियुक्त सरकारी प्रतिनिधि तथा भारत सरकार द्वारा नामित 10 ऐसे निदेशक होते हैं, जो वित्तीय क्षेत्रों का प्रतिनिधित्व करते हैं।
- रिजर्व बैंक के चार **स्थानीय बोर्ड** (Local Board) भी हैं, जिनके कार्यालय मुंबई, कोलकाता, चेन्नई और नई दिल्ली में हैं, रिजर्व बैंक का मुख्यालय **मुंबई** में है।

भारतीय रिजर्व बैंक के कार्य

- **सरकारी बैंकर के रूप में कार्य** यह केंद्र तथा राज्य सरकार के बैंकर तथा वित्तीय सलाहकार के रूप में कार्य करता है, यह सरकार की करों से होने वाली आय को जमा करता है।
- **साख नियंत्रण** यह वाणिज्यिक बैंकों द्वारा निर्मित साख का नियंत्रण करता है। यह विनिमय स्थिरता, मूल्य स्थिरता तथा आर्थिक स्थिरता की पूर्ति करता है।
- **आँकड़ों का संकलन तथा प्रकाशन** रिजर्व बैंक विदेशी विनिमय, उत्पादन मूल्य, मुद्रा, साख आदि से संबंधित आँकड़ों का संकलन तथा प्रकाशन करता है।
- **नोटों का निर्गमन** रिजर्व बैंक एक रुपये के नोट तथा सिक्कों के अतिरिक्त सभी मूल्यों के नोटों तथा सिक्कों को जारी करता है। भारतीय रिजर्व बैंक अधिनियम, 1934 के अनुसार, एक वित्तीय वर्ष में RBI ₹10 हजार करोड़ से अधिक नए नोट जारी नहीं कर सकता।
- **बैंकों के बैंक के रूप में** भारतीय रिजर्व बैंक अन्य बैंकों के लिए वही कार्य करता है, जो अन्य बैंक अपने ग्राहकों के लिए करते हैं।
- **सरकार के बैंकर के रूप में** RBI सरकार (भारत सरकार और राज्य सरकारों के लिए सभी बैंकिंग कार्यकलाप) के बैंकर के रूप में कार्य करता है।
- **विदेशी कोषों के संरक्षक के रूप में** RBI अर्थव्यवस्था के विदेशी कोषों का संरक्षक है।
- **अंतिम ऋणदाता** RBI विभिन्न उपकरणों के द्वारा वाणिज्यिक बैंकों को ऋण प्रदान करती है। RBI किसी भी समय बैंकों को ऋण प्रदान करने के लिए तैयार रहता है। इसी कारण केन्द्रीय बैंक (RBI) को अन्तिम ऋणदाता कहा जाता है।

मुद्रा पूर्ति और साख नियंत्रण के नीतिगत उपकरण

- रिजर्व बैंक ऑफ इंडिया, अर्थव्यवस्था में मुद्रा पूर्ति व साख को विभिन्न तरीकों से नियंत्रित करती है। इसके लिए RBI परिमाणात्मक अथवा गुणात्मक/चयनात्मक उपकरण का प्रयोग कर सकता है।
- परिमाणात्मक उपकरण : इसके अंतर्गत मुद्रा की पूर्ति अथवा साख की मात्रा को सीआर आर, बैंक दर, एसएलआर, रेपो दर, रिवर्स रेपों दर, खुले बाजार की क्रियाओं द्वारा नियन्त्रित किया जाता है।

बैंक दर

- वह दर, जिस पर रिजर्व बैंक वाणिज्यिक बैंकों को ऋण देता है, **बैंक दर** (Bank Rate) कहलाती है।
- वर्तमान में भारतीय रिजर्व बैंक, बैंक दर के स्थान पर रेपो रेट (Repo Rate) का प्रयोग करने लगा है।

नकद आरक्षित अनुपात

- नकद आरक्षित अनुपात (CRR-Cash Reserve Ratio) वह राशि है, जिसे बैंकों के द्वारा अपनी कुल जमा के एक निश्चित भाग के रूप में रिजर्व बैंक के पास रखा जाता है।
- RBI द्वारा इसका निर्धारण इसलिए किया गया है, क्योंकि यदि बड़ी संख्या में ग्राहकों को बैंक से पैसे निकालने पड़े तो बैंक पैसे देने से इंकार न कर सके।

वैधानिक तरलता अनुपात

- व्यापारिक बैंकों को अपनी कुल जमा का एक निश्चित अनुपात अपने पास नकद, स्वर्ण तथा सरकारी प्रतिभूतियों के रूप में संरक्षित रखना होता है। कुल जमा का यह अनुपात **वैधानिक तरलता अनुपात** (SLR-Statutory Liquidity Ratio) है।
- बैंक इस अनुपात को सुरक्षित रखते हैं, तब ही उन्हें अपनी जमा राशि पर ऋण देने की अनुमति मिलती है। बैंकों के लिए SLR का निर्धारण भारतीय रिजर्व बैंक द्वारा किया जाता है।

रेपो दर

- वह दर, जिसके आधार पर कोई वाणिज्यिक बैंक रिजर्व बैंक से अपनी सरकारी प्रतिभूतियों के बदले अल्पकालिक ऋण प्राप्त करता है, **रेपो रेट** (Repo Rate) कहलाती है।
- रेपो दर के कम होने पर ग्राहकों को वाणिज्यिक बैंक कम दर पर ऋण उपलब्ध कराने में सक्षम होता है।

रिवर्स रेपो दर

- वह दर, जिस पर भारतीय रिजर्व बैंक वाणिज्यिक बैंकों से उनकी जमा को स्वीकार करता है, **रिवर्स रेपो रेट** (RRR-Reverse Repo Rate) कहलाती है।
- रिवर्स रेपो दर बाजार में नकदी की उपलब्धता को कम करने के लिए बढ़ाया जाता है, जिससे बैंकों द्वारा ऋण देने की प्रक्रिया में कमी की जाती है।
- उल्लेखनीय है भारतीय रिजर्व बैंक, विभिन्न परिपक्वता तिथियों के लिए (रात भर का, सात दिन, चौदह दिन आदि) रेपों एवं रिवर्स रेपों क्रियाएँ करता है।

खुले बाजार की क्रियाएँ

- इससे अभिप्राय सरकार द्वारा निर्गमित बॉण्ड्स का खुले बाजार में खरीदने और बेचने से है। यह खरीद तथा बिक्री सरकार द्वारा RBI को सुपुर्द की गई है।
- जब RBI खुले बाजार में बाण्ड्स खरीदता है, तो इससे अर्थव्यवस्था में मुद्रा की मात्रा में वृद्धि होती है, किंतु जब वह बॉण्ड्स को बेचता है तो अर्थव्यवस्था में मुद्रा की मात्रा में कमी होती है।

गुणात्मक उपकरण

- गुणात्मक उपकरण में केंद्रीय बैंक द्वारा बैंकों से अनुरोध करना मनाना शामिल है, जिसके द्वारा बैंकों को ऋण देने के लिए हतोत्साहित अथवा प्रोत्साहित किया जाता है। यह नैतिक दबाव, सीमा अनिवार्यता द्वारा किया जाता है।

वाणिज्यिक बैंक

- वाणिज्यिक बैंक, ऐसे बैंकों को कहा जाता है, जो बचत एकत्र करते हैं और उन्हें बड़ी एवं छोटी औद्योगिक एवं व्यापारिक इकाइयों को ऋण के रूप में प्रदान करते हैं। इन बचतों का उपयोग कार्यशील पूँजी की आवश्यकता के लिए होता है।
- वर्ष 1967 के बाद वाणिज्यिक बैंकों को **राष्ट्रीयकृत** (Nationalised) या सार्वजनिक क्षेत्र के बैंकों (Public Sector Banks) तथा निजी क्षेत्र के बैंकों (Private Sector Banks) के रूप में वर्गीकृत किया गया।
- भारतीय स्टेट बैंक (SBI-State Bank of India) , सार्वजनिक क्षेत्र का एक महत्त्वपूर्ण बैंक है। भारत में संचालित अनुसूचित बैंक तथा अनेक विदेशी बैंकों को भी वित्तीय सेवाओं की छूट दी गई है। विदेशी बैंकों को सामान्यत: **विदेशी विनियम बैंक** (Foreign Exchange Bank) भी कहा जाता है।

भारत में वाणिज्यिक बैंकों का वर्गीकरण

भारत में वाणिज्यिक बैंकों को दो भागों में विभाजित किया जाता है

अनुसूचित बैंक

- ऐसे बैंकों को अनुसूचित बैंक (Scheduled Bank) की संज्ञा दी जाती है, जिन्हें भारतीय रिजर्व बैंक अधिनियम, 1934 की दूसरी अनुसूची में सम्मिलित किया गया है।
- अनुसूचित बैंक का दर्जा प्राप्त करने के लिए बैंकों को निम्न शर्तें पूरी करना आवश्यक है
  - बैंक की प्रदत्त पूँजी तथा संचित राशि ₹ 5 लाख से कम नहीं होनी चाहिए।
  - यह एक संयुक्त पूँजी कंपनी (Joint Capital Company) होनी चाहिए न कि एकल व्यापारी साझा फर्म।
  - इन बैंकों को अपनी जमा का एक निश्चित अंश भारतीय रिजर्व बैंक के पास नकद रूप में जमा रखना होता है।

गैर-अनुसूचित बैंक

- गैर-अनुसूचित बैंक (Non-Scheduled Bank) से आशय, ऐसे बैंकों से है, जिन्हें भारतीय रिजर्व बैंक अधिनियम, 1934 की दूसरी अनुसूची में तो शामिल किया गया है, किंतु ये बैंक वैधानिक नकद आरक्षण आवश्यकताओं के अधीन हैं।
- ऐसे बैंक निश्चित राशि भारतीय रिजर्व बैंक के पास न रखकर अपने पास रखते हैं। इन बैंकों को भारतीय रिजर्व बैंक से रियायती प्रेषण एवं उधार लेने की सुविधा प्राप्त नहीं है।

सहकारी बैंक

- भारत में सहकारी बैंकों का आधारभूत कार्य बैंकिंग संस्थाओं के समान है किंतु इनका ढाँचा वाणिज्यिक बैंकों से अलग होता है।
- सहकारी बैंकों को दो भागों में विभाजित किया जाता है-
  1. शहरी सहकारी बैंक तथा 2. राज्य सहकारी बैंक।
  - शहरी सहकारी बैंकों (Urban Co-operative Banks) का गठन शहरी क्षेत्रों में सहकारी व्यवस्था को प्रबलता प्रदान करने के लिए होता है।
  - राज्य सहकारी बैंक (State Co-operative Banks) के अंतर्गत **केंद्रीय सहकारी बैंक** तथा **प्राथमिक साख समितियाँ** सम्मिलित हैं।

वाणिज्यिक बैंकों के कार्य

- वाणिज्यिक बैंकों का सबसे महत्त्वपूर्ण कार्य **जमा स्वीकार** करना है। ये तीन प्रकार की जमाएँ स्वीकार करते हैं- **बचत जमा** (Savings Deposit), **माँग जमा** (Demand Deposit) तथा **सावधिक जमा** (Fixed Deposit)।
- वाणिज्यिक बैंकों के मुख्य कार्यों में से एक अपने ग्राहकों को अग्रिम ऋण प्रदान करना तथा साख निर्माण करना है।
- अन्य वित्तीय संस्थाओं की भाँति इनका उद्देश्य भी लाभ अर्जित करना होता है।
- वाणिज्यिक बैंक अपने ग्राहकों को **लॉकर्स की सुविधा** देकर उनकी मूल्यवान वस्तुओं के अभिरक्षक के रूप में भी कार्य करता है।
- वाणिज्यिक बैंक, **बैंक चेक, ड्राफ्ट, यात्री चेक** आदि के रूप में विभिन्न प्रकार के साख-साधन भी जारी करता है, जिससे विनिमय सरल हो जाता है।

बैंकों का राष्ट्रीयकरण

- देश में बैंकों का सामाजिक उत्तरदायित्व सुनिश्चित करने हेतु बैंकों का राष्ट्रीयकरण (Nationalisation of Banks) करने का निश्चय किया गया।
- बैंकों के राष्ट्रीयकरण से पूर्व वाणिज्यिक बैंक अन्य निजी संस्थाओं की भाँति अपने अधिकतम लाभ की प्रेरणा से व्यवसाय कर रहे थे। निजी वाणिज्यिक बैंकों की इस प्रवृत्ति के कारण प्राथमिक क्षेत्र की अर्थव्यवस्था को उपेक्षा का शिकार होना पड़ा था।
- बैंकों के राष्ट्रीयकरण की पहली प्रक्रिया वर्ष 1969 में अपनाई गई, जिसमें 14 बैंकों का राष्ट्रीकरण किया गया।

भारतीय स्टेट बैंक

- 1 जुलाई, 1955 को इंपीरियल बैंक ऑफ इंडिया का आंशिक राष्ट्रीयकरण कर दिया गया तथा इसका नाम स्टेट बैंक ऑफ इंडिया कर दिया गया।
- 1 अप्रैल, 2017 को भारतीय स्टेट बैंक के पाँच सहयोगी बैंक और भारतीय महिला बैंक का विलय कर दिया गया।
- भारतीय स्टेट बैंक में विलय होने वाले पाँच बैंक थे- स्टेट बैंक ऑफ मैसूर, स्टेट बैंक ऑफ पटियाला, स्टेट बैंक ऑफ बीकानेर, स्टेट बैंक हैदराबाद तथा स्टेट बैंक ऑफ त्रावणकोर।

अन्य राष्ट्रीय बैंकों का विलय

- अप्रैल, 2019 को बैंक ऑफ बड़ौदा में विजया बैंक और देना बैंक का विलय हो गया।
- अप्रैल, 2020 को ओरिएंटल बैंक ऑफ कॉमर्स और यूनाइटेड बैंक ऑफ इंडिया का पजाब नेशनल बैंक में विलय हो गया। इसके साथ ही पंजाब नेशनल बैंक देश का दूसरा सबसे बड़ा बैंक बन गया है।
- केनरा बैंक में सिंडिकेट बैंक का विलय अप्रैल, 2020 में कर दिया गया है।
- यूनियन बैंक ऑफ इंडिया में आंध्रा बैंक और कॉर्पोरेशन बैंक का विलय भी अप्रैल, 2020 में कर दिया गया।
- इंडियन बैंक में इलाहाबाद बैक का विलय कर दिया गया।
- अब भारत में सार्वजनिक क्षेत्र के सरकारी बैंकों की कुल संख्या जो वर्ष 2017 में 27 थी, से घटकर 12 (11 राष्ट्रीयकृत और भारतीय स्टेट बैंक) हो गई है।

मौद्रिक एवं साख नीति

- केंद्रीय बैंक या सरकार द्वारा विशेष आर्थिक उद्देश्य की प्राप्ति के लिए अर्थव्यवस्था में मुद्रा की मात्रा के प्रसार तथा संकुचन के प्रबंधन को **मौद्रिक नीति** कहा जाता है।
- मौद्रिक नीति के अंतर्गत निश्चित उद्देश्यों की पूर्ति के लिए मुद्रा एवं साख की मात्रा को नियमित एवं नियंत्रित किया जाता है।
- मौद्रिक नीति में देश, काल तथा आर्थिक परिस्थितियों के अनुसार परिवर्तन किया जा सकता है।
- भारत में मौद्रिक नीति भारतीय रिजर्व बैंक द्वारा घोषित की जाती है।
- एक अच्छी मौद्रिक नीति वह है, जिसमें आंतरिक मूल्य स्तर में सापेक्षिक स्थिरता, आर्थिक विकास, आर्थिक स्थिरता तथा रोजगार की व्यवस्था हो।

भारतीय रिजर्व बैंक द्वारा गठित समितियाँ

भारतीय रिजर्व बैंक द्वारा गठित समितियाँ निम्नलिखित हैं

के वी कामथ समिति

- कोविड-19 के दौरान आर्थिक चुनौतियों का सामना करने के लिए कॉरपोरेट ऋणधारकों के ऋण के एक मुश्त पुनर्गठन के सुझाव हेतु अगस्त, 2020 में भारतीय रिजर्व बैंक (RBI) ने कामथ समिति का गठन किया।
- इस समिति ने 26 क्षेत्रों में ऋण पुनर्गठन का सुझाव दिया। आरबीआई ने इस समिति के सभी सुझावों को स्वीकार किया।

दीपक मोहंती समिति

- इस समिति का गठन 15 जुलाई, 2015 को किया गया। इस समिति का उद्देश्य वित्तीय समावेशन की कार्य योजना तैयार करने के लिए सुझाव देना था।
- इस मध्यावधि पथ प्रदर्शन संबंधी समिति ने देश में वित्तीय सेवाओं के प्रसार का सुझाव दिया।

जालान समिति

- इस समिति का गठन 25 फरवरी, 2014 को किया गया। इसका गठन नए बैंक परमिट हेतु आए आवेदनों की समीक्षा के लिए किया गया था।
- इस पैनल के अध्यक्ष **विमल जालान** तथा सदस्य **ऊषा थोराट, सीबी भावे** तथा **नचिकेत मोर** थे।

नचिकेत मोर समिति

- भारतीय रिजर्व बैंक (RBI) के तत्कालीन गवर्नर जनरल रघुराम जी राजन ने सितंबर, 2013 में नचिकेत मोर समिति का गठन किया। इस समिति ने 7 जनवरी, 2014 को अपनी सिफारिशें प्रस्तुत कीं। इस समिति ने देश के प्रत्येक नागरिक को वित्तीय व्यवस्था से जोड़ने का सुझाव दिया।
- इस समिति द्वारा देश के प्रत्येक क्षेत्र में बैंक खोलने तथा लोगों को वित्तीय सेवा तक पहुँचाने पर बल दिया गया।

उर्जित पटेल समिति

- भारतीय रिजर्व बैंक (RBI) ने मौद्रिक नीति ढाँचे का विश्लेषण करने और इसे सशक्त बनाने के लिए 'उर्जित पटेल समिति' का गठन किया।
- इस समिति का गठन 12 सितंबर, 2013 को किया गया, जिसने जनवरी, 2014 में अपनी रिपोर्ट तत्कालीन RBI गवर्नर को सौंप दी।
- उर्जित पटेल समिति ने अपनी रिपोर्ट में **उपभोक्ता मूल्य सूचकांक** को मौद्रिक नीति के अंतर्गत रखने का सुझाव दिया।

एमवी नायर समिति

- प्राथमिकता प्राप्त क्षेत्रों में विद्यमान वर्गीकरण की समीक्षा के लिए भारतीय रिजर्व बैंक ने फरवरी, 2012 में एमवी नायर समिति का गठन किया। इस समिति ने प्राथमिकता प्राप्त क्षेत्र में कृषि एवं उससे संबद्ध क्षेत्रों तथा लघु एवं मध्यम क्षेत्रों को स्थान दिया।
- इस समिति ने आवास एवं शिक्षा ऋण को प्राथमिकता के साथ जारी रखने का सुझाव दिया।

ऊषा थोराट समिति

- ऊषा थोराट समिति का गठन सितंबर, 2010 में किया गया, इस समिति ने मार्च, 2011 में अपनी रिपोर्ट भारतीय रिजर्व बैंक (RBI) के समक्ष प्रस्तुत की।
- इस समिति ने ग्रामीण क्षेत्रों में जमा, ऋण अदायगी तथा अन्य बैंकिंग सुविधाओं के विस्तार को स्वीकृति दी। इस समिति ने अग्रणी (लीड) बैंकों की स्थापना को अपनाने का सुझाव दिया।

बैंकिंग क्षेत्र के सुधार

बैंकिंग क्षेत्र के सुधार अनेक समितियों द्वारा किए गए, जो इस प्रकार हैं

दामोदरन समिति

- इस समिति का गठन **एम. दामोदरन** की अध्यक्षता में वर्ष 2011 में किया गया।
- बैंकिंग सेवाओं के संदर्भ में समिति द्वारा **न्यूनतम बैलेंस** की अवधारणा को समाप्त करने का सुझाव दिया गया।

नरसिंहम समिति-I

- बैंकिंग क्षेत्र में सुधार के उद्देश्य से जून, 1991 में **एम. नरसिंहम** की अध्यक्षता में वित्तीय प्रणाली पर समिति की स्थापना की गई।
- इस समिति ने बैंकों की आर्थिक कार्यकुशलता और प्रतिस्पर्द्धात्मकता में वृद्धि हेतु बैंकों में जमा पूँजी की उत्पादकता को बढ़ाने के लिए अनुशंसाएँ कीं।

नरसिंहम समिति-II

- यह समिति वर्ष 1998 में गठित की गई। इस समिति ने पूँजीगत खातों के संदर्भ में रुपये की पूर्ण परिवर्तनीयता को लागू करने के पूर्व भारतीय वित्तीय तंत्र को अधिक सक्षम और प्रभावशाली बनाने के लिए अनुशंसाएँ कीं।
- ये अनुशंसाएँ निम्नलिखित हैं
  - कमजोर बैंकों की पुनर्स्थापना हेतु लघु बैंकों की अवधारणा को अपनाया जाए।
  - बैंकों का कंप्यूटीकरण किया जाए।
  - बैंकों के विलय और अधिग्रहण को अनुमति दी जाए।
  - सार्वजनिक बैंकों में सरकार के समता अंश (इक्विटी शेयर) को 33% के नीचे लाया जाए।
  - बैंकों को साख संबंधी स्वायत्तता प्रदान की जाए।

गोइपोरिया समिति

- वर्ष 1990 में **एम. एन. गोइपोरिया** की अध्यक्षता में एक समिति का गठन किया गया, जिसका उद्देश्य बैंकों में ग्राहक सुविधा सुधारना था।
- इस समिति के सुझावों पर 15 जून, 1995 को **बैंकिंग लोकपाल योजना** शुरू की गई।

भारत में बैंकिंग योजनाएँ

भारत में बैंकिंग योजनाएँ निम्नलिखित हैं

वित्तीय सेवा संस्थान ब्यूरो (FSIB)

- वित्त मंत्रालय के वित्तीय सेवा विभाग के नए ढाँचे के अनुसार, बैंक बोर्ड ब्यूरो (BBB) को वित्तीय सेवा संस्थान ब्यूरो (FSIB-Financial Services Institutions Bureau) से प्रतिस्थापित किया।
- केन्द्र सरकार द्वारा 1 जुलाई, 2022 को वित्तीय सेवा संस्थान ब्यूरो की स्थापना की गई। यह वित्तीय सेवा संस्थानों के बोर्ड में पूर्णकालिक निदेशकों और गैर-कार्यकारी अध्यक्षों के रूप में नियुक्ति के लिए व्यक्तियों की सिफारिश करने के उद्देश्य से काम करेगा।
- एफ. एस. आई. बी. में एक अध्यक्ष, चार पदेन सदस्य एवं तीन अंशकालिक, गैर-सरकारी सदस्य होंगे।

बैंकस बोर्ड ब्यूरो

- भारत में बैंकिंग प्रणाली के ढाँचे को पारदर्शी तथा व्यावहारिक बनाने के लिए फरवरी, 2016 में केंद्र सरकार द्वारा बैंक्स बोर्ड ब्यूरो (BBB-Banks Board Bureau) का गठन किया था। इस ब्यूरो को सार्वजनिक क्षेत्र के बैंकों से जुड़े प्रशासनिक निर्णय का अधिकार प्राप्त था। इसका कार्य इन बैंकों के प्रमुख अधिकारियों तथा बैंक के अध्यक्षों की नियुक्ति करना था।
- यह 6 सदस्यीय बोर्ड है, जिसमें तीन सदस्यों का चयन सरकार द्वारा तथा अन्य तीन सदस्यों की नियुक्ति निजी क्षेत्र के बैंकों द्वारा की जाती है, इस संस्था को बैंकों में निवेश संबंधी दायित्व भी सौंपे गए थे।

स्वर्ण मौद्रीकरण योजना

- भारतीय रिजर्व बैंक ने स्वर्ण मौद्रीकरण योजना लागू करने के लिए 22 अक्टूबर, 2015 को निर्देश जारी किया, इस योजना के अंतर्गत कम-से-कम 30 ग्राम सोना जमा कराना आवश्यक है।
- इस योजना के अंतर्गत **छोटी अवधि** (1 से 3 वर्ष) **मध्य अवधि** (5 से 7 वर्ष) तथा **लंबी अवधि** (12 से 15 वर्ष) के लिए सोना जमा किया जा सकेगा।

- इस योजना का मुख्य उद्देश्य भारतीय घरों में निष्क्रिय रखे सोने को अर्थव्यवस्था में लाना तथा स्वर्ण आयात पर भारत की निर्भरता को कम करना है।

मुद्रा बैंक योजना

- 8 अप्रैल, 2015 को ₹ 20 हजार करोड़ के कोष के साथ मुद्रा बैंक योजना शुरू की गई। इसका उद्देश्य युवाओं में कौशल विकास को बढ़ावा देना तथा कारोबार की भावना विकसित करना आदि हैं।
- इस योजना के माध्यम से सरकार द्वारा वित्तीय समस्या से ग्रसित असंगठित क्षेत्र के व्यवसायों और लघु व्यवसायों को सस्ती ब्याज दर पर ऋण उपलब्ध कराया जाता है। साथ ही कोई नया व्यवसाय प्रारंभ करने के इच्छुक युवाओं को प्रोत्साहित किया जाता है।

इंद्रधनुष योजना

- देश के सरकारी बैंकों की वित्तीय स्थिति सुधारने के लिए सरकार द्वारा सात सूत्री इंद्रधनुष योजना बनाई गई, इस योजना की शुरुआत वर्ष 2015 में की गई।
- इस योजना के सात सूत्र नियुक्तियाँ, पूँजीकरण (Capitalisation), सशक्तीकरण (Empowerment), जवाबदेही की योजना बनाना (Framework of Accountability), बैंक बोर्ड ब्यूरो, सार्वजनिक बैंकों पर से दबाव हटाना तथा प्रशासनिक सुधार हैं।
- इस योजना का उद्देश्य चयन प्रक्रिया में पारदर्शिता लाना, फँसे ऋण की मात्रा कम करना आदि हैं। इसके अंतर्गत सरकार सार्वजनिक बैंकों के कर्मचारियों के लिए शेयर विकल्प लाने के विषय पर विचार कर रही है।

बैंकिंग लोकपाल योजना

- भारतीय रिजर्व बैंक द्वारा 14 जून, 1995 को बैंकिंग लोकपाल (Banking Ombudsman) योजना का प्रारंभ किया गया।
- इस योजना का उद्देश्य बैंकों में ग्राहकों को होने वाली समस्याओं का समाधान करना है। रिजर्व बैंक द्वारा संपूर्ण देश में 15 बैंकिंग लोकपाल स्थापित किए गए।

अतिरिक्त तथ्य
तमिलनाडु बोर्ड एवं NIOS

वस्तु विनिमय प्रणाली की असफलता और मुद्रा की आवश्यकता

- वस्तु विनिमय प्रणाली की कठिनाइयाँ हैं- संबंधित व्यक्ति को ढूँढने की लागत- आवश्यकताओं के दोहरे संयोग का अभाव, वस्तुओं के विभाजन का अभाव, माप की सर्वमान्य इकाई का अभाव, भण्डारण/संचय की समस्या: मूल्य ह्रास

मुद्रा के कार्य

- विस्तृत रूप में मुद्रा के कार्यों को दो भागों में विभाजित किया जा सकता है- प्राथमिक (आधारभूत) और गौण कार्य
  - **प्राथमिक/आधारभूत कार्य** विनिमय का माध्यम, मूल्य की मापक
  - **गौण कार्य:** मूल्य या धन का संग्रह, स्थगित भुगतानों का मानक, मूल्य का स्थानांतरण
  - **अन्य कार्य:** राष्ट्रीय आय का वितरण, मूल्य की एकरूपता और द्रव्यता

उच्च शक्ति मुद्रा

- इससे तात्पर्य उस मुद्रा से है, जो लोगों द्वारा करेंसी (C), बैंको के सुरक्षित कोष (R) तथा RBI की अन्य जमाओं के रूप में होती है।
- उच्च शक्ति मुद्रा भारतीय रिजर्व बैंक और भारत सरकार द्वारा उत्पन्न की जाती है तथा जो नागरिकों और बैंको के पास होती है।

वाणिज्यिक बैंक

- ये बैंक एजेंसी के रूप में कार्य करते हैं। इस रूप में वह अपने ग्राहकों के लिए चैक, ड्राफ्ट, बिल आदि को स्वीकार और एकत्रित करते हैं। बैंक अपने ग्राहकों के लिए सोना, चाँदी तथा अन्य प्रतिभूतियों को भी खरीदते हैं।
- वाणिज्यिक बैंक सामान्य उपयोगी सेवाएँ सम्बन्धी कार्य भी करता है तथा आँकड़ों को एकत्र करना व उनका प्रकाशन, लॉकर्स और ऋण पत्रों का जारी करना, सलाह कार्य, सरकार द्वारा निर्गमित शेयर और प्रतिभूतियों के अंडर-राइटिंग का कार्य आदि।
- **भारतीय रिजर्व बैंक** नोटों का निर्गमन न्यूनतम कोष प्रणाली के आधार पर करता है, जिसके अन्तर्गत केन्द्रीय बैंक के पास सोना, सोने के सिक्के और विदेशी विनिमय आदि रखा जाता है।
- भारत में **न्यूनतम कोष प्रणाली** के आधार पर न्यूनतम ₹ 200 करोड़ की राशि कोष में रखी जाती है, इसमें से ₹ 115 करोड़ की कीमत का सोना तथा ₹ 85 करोड़ का विदेशी विनिमय प्रतिभूतियां रिजर्व बैंक के पास रखी जाती हैं।
- **क्रिप्टोकरेंसी** एक डिजिटल मुद्रा है, जो एंक्रिप्शन (Encription) तकनीकी पर आधारित होती है। एंक्रिप्शन तकनीकी का उपयोग क्रिप्टो मुद्रा की एक इकाई का सृजन करने तथा मुद्रा हस्तांतरण को प्रमाणित करने के लिए किया जाता है। यह एक स्वतंत्र मुद्रा है तथा इसका कोई रेगुलेटर नहीं होता है। जैसे-बिटकॉइन
- **बिटकॉइन** को वर्ष 2009 में प्रारंभ किया गया था। बिटकॉइन को वैधानिक मुद्रा की मान्यता देने वाला पहला देश अल-सल्वाडोर (El Salvador) है।
- विश्व का **सबसे पुराना केंद्रीय बैंक** द रिक्स बैंक ऑफ स्वीडन है, जो एक निजी बैंक के रूप में 1656 ई. में स्थापित किया गया था।
- **e-बैंकिंग** को इण्टरनेट बैंकिंग के नाम से भी जाना जाता है। यह बैंक के ग्राहकों तथा अन्य वित्तीय संस्थानों के लेन-देन को वित्तीय संस्थानों की वेबसाइट (ऑनलाइन प्लेटफॉर्म) के माध्यम से सक्षम बनाता है।
- **रियल टाइम ग्रास सेटलमेंट** (RTGS) एक धन अंतरण तन्त्र है, जिसके माध्यम से पैसे का अंतरण वास्तविक समय में 'सकल आधार' पर एक बैंक से दूसरे बैंक में किया जाता है। यह भारत में उपलब्ध बैंक चैनलों के माध्यम से धन अंतरण का सबसे तेज और प्रभावी माध्यम है। आरटीजीएस मुख्य रूप से बड़ी राशि के प्रेषण के लिए है। आरटीजीएस के माध्यम से प्रेषित की जाने वाली न्यूनतम राशि ₹ 2.00 लाख है।
- **नेशनल इलेक्ट्रॉनिक फंड्स ट्रांसफर** (NEFT) एक इलेक्ट्रॉनिक फण्ड ट्रांसफर सिस्टम है, जो देश भर के अन्य बैंक खातों में धन अंतरण की सुविधा प्रदान करता है। यह विशेष रूप से खुदरा प्रेक्षण के धन अंतरण करने के लिए एक सरल, सुरक्षित, तेज और लागत प्रभावी तरीका है। ग्राहक NEFT का उपयोग करके किसी भी राशि को प्रेषित कर सकते हैं, जिसके लिए कोई न्यूतम सीमा निर्धारित नहीं होती है।

09

लोकवित्त
(राजकोषीय नीति एवं बजट)

(स्रोत)

Old NCERT Class IX & X Chap 5 **राज्य एवं आर्थिक विकास,**
New NCERT Class XII Chap 5 **सरकारी बजट एवं अर्थव्यवस्था,**
Old NCERT Class XII Chap 8 **सरकारी बजट और अर्थव्यवस्था**
Tamil Nadu Board (Class-XII), NIOS

लोकवित्त

- लोकवित्त (Public Finance) का अर्थ मात्र सरकारी आय व्यय की अवधारणाओं से संबंधित नहीं है, बल्कि इसके आयाम अधिक विस्तृत हैं।
- इसके अंतर्गत सार्वजनिक ऋण, वित्तीय प्रशासन तथा राजकोषीय नीति आदि भी सम्मिलित होते हैं।
- राज्य अपने दायित्वों को सार्वजनिक संस्थाओं के माध्यम से वित्तीय साधनों के द्वारा संपन्न करता है। इन्हीं संस्थाओं के वित्त से संबंधित सिद्धांतों, समस्याओं एवं नीतियों के विधिवत् अध्ययन को ही **लोकवित्त** कहा जाता है।

लोकवित्त का विभाजन

लोकवित्त को सार्वजनिक आय तथा सार्वजनिक व्यय में विभाजित किया जाता है

सार्वजनिक आय

केंद्र सरकार के समस्त वित्तीय संसाधनों को **सार्वजनिक वित्त** (Public Finance) कहा जाता है। इसके अंतर्गत सार्वजनिक आय (Public Income) एवं समस्त व्यय को सम्मिलित किया जाता है। सार्वजनिक आय के दो भाग होते हैं

1. राजस्व प्राप्तियाँ

- ऐसी सार्वजनिक प्राप्तियाँ जिनमें न तो सरकार की देयता में वृद्धि होती है और न ही सरकार की परिसंपत्तियों में कमी आती है, उन्हें **राजस्व प्राप्तियाँ** (Revenue Receipts) कहते हैं। राजस्व प्राप्तियों के अपने दो उपवर्ग होते हैं- **कर राजस्व तथा गैर-कर राजस्व**।
- कर राजस्व में संघीय सरकार द्वारा लगाए गए करों और शुल्कों से संग्रहीत राशियाँ होती हैं।
- बजट में सरकार के नए कर, पुराने करों की दरों आदि में संशोधन या उनके वर्तमान स्वरूप में जारी रखने के प्रस्ताव होते हैं।
- गैर-कर राजस्व में सरकार की सभी अन्य राजस्व प्राप्तियाँ होती हैं। इनमें एक व्यावसायिक राजस्व के अंतर्गत सरकार द्वारा व्यापारिक आधार पर प्रदत्त वस्तुओं और सेवाओं की कीमतें हैं।
- इनमें डाक सामग्रियों की कीमतें, सभी टोल कर, सरकारी अधिकरणों से लिए गए ऋणों पर ब्याज, बिजली और रेल सेवाओं की प्राप्तियाँ सम्मिलित हैं।
- राजस्व का एक और स्रोत सरकार द्वारा किए गए निवेशों पर अर्जित लाभांश और ब्याज होता है। राजस्व आय के प्रमुख स्रोत निम्नलिखित हैं

(i) **कर आय** (Taxable Income) यह जनता द्वारा सरकार को किया जाने वाला एक अनिवार्य भुगतान है, इसके द्वारा सरकार को सार्वजनिक व्यय हेतु धन प्राप्त होता है। करों से प्राप्त आय को दो भागों में बाँटा जाता है

- **प्रत्यक्ष कर** (Direct Tax) यह वह कर है, जिसे जिस व्यक्ति पर आरोपित किया जाता है उसी से वसूला जाता है अर्थात् यह प्रत्यक्ष रूप से वसूला जाता है। आय कर (Income Tax) एक प्रमुख प्रत्यक्ष कर है।
- **अप्रत्यक्ष कर** (Indirect Tax) यह वह कर है, जिसे मध्यस्थ के माध्यम से वसूला जाता है, इन करों को वस्तुओं एवं सेवाओं पर लगाया जाता है। 1 जुलाई, 2017 से लागू 'वस्तु एवं सेवा कर' (GST, Goods and Service Tax) 17 से अधिक अप्रत्यक्ष करों का समायोजन है।

(ii) **लाभ तथा लाभांश** (Profits and Dividends) सरकार को अनेक प्रकार की कंपनियों; जैसे भारतीय इस्पात प्राधिकरण लिमिटेड, तेल तथा प्राकृतिक गैस निगम आदि से प्रत्येक वर्ष लाभ तथा लाभांश प्राप्त होता है।

(iii) **ब्याज आय** (Interest Income) केंद्र सरकार राज्य सरकारों तथा अन्य संस्थाओं को ऋण देती है, जिससे केंद्र सरकार को वार्षिक ब्याज के रूप में आय प्राप्त होती है। ब्याज के रूप में प्राप्त आय गैर-कर साधनों से प्राप्त आय का महत्त्वपूर्ण स्रोत है।

2. पूँजीगत प्राप्तियाँ

- सरकार की ऐसी सभी प्राप्तियाँ, जिनसे या तो वित्तीय सम्पतियाँ कम हो या देयता उत्पन्न करें पूँजीगत प्राप्तियाँ कहलाती हैं। जैसे सरकार द्वारा लिया जाने वाला ऋण देयता को उत्पन्न करता है, क्योंकि सरकार को इसका भुगतान भी करना पड़ता है। इसी प्रकार संपति की बिक्री (सार्वजनिक क्षेत्र के उपक्रमों के शेयर बेचना) से वित्तीय संपत्तियाँ कम होती है, क्योंकि भविष्य में इससे आय समाप्त हो जाएगी।
- ये प्राप्तियाँ ऋण-उत्पादक या गैर-ऋण उत्पादक हो सकती हैं।
- पूँजीगत प्राप्तियों को पूँजीगत खाता के नाम से जाना जाता है। पूँजीगत प्राप्तियों की प्रकृति दीर्घकालिक होती है।

सार्वजनिक व्यय

सरकार द्वारा किए जाने वाले संपूर्ण **सार्वजनिक व्यय** (Public Expenditure) को दो भागों में विभाजित किया जाता है

1. राजस्व व्यय

- सामान्यत: जिस व्यय से किसी परिसंपत्ति का निर्माण न हो, उसे **राजस्व व्यय** (Revenue Expenditure) कहा जाता है।
- राजस्व व्यय केंद्र सरकार का भौतिक या वित्तीय परिसंपत्तियों के सृजन के अतिरिक्त अन्य उद्देश्यों के लिए किया गया व्यय है। इसका संबंध सरकारी विभागों के सामान्य कार्यों तथा विविध सेवाओं, सरकार द्वारा अवगत ऋण ब्याज अदायगी, राज्य सरकारों और अन्य मदों को प्रदत्त अनुदानों आदि पर किए गए व्यय से होता है।
- बजटीय दस्तावेज में कुल राजस्व व्यय को दो भागों में बाँटा जाता है

(i) **योजनागत राजस्व व्यय** (Planned Revenue Expenditure) इस व्यय को योजनागत राजस्व व्यय कहा जाता है, इससे उत्पादन परिसंपत्ति (Production Assets) का निर्माण होता है। यह विभिन्न आर्थिक कल्याणकारी योजनाओं से संबंधित है। केंद्रीय योजनाओं, राज्यों तथा संघ-शासित प्रदेशों की योजना के लिए केंद्रीय सहायता इस व्यय में सम्मिलित है।

(ii) **गैर योजनागत राजस्व व्यय** (Non-Planned Revenue Expenditure) इस राजस्व व्यय में प्रदत्त सामान्य, आर्थिक और सामाजिक सेवाओं पर व्यापक व्यय शामिल होते हैं। इस व्यय की प्रमुख मदें ब्याज अदायगी, प्रतिरक्षा सेवाएँ, उपदान, वेतन तथा पेंशन हैं। इस सार्वजनिक व्यय से किसी प्रकार के विकास का कार्य नहीं होता है, इसके लिए धन की व्यवस्था भारत की **संचित निधि** से की जाती है।

- वित्तीय वर्ष 2017-18 से योजनागत व्यय और गैर-योजनागत व्यय के वर्गीकरण को समाप्त कर दिया गया है। इसे सी. रंगराजन समिति की रिपोर्ट (2011) के आधार पर समाप्त किया गया।

2. पूँजीगत व्यय

- ये सरकार के वे व्यय हैं, जिनके परिणामस्वरूप भौतिक या वित्तीय परिसंपत्तियों का सृजन या वित्तीय दायित्वों में कमी होती है।
- **पूँजीगत व्यय** (Capital Expenditure) में मुख्यत: भूमि, भवन, यंत्र, संयंत्र और अंशादि में निवेश सम्मिलित हैं।
- इसी मद में केंद्र द्वारा राज्यों, सरकारी कंपनियों और निगमों तथा अन्य संस्थानों को दिए गए ऋण भी दर्शाए जाते हैं।
- इन व्यय से सरकार की परिसंपत्तियों में वृद्धि होती है, ये व्यय उत्पादक कोटि का होता है, जिसका लाभ अनेक वर्षों तक मिलता रहता है।

राजकोषीय नीति

- राजकोषीय नीति (Fiscal Policy) का संबंध अर्थव्यवस्था के संवृद्धि निष्पादन को सुधारना तथा लोगों को सामाजिक न्याय प्रदान करने से है।
- यह सरकार के सार्वजनिक व्यय (Public Expenditure), सार्वजनिक आय (Public Income), सार्वजनिक ऋण (Public Debt) तथा उसके प्रबंधन से संबंधित है।
- राजकोषीय नीति के द्वारा सरकार अर्थव्यवस्था में रोजगार राष्ट्रीय उत्पादन, आंतरिक तथा बाह्य आर्थिक स्थिरता इत्यादि उद्देश्यों को प्राप्त करती है।
- यह अर्थव्यवस्था की संवृद्धि को दो प्रकार से प्रभावित करती है– विकास के लिए साधनों का एकत्रण करना तथा दूसरा साधनों के आवंटन द्वारा कार्यकुशलता में सुधार करना।
- **जॉन मेनार्ड कीन्स** की पुस्तक **द जनरल थ्योरी ऑफ इम्प्लॉयमेंट, इंटरेस्ट एंड मनी** में प्रतिपादित विचारों में मुख्य रूप से यह भी है कि 'सरकार की राजकोषीय नीति का प्रयोग निर्गत और रोजगार के स्तर को स्थिर करने के लिए किया जाना चाहिए।'

राजकोषीय उत्तरदायित्व और बजट प्रबंधन अधिनियम, 2003

- राजकोषीय उत्तरदायित्व और बजट प्रबंधन अधिनियम (FRBM-Fiscal Responsibility of Budget Management) अगस्त, 2003 में पारित हुआ तथा जुलाई, 2004 में यह लागू किया गया।
- इसका उद्देश्य केंद्र सरकार को राजकोषीय प्रबंधन तथा दीर्घकालिक वृहद् आर्थिक स्थिरता में अंतर-पीढ़ीगत समता (Inter-Generational Equity) सुनिश्चित करने के लिए उत्तरदायी बनाना है।
- इस अधिनियम द्वारा केंद्र सरकार के ऋण तथा राजकोषीय घाटे की ऊपरी सीमा को निर्धारित किया गया है।

राजकोषीय नीति की विशेषताएँ

- राजकोषीय नीति का प्रारंभ वर्ष 1936 में **जॉन मेनार्ड कीन्स** ने किया, इन्होंने सार्वजनिक व्यय की भूमिका पर बल दिया।
- सरकार राजकोषीय नीति के द्वारा निजी क्षेत्रों के लिए संसाधनों की उपलब्धता, आर्थिक विकास में सार्वजनिक क्षेत्र की भूमिका तथा संसाधनों के आवंटन एवं विनियोजन ढाँचे को प्रभावित करती है।
- स्वतंत्र बाजार व्यवस्था में संसाधनों का बँटवारा तथा सभी आर्थिक क्रियाएँ बाजार यंत्र के स्वतंत्र क्रियाशीलन द्वारा निर्धारित होती हैं, अत: राजकोषीय नीति की कोई भूमिका नहीं होती।

वित्तीय घाटा

भारत में राजकोषीय संतुलन स्वेच्छा से लागू नहीं किया गया। यहाँ राजकोषीय उत्तरदायित्व और बजट प्रबंधन के लिए कानूनी व्यवस्था की गई है। वित्तीय घाटों (Financial Deficits) के आकलन को चार भागों में विभाजित किया जाता है, जो निम्नलिखित हैं

राजकोषीय घाटा

- जब बजटीय घाटे में उधार तथा अन्य देयताओं को जोड़ दिया जाता है, तब राजकोषीय घाटा (Fiscal Deficit) प्राप्त होता है, राजकोषीय घाटे का सूत्र निम्नलिखित है

  राजकोषीय घाटा = बजटीय घाटा + उधार और अन्य देयताएँ

  इसे अन्य रूपों में भी व्यक्त किया जा सकता है

  राजकोषीय घाटा = कुल व्यय – (राजस्व प्राप्तियाँ + गैर-ऋण से सृजित पूँजीगत प्राप्तियाँ)

  या, राजकोषीय घाटा = निवल घरेलू ऋण + भारतीय रिजर्व बैंक से ऋण + विदेशी ऋण

  या, राजकोषीय घाटा = राजस्व घाटा + पूँजीगत व्यय – गैर-ऋण से सृजित पूँजीगत प्राप्तियाँ
- बजटीय घाटे में सार्वजनिक ऋण को भी एक आय मान लिया जाता है, जबकि राजकोषीय घाटे में ऋण को आय नहीं माना जाता।

राजकोषीय घाटे के दो प्रकार हैं

(i) **सकल राजकोषीय घाटा** (Gross Fiscal Deficit) राजस्व प्राप्तियों और पूँजीगत प्राप्तियों की अपेक्षा कुल सरकारी व्यय का आधिक्य, जिसमें ऋण का सृजन नहीं होता अर्थात् किसी वित्तीय वर्ष के अंतर्गत सरकार के कुल आय और व्यय के अंतर को सकल राजकोषीय घाटा कहते हैं।

(ii) **निवल राजकोषीय घाटा** (Net Fiscal Deficit) जब सकल राजकोषीय घाटे के कुल आय और कुल व्यय के अंतर को ऋण अदायगी के साथ समायोजित किया जाता है, तो वह निवल राजकोषीय घाटा कहलाता है।

राजस्व घाटा

- कुल राजस्व प्राप्ति की तुलना में कुल राजस्व व्यय जितना अधिक होता है, उसे राजस्व घाटा (Revenue Deficit) कहा जाता है।
- राजस्व घाटे में केवल उन्हीं लेन-देनों को शामिल किया जाता है, जिनसे सरकार की वर्तमान आय और व्यय पर प्रभाव पड़ता है। राजस्व घाटे का सूत्र निम्नलिखित है

  राजस्व घाटा = राजस्व व्यय – राजस्व प्राप्तियाँ

पूँजीगत घाटा

सरकार की पूँजीगत प्राप्तियों और पूँजीगत व्यय के अंतर को पूँजीगत घाटा (Capital Deficit) कहते हैं। इसे तीन भागों में बाँटा जाता है

(i) **बजटीय घाटा** (Budgetary Deficit) सरकार के बजट में कुल प्राप्तियों की तुलना में यदि कुल व्यय अधिक हो, तो उसे बजटीय घाटा कहते हैं।

(ii) **प्राथमिक घाटा** (Primary Deficit) जब राजकोषीय घाटे में से ब्याज देयताओं को घटाया जाता है, तो प्राथमिक घाटा प्राप्त होता है।

प्राथमिक घाटा = राजकोषीय घाटा – निवल ब्याज दायित्व

(iii) **सकल प्राथमिक घाटा** (Gross Primary Deficit) जब सकल राजकोषीय घाटे से ब्याज की अदायगियाँ अलग की जाती हैं, तो प्राप्त शेष ही सकल प्राथमिक घाटा है।।

मौद्रिकृत घाटा

- केंद्र सरकार के लिए भारतीय रिजर्व बैंक की निवल साख में होने वाली वृद्धि को मौद्रिकृत घाटा (Monetary Deficit) कहा जाता है।
- राजकोषीय घाटे को कम करने के लिए सरकार नोट छापती है, जिसके कारण मौद्रिकृत घाटा सामने आता है, जिससे देश में महँगाई आती है।

बजटीय घाटे में कमी के उपाय

- करों में वृद्धि अथवा व्यय में कटौती से सरकारी घाटे में कमी की जा सकती है। भारत में सरकार कर राजस्व में वृद्धि करने के लिए प्रत्यक्ष करों पर अधिक भरोसा करती है।
- सार्वजनिक उपक्रमों के शेयरों की बिक्री के माध्यम से प्राप्तियों में बढ़ोतरी करना भी एक उपाय है, किंतु सरकारी व्यय में कटौती पर विशेष बल दिया गया है।
- सरकार के कार्यकलापों को सुनियोजित कार्यक्रमों और सुशासनों के माध्यम से संचालित कर सरकारी व्यय में कटौती की जा सकती है।

कर प्रस्ताव से संबंधित प्रमुख समितियाँ

समितियाँ	संबंधित कर
1. वांचू समिति	प्रत्यक्ष कर
2. एल.के. झा समिति	अप्रत्यक्ष कर
3. सरकारिया समिति	केंद्र राज्य संबंध
4. चेलैया समिति	कर सुधार
5. केलकर समिति	प्रत्यक्ष एवं अप्रत्यक्ष कर
6. रेखी समिति	अप्रत्यक्ष कर
7. राकेश मोहन समिति	आधारिक संरचना वित्तीयन
8. नंजुनदप्पा समिति	रेलवे किराए-भाड़े

बजट

- बजट (Budget) एक वित्तीय वर्ष के संबंध में सरकार के आर्थिक दृष्टिकोण को प्रस्तुत करता है। इसके अंतर्गत आय (प्राप्तियाँ) -व्यय का स्पष्ट विभाजन रहता है।
- यह देश की आर्थिक स्थिति एवं सरकार की प्राथमिकताओं का द्योतक होता है।
- बजट में **विनियोग** (Appropriation) तथा **राजस्व** (Revenue) अधिनियमों का उल्लेख रहता है। विनियोग से खर्च होता है तथा राजस्व से आय प्राप्त होती है।

सार्वजनिक बजट

- इसके अंतर्गत सभी स्रोतों से प्राप्त सरकार की समस्त आय तथा सभी मदों पर होने वाले व्यय को शामिल किया जाता है।
- भारत में एक बजटीय वर्ष 1 अप्रैल से 31 मार्च तक होता है।
- **अनुच्छेद-112** के अनुसार, प्रत्येक वित्तीय वर्ष के लिए केंद्र सरकार की अनुमानित प्राप्तियों तथा व्यय का एक विवरण संसद के समक्ष रखना आवश्यक होता है, जिसे **वार्षिक वित्तीय विवरण** (Annual Financial Statement) कहा जाता है।
- सार्वजनिक बजट में तीन प्रकार के विवरण प्रस्तुत किए जाते हैं – आगामी वित्त वर्ष हेतु बजट अनुमान, चालू वित्त वर्ष हेतु संशोधित अनुमान, विगत वर्ष की वास्तविक आय एवं व्यय।
- संविधान के **अनुच्छेद-266** के अंतर्गत भारत की संचित निधि के गठन का प्रावधान किया गया है। सरकार के सभी व्यय इसी निधि से किए जाते हैं, परंतु इसके लिए संसद की अनुमति आवश्यक होती है।
- अर्थशास्त्री **विलियम एकवर्थ** की अध्यक्षता वाली समिति की अनुशंसा के आधार पर वर्ष 1924 से भारत में रेलवे बजट को सामान्य बजट से पृथक् कर दिया गया।

बजट का इतिहास

- बजट शब्द फ्रेंच भाषा के **बोगेट** से लिया गया है, इसका अर्थ होता है – चमड़े का थैला।
- भारत का प्रथम बजट 18 फरवरी, 1860 को तत्कालीन **वायसराय लॉर्ड कैनिंग** की परिषद् के वित्तीय सदस्य **जेम्स विल्सन** द्वारा प्रस्तुत किया गया था। जेम्स विल्सन को **भारतीय बजट का प्रणेता** माना जाता है।
- स्वतंत्र भारत का प्रथम बजट 26 नवंबर, 1947 को पहले **वित्त मंत्री आर. के. षणमुखम चेट्टी** द्वारा पेश किया गया था।
- भारत में सबसे अधिक बार बजट पेश करने वाले वित्तमंत्री **मोरारजी देसाई** थे। उन्होंने कुल 10 बजट पेश किए, जबकि **पी. चिदंबरम** ने आठ बजट पेश किए।
- जब अंग्रेजों ने भारत के लिए बजट पेश करना आरंभ किया, तो उसके लिए शाम के पाँच बजे का समय रखा गया था।
- वर्ष 1999 में राजग सरकार के वित्त मंत्री **यशवंत सिन्हा** ने बजट पेश करने का समय दिन के 11 बजे कर दिया।

बजट के उद्देश्य

- सरकार जन-कल्याण बढ़ाने में बहुत ही महत्त्वपूर्ण भूमिका निभाती है। इसके लिए सरकार अर्थव्यवस्था में अनेक प्रकार हस्तक्षेप करती है।
- **सरकारी बजट का आवंटन कार्य :** सरकार निश्चित वस्तुओं तथा सेवाओं को उपलब्ध करवाती है, जिन्हें बाजार तन्त्र के द्वारा उपलब्ध नहीं करवाया जा सकता। यथा-राष्ट्रीय सुरक्षा, सड़के व सरकारी प्रशासन आदि।
  नोट सरकार द्वारा सार्वजनिक वस्तुओं की आपूर्ति को **आवंटन कार्य** कहा जाता है।
- **सरकारी बजट का पुनःआवंटन कार्य** इसके अंतर्गत सरकार सरकारी क्षेत्र हस्तांतरण भुगतान के द्वारा तथा कर एकत्रीकरण के द्वारा घरेलू क्षेत्र की प्रयोज्य आय को प्रभावित कर सकता है। इस प्रकार, सरकार आय के वितरण को परिवर्तित कर सकती है तथा समाज को आय वितरण की न्याय-संगत स्थिति में पहुचाँ सकती है। यह सरकार का वितरण कार्य है।
- **सरकारी बजट का स्थिरीकरण कार्य** सरकार को आय तथा रोजगार में उतार-चढ़ाव को नियंत्रित करना होता है। सरकार का हस्तक्षेत्र, चाहे वह माँग का विस्तार करने के लिए हो अथवा इसके कम करने के लिए, (अर्थव्यवस्था में रोजगार का स्तर तथा कीमतों का स्तर कुल माँग पर निर्भर करता है।) स्थिरीकरण कार्य कहलाता है।

अन्य उद्देश्य

- बजट सामाजिक और आर्थिक नीति का उपकरण है, जिसका कार्य निर्धारण, वितरण और स्थिरीकरण करना है।
- बजट सरकारी कार्यों और सेवाओं के कुशल क्रियान्वयन को सुनिश्चित करता है।
- बजट विधायिका के प्रति कार्यपालिका की वित्तीय एवं न्यायिक जवाबदेही को सुनिश्चित करता है।
- बजट सरकारी विभागों की विभिन्न गतिविधियों को एक योजना के अधीन लाकर उनको एकीकृत करता है।

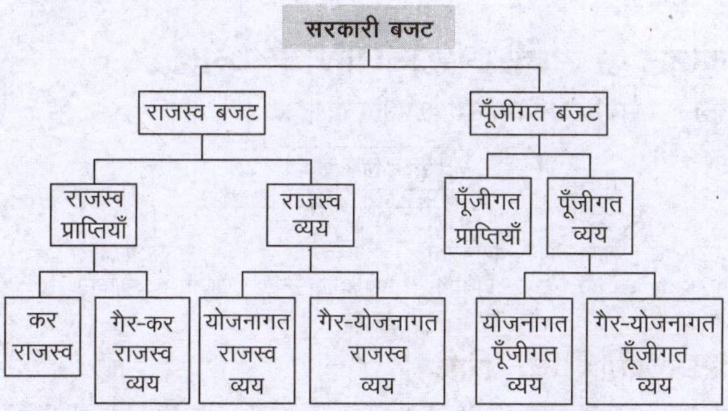

सार्वजनिक प्रावधान तथा सार्वजनिक उत्पादन में अन्तर

- वस्तुओं के सार्वजनिक क्षेत्र (प्रावधान) से तात्पर्य है कि इनका वित्तपोषण बजट के द्वारा होता है तथा बिना कोई प्रत्यक्ष भुगतान किए इनका उपयोग किया जा सकता है।
- सार्वजनिक वस्तुओं का उत्पादन निजी क्षेत्र के द्वारा अथवा सरकार के द्वारा किया जा सकता है। जब वस्तुओं का उत्पादन सीधे सरकार द्वारा किया जाता है, तो इसे सार्वजनिक उत्पादन कहा जाता है।

भारत में बजट निर्माण

भारत में वित्तीय वर्ष (Financial Year) की अवधि प्रत्येक वर्ष 1 अप्रैल से 31 मार्च तक रहती है। बजट निर्माण प्रक्रिया सामान्य रूप से बजट प्रस्तुति के समय से 6-7 माह पूर्व ही आरंभ कर दी जाती है। बजट निर्माण प्रक्रिया के निम्न चरण हैं

- **प्रथम चरण** इसके अंतर्गत वित्त मंत्रालय द्वारा प्रशासनिक मंत्रालयों, नीति आयोग तथा **नियंत्रक एवं महालेखा परीक्षक** (CAG-Comptroller and Auditor General of India) के सहयोग से बजट की रूपरेखा तैयार की जाती है। नियंत्रक एवं महालेखा परीक्षक बजट का प्राक्कथन तैयार करने हेतु वित्त मंत्रालय को लेखा कौशल उपलब्ध कराता है।
- **द्वितीय चरण** इस चरण के अंतर्गत आय और व्यय का विवरण तैयार किया जाता है, जो **बजट दस्तावेज** (Budget Document) कहलाता है। अब

बजट को डिजिटल माध्यम से तैयार किया जाता है, जो पर्यावरणीय रूप से अनुकूलित है।

- **तृतीय चरण** इस चरण के अंतर्गत **संसदीय चर्चा** होती है तथा विभिन्न मदों पर चर्चा के बाद बजट को अनुमति दे दी जाती है।
- **चतुर्थ चरण** इस चरण के अंतर्गत बजट के क्रियान्वयन की कार्यवाही प्रारंभ होती है, इसमें पाँच प्रक्रियाएँ होती हैं – वित्तीय स्रोतों का एकीकरण, वित्तीय संसाधनों का संरक्षण, वित्तीय संसाधनों का वितरण, सरकारी आय-व्यय का लेखा तथा लेखांकन।
- **पंचम चरण** यह चरण **लेखा परीक्षण चरण** कहलाता है। इस चरण में सभी सरकारी विभागों द्वारा प्रतिमाह के लेखे, **महालेखाकार** के कार्यालय में भेज दिए जाते हैं। इन लेखों का नियमित रूप से लेखाधिकारियों द्वारा अंकेक्षण किया जाता है। अंकेक्षण के बाद महालेखा परीक्षक द्वारा लेखों का वार्षिक संकलन राजस्व खाता, पूंजीगत खाता, ऋण खाता तथा दूरस्थ प्राप्तियों में किया जाता है। बजट के अंतिम चरण के पूर्ण होने पर बजट संबंधी प्रक्रिया पूर्ण हो जाती है।

बजट से संबंधित संवैधानिक कोष

बजट से संबंधित संवैधानिक कोष निम्नलिखित हैं

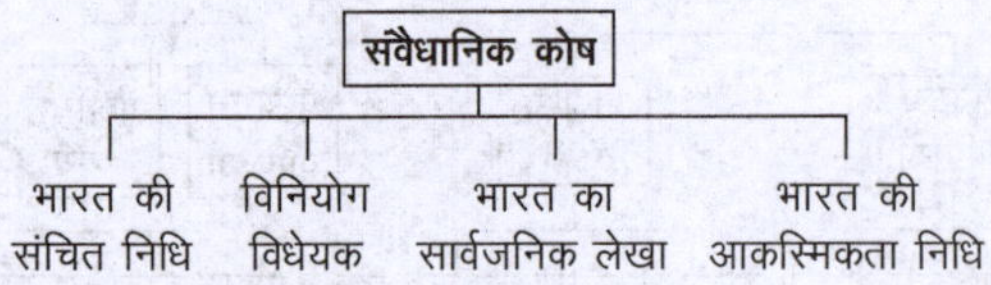

भारत की संचित निधि

- इस कोष की समस्त प्राप्तियों को जमा के अंतर्गत तथा समस्त भुगतानों को व्यय के अंतर्गत रखा जाता है।
- सरकार की ओर से किए जाने वाले सभी भुगतान वैधानिक रूप से इसी कोष से किए जाते हैं। इस कोष से किसी भी राशि का विनियोग संसदीय कानून के अनुसार ही किया जाता है।

विनियोग विधेयक

- अनुच्छेद 114 के अनुसार, संचित निधि से कोई धन विनियोग विधेयक द्वारा ही निकाला जा सकता है। लोकसभा द्वारा अनुदान की माँग पारित करने के पश्चात् एक विनियोग विधेयक (Appropriation Bill) लोकसभा में प्रस्तुत किया जाता है।
- विनियोग विधेयक के अंतर्गत अनुदान माँगें तथा भारत की संचित निधि पर भारित व्यय विनिर्दिष्ट होते हैं। प्रत्येक विनियोग विधेयक **धन विधेयक** होता है तथा इसे धन विधेयक की प्रक्रिया के अनुसार ही पारित किया जाता है।

भारत का सार्वजनिक लेखा

- भारत सरकार द्वारा या इसकी ओर से प्राप्त सभी अन्य सार्वजनिक राशियाँ (उनके अतिरिक्त जो भारत की संचित निधि में जमा की जाती हैं) भारतीय सार्वजनिक लेखा में जमा की जाएँगी। इनमें भविष्य निधि जमा, न्यायिक जमा, बचत खाता जमा, विभागीय जमा और प्रेषित जमा इत्यादि शामिल हैं।
- इस खाते का संचालन कार्यपालक कार्यवाही द्वारा किया जाता है अर्थात् इस खाते से भुगतान **संसदीय विनियोजन के बिना** किए जा सकते हैं।

भारत की आकस्मिकता निधि

- संविधान ने संसद को **भारत की आकस्मिकता निधि** की स्थापना के लिए अधिकृत किया है, जिसमें समय-समय पर कानून द्वारा निर्धारित राशियाँ जमा की जाती हैं।
- वर्ष 1950 में संसद ने **भारतीय आकस्मिकता निधि अधिनियम पारित** किया, इस निधि को राष्ट्रपति के नियंत्रण में रखा गया।

बजट के प्रकार

बजट के प्रकार निम्नलिखित हैं

आम बजट

- इस बजट का प्रमुख उद्देश्य विधायिका का कार्यपालिका पर वित्तीय नियंत्रण रखना है, इस बजट में सरकार के **आय-व्यय का विवरण** (Statement of Income-Expenditure) होता है।
- इस प्रकार के बजट में सरकार आने वाले वित्तीय वर्ष में कितना खर्च करेगी, इसका उल्लेख तो करती है, परंतु इसके क्या लाभ होंगे, इसका विवरण नहीं करती।

निष्पादन बजट

- इस प्रणाली का जन्म संयुक्त राज्य अमेरिका में हुआ, पहले इसे **क्रियाशील** या **कार्यकलाप बजटिंग** (Performance Budgeting) कहा जाता था। भारत में निष्पादन बजट को **कार्यपूर्ति बजट** या **उपलब्धि बजट** भी कहते हैं।
- इसमें किसी कार्य के संभावित परिणामों को आधार बनाकर बजट निर्मित किया जाता है।

परिणामोन्मुख बजट

- भारत में यह बजट वर्ष 2005 में पहली बार प्रस्तुत किया गया।
- परिणामोन्मुख बजट (Outcome Budget) सभी **मंत्रालयों** एवं **विभागों** के कार्य प्रदर्शन हेतु एक मापक का कार्य करता है, जिससे सेवा, निर्माण प्रक्रिया, कार्यक्रम मूल्यांकन को और बेहतर बनाने में सहायता मिलती है।

जेंडर बजट

- इस बजट के माध्यम से सरकार महिलाओं के विकास, कल्याण और सशक्तीकरण से संबंधित योजनाओं और कार्यक्रम हेतु प्रतिवर्ष एक निर्धारित राशि की व्यवस्था करती है।
- इस बजट में ऐसे व्यय सम्मिलित होते हैं, जिनका संबंध **महिला व शिशु कल्याण** से होता है।
- उल्लेखनीय है कि वर्ष 2005-06 के भारतीय बजट में बजटीय उपबंधों में की लिंग संवेदनशीलता को विशेष महत्त्व देते हुए एक विवरण प्रस्तुत किया गया था।

शून्य आधारित बजट

- निष्पादन बजटिंग की भाँति **शून्य आधारित बजट** (Zero Based Budget) भी **बजटिंग** (Budgeting) की एक तर्कसंगत पद्धति है। इसके अंतर्गत बजट में सम्मिलित किए जाने से पहले प्रत्येक कार्यक्रम योजना की आलोचनात्मक समीक्षा की जाती है।

- शून्य आधारित बजट में बजटिंग के वृद्धिशील दृष्टिकोण का अनुसरण करने के स्थान पर सभी योजनाओं का शून्य से पुन: परीक्षण करना सम्मिलित है। इस बजट को **सूर्यास्त बजट** (Sunset Budget) भी कहा जाता है, जिसका तात्पर्य है वित्तीय वर्ष की समाप्ति से पूर्व प्रत्येक विभाग को शून्य आधारित बजट प्रस्तुत करना पड़ता है।

बजट के अन्य प्रकार

बजट के अन्य प्रकार निम्नलिखित हैं

(i) **मद आधारित बजट** (Factor Based Budget) इसका निर्धारण किसी विशिष्ट योजना या मद में व्यय हेतु किया जाता है। इसमें विभाग के अनुसार व्यय नहीं दर्शाया जाता है।

(ii) **एकल बजट** (Single Budget) इसमें सरकार के कार्यों एवं विभागों हेतु एकीकृत बजट बनाया जाता है, जिसमें सरकार की समस्त आय एवं व्यय का वार्षिक विवरण होता है।

(iii) **बहुल बजट** (Multiple Budget) इसमें किसी विशिष्ट योजना हेतु आवंटन करने के स्थान पर प्रत्येक विभाग हेतु अलग-अलग आवंटन दर्शाते हुए बजट का निर्माण किया जाता है।

(iv) **घाटे का बजट** (Deficit Budget) यह परंपरागत बजट का ही स्वरूप है। आधुनिक युग में लगभग सभी अल्पविकसित देश (Underdeveloped Countries) घाटे के बजट का प्रयोग करते हैं, क्योंकि उनके व्यय, आय की तुलना में अधिक हैं। भारत जैसे विकासशील देश में घाटे का बजट एक अनिवार्यता हो जाती है, क्योंकि इससे मुद्रा का अतिरिक्त प्रवाह उपलब्ध होता है।

(v) **अंतरिम बजट** (Interim Budget) ये बजट अल्पकालिक होते हैं, जिस वित्तीय वर्ष में लोकसभा के आम चुनाव होते हैं, उस वित्तीय वर्ष में सरकार के शेष कार्यकाल हेतु व्यय निर्वाह के लिए बजट प्रस्तुत किए जाते हैं।

(vi) **अनुपूरक बजट** (Supplementary Budget) आकस्मिक घटनाओं; जैसे सूखा, बाढ़, भूकंप, दुर्घटना आदि आपदाओं से निपटने या किसी अतिरिक्त व्यय हेतु इस प्रकार के बजटीय प्रावधान किए जाते हैं।

संतुलित, अधिशेष एवं घाटा बजट

- **संतुलित बजट** जब सरकार की बजट प्राप्तियाँ, बजट व्यय के बराबर हो।
- **अधिशेष बजट** जब बजट प्राप्तियाँ, बजट व्यय से अधिक हो।
- **घाटा बजट** जब बजट व्यय, बजट प्राप्तियों से अधिक हो।

राजकोषीय उत्तरदायित्व और बजटीय प्रबंधन अधिनियम, 2003 (एफ.आर.बी.एम. एक्ट)

- अगस्त, 2003 में FRBM Act का अधिनियमन वित्तीय सुधार और विवेकपूर्ण वित्तीय नीति का अनुसरण करने के लिए संस्थागत ढाँचे के माध्यम से सरकार को नियंत्रित करने की दिशा में एक महत्त्वपूर्ण कदम है।
- इस अधिनियम के नियमों को जुलाई, 2004 में प्रभावी रूप से अधिसूचित किया गया। इसकी मुख्य विशेषताएँ निम्नलिखित हैं।

(i) केन्द्र सरकार के राजकोषीय घाटे को सकल घरेलू उत्पाद (जीडीपी) के 3 प्रतिशत तक कम करके लाना तथा 31 मार्च, 2009 तक राजस्व घाटे को समाप्त करना, जिससे पर्याप्त राजस्व आधिक्य का निर्माण किया जा सके।

(ii) इसमें प्रत्येक वर्ष के सकल घरेलू उत्पाद का 0.3 प्रतिशत राजकोषीय घाटा में कटौती और 0.5 प्रतिशत राजस्व घाटे में कटौती करना।

(iii) निर्धारित लक्ष्य से अधिक राजकोषीय घाटे में बढ़ोतरी केवल आपवादिक स्थितियों (प्राकृतिक आपदा, राष्ट्रीय सुरक्षा इत्यादि) में ही हो सकती है।

(iv) केन्द्र सरकार RBI से नकद प्राप्तियों के ऊपर नकद प्रतिपूर्तियों के अस्थायी आधिक्य की पूर्ति के लिए अग्रिम के अतिरिक्त अन्य किसी प्रकार से ऋण नहीं लेगी।

(v) RBI वर्ष 2006-07 से केन्द्र सरकार की प्रतिभूतियों के प्राथमिक प्रतिभूतियों को नहीं खरीदेगा।

(vi) वित्तीय संचालन में अत्यधिक पारदर्शिता लाने के उपाय करना।

(vii) केन्द्र सरकार द्वारा संसद के समक्ष वार्षिक वित्तीय विवरण के साथ तीन विवरण प्रस्तुत करना होगा

(a) मध्यवर्ती राजकोषीय नीति विवरण

(b) राजाकोषीय कार्यनीति सम्बन्धी विवरण

(c) समष्टि अर्थशास्त्रीय ढाँचागत विवरण

(viii) बजट के सम्बन्ध में प्राप्तियों और व्यय प्रवृत्तियों की त्रैमासिक समीक्षा संसद के दोनों सदनों के समक्ष प्रस्तुत करना।

FRBM समीक्षा समिति

- मई, 2016 में एन. के. सिंह की अध्यक्षता में पाँच सदस्यीय समिति का गठन FRBM के पुन: लक्ष्य निर्धारण तथा भारत सरकार की रणनीति के सम्बन्ध में किया गया।
- इस समिति ने अपनी रिपोर्ट वर्ष 2017 में प्रस्तुत की।

समिति की प्रमुख सिफारिशें

- FRBM Act, 2003 तथा FRBM नियम, 2004 को समाप्त कर एक नया ऋण और राजकोषीय उत्तरदायित्व अधिनियम बनाने की सिफारिश की।
- वर्ष 2022-23 तक ऋण- जी.डी.पी. अनुपात को कम करते हुए 60 प्रतिशत (केन्द्र 40 प्रतिशत तथा राज्य 20 प्रतिशत) तक करना।
- राजकोषीय घाटे को वित्त वर्ष 2016-17 के 3.5 प्रतिशत से कम करते हुए वर्ष 2017-18 से 2019-20 तक 3.0 प्रतिशत तथा वर्ष 2022-23 तक 2.5 प्रतिशत तक करना।
- राजस्व घाटे को प्रतिवर्ष 0.25 प्रतिशत से कम करते हुए वित्त वर्ष 2016-17 के 2.3 प्रतिशत के स्तर से कम कर वर्ष 2022-23 तक 0.80 प्रतिशत करना।

कर संरचना

- कर दाता द्वारा प्रत्यक्ष लाभ प्राप्ति की आशा के बिना सरकार को दिया गया एक अनिवार्य भुगतान **कर** (Tax) कहलाता है।
- सरकार द्वारा कर लगाने का उद्देश्य सार्वजनिक व्यय से संबंधित अपने दायित्वों की निर्वाह पूर्ति करना है।

कर के प्रकार

- प्रत्यक्ष कर
- अप्रत्यक्ष कर

प्रत्यक्ष कर

- वह कर, जिस व्यक्ति या संस्था पर लगाया जाता है, वही इसकी अदायगी करता है, **प्रत्यक्ष कर** (Direct Tax) कहलाता है। प्रत्यक्ष कर के भार को स्थानांतरित नहीं किया जा सकता।
- केंद्र सरकार के प्रत्यक्ष कर में आयकर, निगम कर, व्यय कर, संपत्ति कर, संपदा शुल्क कर, उपहार कर, ब्याज कर आदि आते हैं।

प्रत्यक्ष कर में सम्मिलित कर निम्नलिखित हैं

- **आयकर** (Income Tax) व्यक्ति की शुद्ध आय पर लगने वाला कर आयकर कहलाता है। आयकर स्रोतों के अंतर्गत वेतन, व्यापार तथा व्यवसाय से प्राप्त आय, संपत्ति आय एवं ब्याज प्राप्त तथा लाभांश को शामिल किया जाता है। केंद्रीय प्रत्यक्ष कर बोर्ड (CBDT-Central Board of Direct Taxes) के अंतर्गत आयकर विभाग द्वारा इसकी वसूली की जाती है।
- **उपहार कर** (Gift Tax) एक वित्तीय वर्ष में किसी व्यक्ति द्वारा ₹ 50,000 से अधिक मूल्य के उपहार प्राप्त करने पर उस उपहार के कुल मौद्रिक मूल्य पर उपहार कर लगाया जाता है। उपहार कर के अंतर्गत कुछ उपहारों को कर से छूट है, जो निम्न हैं– निकटवर्ती रिश्तेदारों से प्राप्त उपहार, विवाह के अवसर पर प्राप्त उपहार, वसीयत या उत्तराधिकार से प्राप्त उपहार। भारत में उपहार कर लगाने की संस्तुति सर्वप्रथम **केल्डार समिति** (1957) ने की थी।
- **निगम कर** (Corporate Tax) किसी कंपनी या निगम द्वारा एक वित्तीय वर्ष में अपने व्यापार से प्राप्त शुद्ध वार्षिक आय पर लगाया जाने वाला कर निगम कर कहलाता है। यह कर देश में व्यापार करने वाली घरेलू एवं विदेशी दोनों प्रकार की कंपनियों पर लगाया जाता है।
- **न्यूनतम वैकल्पिक कर** (MAT-Minimum Alternative Tax) ऐसी कंपनियाँ, जिनका निवल लाभ धनात्मक हो, परंतु सरकार द्वारा दी जाने वाली छूटों का लाभ उठाने के बाद यदि निवल लाभ शून्य हो तो उन्हें कुछ भी निगम कर नहीं देना पड़ता, उन्हें शून्य कर कंपनी कहते हैं। वर्ष 1997-98 के बजट में वित्तमंत्री पी. चिदंबरम द्वारा न्यूनतम वैकल्पिक कर लागू किया गया था।

अप्रत्यक्ष कर

- अप्रत्यक्ष कर (Indirect Tax) वस्तुओं एवं सेवाओं पर लगाया जाता है। इसमें कर के भार को स्थानांतरित किया जाना संभव है।
- इसमें करारोपण की प्रणाली कठिन होती है तथा इसका अनुमान लगाना भी कठिन होता है।
- अप्रत्यक्ष कर के कारण ही वस्तुओं एवं सेवाओं के मूल्य में वृद्धि होती है।
- अप्रत्यक्ष करों में मुख्य हैं– **उत्पाद शुल्क, सीमा शुल्क** तथा **बिक्री कर**।
- 1 जुलाई, 2017 से वस्तु एवं सेवा कर (GST) लागू होने के बाद अधिकांश अप्रत्यक्ष कर इसमें समाहित कर दिए गए हैं।

अप्रत्यक्ष कर में सम्मिलित कर निम्नलिखित हैं

- **केंद्रीय उत्पाद शुल्क** (Central Excise Duties) केंद्र सरकार देश के अंदर उत्पादित वस्तुओं पर लगाती है, परंतु मादक वस्तुओं (शराब, तंबाकू, गाँजा) पर उत्पाद शुल्क राज्य सरकारें लगाती हैं। बजट में केंद्रीय उत्पाद शुल्क के साथ शिक्षा उपकर (Education Cess) वर्ष 2004 में आरंभ किया गया। यह एक मूल्य वर्द्धित कर (Value Added Tax) है।
- **सेवा कर** (Service Tax) विभिन्न सेवाओं को प्रदान करने के बदले जो कर सरकार द्वारा लिया जाता है, वह **सेवा कर** होता है। सेवा कर एक अप्रत्यक्ष कर है, इसे वर्ष 1994 में **चेलैया समिति** की अनुशंसा पर प्रारंभ किया गया था। 1 जुलाई, 2017 से यह वस्तु एवं सेवा कर में सम्मिलित हो गया है।
- **सीमा शुल्क** (Custom Duty) यह कर देश से निर्यात की जाने वाली कुछ वस्तुओं तथा विदेशों से आयात की जाने वाली सभी वस्तुओं पर लगाया जाता है। सीमा शुल्क से जुड़े सभी विषय केंद्रीय उत्पाद शुल्क एवं सीमा शुल्क बोर्ड (CBEC-Central Board of Excise and Custom) में सम्मिलित हैं। यह वित्त मंत्रालय के राजस्व विभाग के अंतर्गत कार्य करता है।
- **केंद्रीय बिक्री कर** (Central Sales Tax) यह दो राज्यों के मध्य वस्तुओं के व्यापार पर लगने वाला कर था, जिसे वस्तु एवं सेवा कर लागू होने के बाद समाप्त कर दिया गया। केंद्रीय बिक्री कर केंद्र सरकार द्वारा वसूला जाता था तथा इसका भुगतान उन राज्यों को किया जाता था, जहाँ इसका क्रय किया गया था।
- **मूल्य वर्द्धित कर** (VAT-Value Added Tax) यह कर उत्पादन से उपभोग तक के प्रत्येक चरण में आरोपित किया जाता है, इससे करों की बहुलता को समाप्त करने का प्रयत्न किया गया है। **असीम दास गुप्ता समिति** की संस्तुति पर भारत में वैट लागू किया गया था। वैट व्यवस्था में संपूर्ण भारत क्षेत्र में चुंगी तथा प्रवेश कर को छोड़कर शेष शुल्कों को समाप्त कर दिया गया। 1 जुलाई, 2017 को वस्तु एवं सेवा कर लागू होने के बाद वैट को समाप्त कर दिया गया।

वस्तु एवं सेवा कर

- वस्तु एवं सेवा कर (GST-Goods and Service Tax) एक एकीकृत अप्रत्यक्ष कर प्रणाली है, जिसके अंतर्गत केंद्र एवं राज्य सरकारों द्वारा वस्तुओं एवं सेवाओं पर विभिन्न चरणों में लगाए जाने वाले करों को समाप्त कर एक कर लगाने की व्यवस्था की गई।
- सरकार द्वारा **101वें संशोधन** द्वारा जीएसटी संविधान संशोधन अधिनियम, 2016 के माध्यम से संवैधानिक प्रावधान किया गया।
- इस संशोधन के द्वारा संविधान में अनुच्छेद 246A जोड़ा गया, जो संसद तथा राज्यों की विधानसभाओं को वस्तुओं और सेवा कर सम्बन्धी कानून बनाने का अधिकार प्रदान किया गया।
- जी.एस.टी. ने केन्द्र/राज्य/केन्द्रशासित प्रदेशों के द्वारा लगाए जाने वाले विभिन्न प्रकार के करों/उपकरों को प्रतिस्थापित कर दिया है।

जीएसटी के प्रकार

जीएसटी प्रणाली के अंतर्गत चार प्रकार के जीएसटी सम्मिलित किए गए हैं

1. केंद्रीय जीएसटी

- केंद्रीय जीएसटी (CGST-Central GST) के अंतर्गत केंद्र सरकार द्वारा वस्तुओं एवं सेवाओं की आपूर्ति पर कर लगाए जाने व वसूल किए जाने की व्यवस्था है।
- वर्तमान में केंद्र सरकार द्वारा लगाए जाने वाले करों में केंद्रीय उत्पाद शुल्क, आबकारी (औषधि) तथा सीमा शुल्क का विशेष अतिरिक्त शुल्क, सेवा कर तथा वस्तुओं एवं सेवाओं की आपूर्ति से संबंधित उपकर और अधिभार शामिल हैं। ये सभी कर जीएसटी के लागू होने के बाद सीजीएसटी के अंतर्गत समाहित हुए हैं।

2. राज्य जीएसटी

- राज्य जीएसटी (SGST-State GST) के अंतर्गत वस्तुओं एवं सेवाओं पर राज्य सरकार द्वारा लगाए जाने वाले कर सम्मिलित हैं।
- राज्य सरकारों द्वारा लगाए जाने वाले एवं वसूले जाने वाले करों को इसमें शामिल किया गया है। इसमें राज्य वैट (VAT) क्रय कर, प्रवेश कर, मनोरंजन कर, विज्ञापनों पर कर तथा वस्तु एवं सेवाओं की आपूर्ति से संबंधित राज्य उपकर तथा अधिभारों को शामिल किया गया है।

3. एकीकृत जीएसटी

- जीएसटी में एकीकृत जीएसटी (IGST-Integrated GST) का प्रावधान है। एकीकृत जीएसटी वस्तुओं एवं सेवाओं पर लगाया जाने वाला वह कर है, जो केंद्र सरकार द्वारा लगाया एवं वसूल किया जाएगा।
- यह केंद्र द्वारा वसूले जाने वाले करों का समन्वय है तथा आईजीएसटी के अंतर्गत प्राप्त कर की राशि को राज्यों को होने वाले राजस्व की क्षति पूर्ति हेतु राज्यों को वितरित करने का प्रावधान है।

4. संघ राज्य क्षेत्र जीएसटी

- वस्तु एवं सेवा कर प्रणाली के अंतर्गत संघ राज्य क्षेत्र जीएसटी (UTGST-Union Territory GST) की व्यवस्था का प्रावधान उन केंद्रशासित प्रदेशों के लिए भी है, जहाँ उनकी अपनी विधानसभाएँ नहीं हैं।
- अंडमान एवं निकोबार द्वीप समूह लद्दाख, लक्षद्वीप, दमन एवं दीव, दादरा एवं नगर हवेली तथा चंडीगढ़ के लिए केंद्र द्वारा कर लगाने और वसूलने का प्रावधान है।

जीएसटी से बाहर रखे गए कर

- शराब, पाँच प्रकार के पेट्रो उत्पाद (अपरिष्कृत पेट्रोलियम, उच्च गति डीजल मोटर, स्प्रिट, प्राकृतिक गैस और विमानन ईंधन) को **जीएसटी** से बाहर रखा गया है।
- जीएसटी लागू होने के समय रियल एस्टेट (Real Estate) भी इससे बाहर था, किंतु मार्च, 2019 में इसे जीएसटी के अंतर्गत किया गया है।
- इन वस्तुओं को 'जीएसटी' से बाहर रखने का कारण केंद्र तथा राज्यों की आय है। जीएसटी के क्षेत्र में लाने के बाद इन पदार्थों की कीमत में कमी के स्थान पर और तेजी आ सकती है।

केंद्र तथा राज्य के मध्य कर वित्तीय संबंध

- राष्ट्रीय स्तर के विषयों के क्रियाकलापों पर कर लगाने का अधिकार केंद्र सरकार को दिया गया है, जबकि राज्य स्तर के विषयों पर कर लगाने का अधिकार राज्यों को प्राप्त है।
- केंद्र सरकार द्वारा आरोपित करों को चार भागों में बाँट सकते हैं
  - पहले, ऐसे कर जो केंद्र द्वारा आरोपित तथा संग्रहीत किए जाते हैं।
  - दूसरे, वे कर जो केंद्र द्वारा आरोपित एवं संग्रहीत किए जाते हैं तथा इनका कुछ भाग राज्यों को भी दिया जाता है।
  - तीसरे, वे कर, जो केंद्र द्वारा लगाए जाते हैं, किंतु इनका संग्रहण और उपयोग राज्यों द्वारा किया जाता है।
  - चौथे, वे कर, जो केंद्र द्वारा आरोपित किए जाते हैं तथा इनकी वसूली केंद्र द्वारा ही की जाती है, किंतु समस्त आय राज्यों को सौंप दी जाती है।

वित्त आयोग

- वित्त आयोग (Finance Commission) का गठन (अनुच्छेद 280) प्रत्येक पाँच वर्षों पर राष्ट्रपति द्वारा किया जाता है।
- वित्त आयोग आर्थिक विषयों पर राष्ट्रपति को निम्न परामर्श देता है
  - केंद्र एवं राज्यों के बीच विभाजन योग्य करों में राज्य का हिस्सा
  - भारत की संचित निधि से राज्यों को दिए जाने वाले अनुदान
  - अन्य वित्तीय परामर्श
- भारत में प्रथम वित्त आयोग का गठन वर्ष 1951 में किया गया। प्रथम वित्त आयोग के अध्यक्ष **के. सी. नियोगी** थे

15वाँ वित्त आयोग

- एन.के. सिंह की अध्यक्षता में 15वें वित्त आयोग का गठन 27 नवंबर, 2017 को किया गया।
- यह आयोग केंद्र व राज्य सरकारों के वित्त, घाटे, ऋण स्तर व राजकोषीय अनुशासन प्रयासों की मौजूदा स्थिति की समीक्षा करेगा।
- यह राजकोषीय स्थिति मजबूत करने की व्यवस्था पर सुझाव देगा।

रिपोर्ट 2021-26

- वित्त वर्ष 2020-21 हेतु राज्यों के लिए 41% हिस्सेदारी की सिफारिश की गई है, यह पहले 42% थी (14वें वित्त आयोग)।
- केंद्र की हिस्सेदारी में वृद्धि का कारण दो नए केंद्रशासित प्रदेशों जम्मू एवं कश्मीर तथा लद्दाख का गठन है।

अतिरिक्त तथ्य
तमिलनाडु बोर्ड एवं NIOS

घाटे के वित्त पोषण के तरीके

- सरकार तीन तरीके से घाटे का वित्तपोषण करती है-
  (i) जनता व विदेशी सरकारों से ऋण
  (ii) भारतीय केन्द्रीय बैंक (RBI) से नकद शेष की निकासी
  (iii) भारतीय रिजर्व बैंक से ऋण
- उपर्युक्त में से सरकार सामान्यत: अपने नागरिकों या विदेशी सरकारों से ऋण लेती है, क्योंकि अन्य दो तरीके मुद्रा की पूर्ति में वृद्धि करते हैं। मुद्रा की पूर्ति में वृद्धि से अर्थव्यवस्था में मूल्य वृद्धि होती है।
- उल्लेखनीय है कि नागरिकों से ली गई घरेलू ऋण का मुद्रा की पूर्ति एवं कीमतों पर कोई प्रभाव नहीं पड़ता, क्योंकि जब सरकार ऋण लेती है, तो जनता का पैसा सरकार को हस्तांतरित हो जाता है और मुद्रा की पूति पर कोई प्रभाव नहीं पड़ता, किंतु सरकार का विदेशी से ऋण लेने से मुद्रा की पूर्ति बढ़ जाएगी।
- **सार्वजनिक वित्त** का दायरा सार्वजनिक राजस्व, सार्वजनिक व्यय, सार्वजनिक ऋण,वित्तीय प्रशासन और राजकोषीय नीति।
- **अनुपूरक बजट** युद्ध की आपात स्थितियों और सुनामी, बाढ़ आदि जैसी प्राकृतिक आपदाओं के दौरान, बजट प्रावधानों में आवंटित व्यय हमेशा पर्याप्त नहीं होते हैं। ऐसे में इन अप्रत्याशित घटनाओं से निपटने के लिए सरकार की ओर से अनुपूरक बजट पेश किया जा सकता है।
- **लेखानुदान** एक विशेष प्रावधान है, जिसके द्वारा सरकार को संसद से बजट पारित होने तक आवश्यक वस्तुओं पर व्यय करने की अनुमति मिलती है।
- बजट तैयार करने की प्रक्रिया बजट अनुमान वित्त मंत्रालय द्वारा तैयार किए जाते हैं, जो विभिन्न मंत्रालयों और विभागों की अनुमानित आय और व्यय के आधार पर वित्त मंत्रालय को भेजा जाता है।
- विभिन्न मंत्रालयों द्वारा भेजी गई आय-व्यय की रिपोर्ट के आधार पर बजट तैयार किया जाता है। इस वित्तीय विवरण (बजट) को वित्त मंत्री द्वारा कैबिनेट में प्रस्तुत किया जाता है। तत्पश्चात् बजट संसद में पेश होने के लिए तैयार माना जाता है।
- **लोक लेखा समिति** और प्राक्कलन समिति व्यय पर निरन्तर निगरानी रखती है, ताकि संबंधित मंत्रालय या विभाग स्वीकृति राशि को जरूरत के हिसाब से बढ़ा या अधिक कर सके।
- **एडम स्मिथ** के अनुसार कर निर्धारण के चार सिद्धान्त क्षमता, निश्चितता, सुविधा और अर्थव्यवस्था हैं।

वित्त आयोग

- यह भारतीय संविधान के अनुच्छेद-280 के तहत् स्थापित एक अर्धन्यायिक निकाय है। इसकी स्थापना वर्ष 1951 में केन्द्र और राज्य के बीच राजकोषीय सम्बन्ध को परिभाषित करने के लिए की गई थी।
- वित्त आयोग का लक्ष्य केन्द्र और राज्यों के बीच (ऊर्ध्वाधर असंतुलन) और राज्यों के बीच (क्षैतिज असंतुलन) राजकोषीय देनदारियों को कम करना है, जो समावेशित को बढ़ाता है।
- प्रत्येक 5 वर्ष में एक बार वित्त आयोग का गठन किया जाता है। इसका गठन सामान्यत: अवधि से 2 वर्ष पूर्व किया जाता है, जो एक अस्थायी निकाय है।

16वाँ वित्त आयोग

- 31 दिसम्बर, 2023 को राष्ट्रपति द्वारा नीति आयोग के पूर्व उपाध्यक्ष अरविन्द पनगढ़िया में 16वें वित्त आयोग का गठन किया गया।
- यह आयोग अपनी रिपोर्ट 30 अक्टूबर, 2025 तक प्रस्तुत करेगा।

10

विदेशी व्यापार एवं भुगतान संतुलन

(स्रोत)

New NCERT Class X Chap 4 **वैश्वीकरण और भारतीय अर्थव्यवस्था,** Old NCERT Class IX & X Chap 4 **आर्थिक विकास की ओर,** New NCERT Class XI Chap 1 **स्वतंत्रता की पूर्व संध्या पर भारतीय अर्थव्यवस्था,** Chap 2 **भारतीय अर्थव्यवस्था** (1950-90), New NCERT Class XII Chap 6 **खुली अर्थव्यवस्था-समष्टि अर्थशास्त्र,** Old NCERT Class XII Chap 9 **विदेशी विनिमय दर : इसका अर्थ और निर्धारण,** Chap 10 **भुगतान शेष** Tamil Nadu Board (Class-XII), NIOS

विदेशी व्यापार

- दो या दो से अधिक राष्ट्रों के बीच वस्तुओं और सेवाओं के आदान-प्रदान को **विदेशी व्यापार** (Foreign Trade) कहते हैं।
- विदेशी व्यापार का उद्देश्य स्थानीय आवश्यकताओं की पूर्ति करना तथा लाभ अर्जित करना है।
- अधिकांश देशों में यह **सकल घरेलू उत्पाद** (GDP-Gross Domestic Product) का महत्त्वपूर्ण हिस्सा है।

विदेशी व्यापार के प्रकार

विदेशी व्यापार को उसकी प्रकृति के आधार पर दो भागों में विभाजित किया गया है

1. **दृश्य व्यापार** (Visible Trade) इसमें उन वस्तुओं तथा अनाजों का व्यापार होता है, जिन्हें स्पर्श किया ज़ा सकता है और जिनकी ढुलाई की जा सकती है।
2. **अदृश्य व्यापार** (Invisible Trade) इसमें उन सेवाओं (Services) का व्यापार होता है, जिन्हें देखा नहीं जा सकता। यह अधिकांशत: डिजिटल माध्यमों द्वारा होता है।

खुली अर्थव्यवस्था

- खुली अर्थव्यवस्था वह है, जो अन्य देशों के साथ वस्तुओं एवं सेवाओं में व्यापार के साथ-साथ वित्तीय परिसंपत्तियों में भी व्यापार करती है अर्थात् खुली अर्थव्यवस्था विभिन्न माध्यमों द्वारा अन्य देशों के साथ अंतर्व्यवहार करती है।
- बंद अर्थव्यवस्था का शेष विश्व के साथ कोई जुड़ाव (अंतर्व्यवहार) नहीं होता।
- खुली अर्थव्यवस्था तीन तरीके से अंतर्व्यवहार स्थापित करती है–
  1. **निर्गत बाजार** एक अर्थव्यवस्था अन्य देशों से वस्तुओं और सेवाओं में व्यापार कर सकती है। इसमें उपभोक्ता और उत्पादक घरेलू और विदेशी वस्तुओं के बीच चयन कर सकते हैं।
  2. **वित्तीय बाजार** एक अर्थव्यवस्था अधिक बार, दूसरे देशों से वित्तीय परिसंपत्तियाँ खरीदती है। इससे विनियोजकों को घरेलू तक विदेशी परिसम्पत्तियों से चयन का अवसर मिलता है।
  3. **श्रम बाजार** इसके अंतर्गत फर्म यह चयन कर सकती है कि उत्पादन को कहाँ किया जाए और श्रमिक यह चयन कर सकते हैं कि कहाँ काम किया जाए।

विदेशी व्यापार के घटक

- विदेशी व्यापार के दो घटक हैं, जिनका विवरण निम्नलिखित है

निर्यात

- निर्यात (Export) वह प्रक्रिया है, जिसमें एक देश से दूसरे देशों को वस्तुएँ लाभ के उद्देश्य से भेजी जाती हैं।
- भारत से निर्यात होने वाले पदार्थों को चार वर्गों में विभाजित किया जाता है
  - कृषि तथा संबंधित उत्पाद (Agriculture and Allied Products)
  - अयस्क तथा खनिज (Ore and Minerals)
  - निर्मित सूती तथा रेशमी वस्त्र एवं हैंडीक्राफ्ट (Manufactured Cotton and Silk Textiles and Handicraft)
  - ईंधन तथा लुब्रिक्रेंट्स (Fuels and Lubricants)

आयात

आयात (Import) ऐसी प्रक्रिया है, जिसके अंतर्गत आवश्यक वस्तुओं को विदेशों से मँगाया जाता है।

भारत में आयात किए जाने वाले पदार्थों में निम्न मदें शामिल हैं–

- पेट्रोलियम पदार्थ तथा संबंधित उत्पाद (Petroleum and Allied Products)
- खाद्य तेल, उर्वरक (Edible Oil, Fertiliser)
- मशीनी औजार, इलेक्ट्रिक एवं गैर-इलेक्ट्रिक मशीनरी (Machine Tools, Electric and Non-Electric Machinery)
- मोती, बहुमूल्य तथा अल्प मूल्य पत्थर (Pearls, Precious and Semi-Precious Stones)

विदेश व्यापार नीति

- वर्ष 2004-05 में पहली बार पंचवर्षीय विदेश व्यापार नीति की घोषणा की गई थी। इसका उद्देश्य विदेश व्यापार नीति को आयात-निर्यात तक ही सीमित करना नहीं, बल्कि रोजगार सृजन से संबद्ध करना है।
- केंद्रीय वाणिज्य एवं उद्योग मंत्री द्वारा 1 अप्रैल, 2015 को नवीन पंचवर्षीय विदेश व्यापार नीति 2015-20 की घोषणा की गई थी।
- इस नीति में **मेक इन इंडिया** को केंद्र में रखते हुए वस्तुओं एवं सेवाओं के निर्यात में वृद्धि के साथ रोजगार सृजन को महत्त्व दिया गया था।

नई विदेश व्यापार नीति 2023

- केन्द्रीय वाणिज्य एवं उद्योग मंत्रालय द्वारा मार्च 2023 में विदेश व्यापार नीति (Foreign Trade Policy- FTP) 2023 की घोषणा की गई।
- इस नीति की घोषणा करने के दौरान केन्द्रीय मंत्री पीयूष गोयल ने कहा कि "यह एक गतिशील नीति है और उभरती आवश्यकताओं को समायोजित करने के लिए पूरी तरह से खुली (ओपेन एंडेड) है।"
- सेवाओं तथा वस्तुओं सहित भारत का समग्र निर्यात पहले ही 750 बिलियन डॉलर से अधिक हो चुका है और इस वर्ष इसके 760 बिलियन डॉलर से अधिक हो जाने का अनुमान है।
- विदेश व्यापार नीति 2023 लक्ष्य भारत के निर्यात को वर्ष 2030 तक $ 2 बिलियन तक पहुँचाना है।

एफ. टी. पी. 2023 के चार स्तम्भ

- एफ. टी. पी. नीति का प्रमुख दृष्टिकोण चार स्तम्भों पर आधारित है। ये स्तम्भ हैं–
  (i) प्रोत्साहनों से छूट की ओर बढ़ना
  (ii) गठबंधनों, निर्यातकों, राज्यों, जिलों, भारतीय मिशनों के माध्यम से निर्यात संवर्द्धन
  (iii) व्यवसाय करने की सुगमता, कारोबार लागत में कमी तथा ई-पहल
  (iv) उभरते क्षेत्र- निर्यात के रूप में ई-कॉमर्स विकासशील जिले तथा स्कोमेट (SCOMET) विशेष रसायन, जीव, सामग्री, उपकरण और प्रौद्योगिकी नीति को विवेकपूर्ण बनाना
- एफ. टी. पी. 2023 एक नीतिगत दस्तावेज है, जो निर्यात को सुगम बनाने वाली समय की कसौटी पर खरी उतरने वाली योजनाओं की निरंतरता पर आधारित है तथा एक ऐसा दस्तावेज है, जो द्रुतगामी और व्यापार की आवश्यकताओं के प्रति उत्साहपूर्वक अनुकूल है। यह 'भरोसे' के सिद्धान्तों तथा निर्यातकों के साथ 'साझेदारी' पर आधारित है।

प्रमुख विशेषताएँ

- **प्रोसेस रि-इंजीनियरिंग तथा ऑटोमेशन** इस नीति में विभिन्न अनुमोदनों के लिए जोखिम प्रबंधन के साथ ऑटोमेटेड आई. टी. प्रणालियों के माध्यम से निर्यातकों पर अधिक विश्वास बताया जा रहा है।
- एफ. टी.पी. 2023 पहले की 'व्यवसाय करने की सुगमता' पहलों के आधार पर एक पेपरलेस, ऑनलाइन वातावरण में कार्यान्वयन तंत्रों को संहिताबद्ध करता है।
- वित्त वर्ष 2023-24 के दौरान, एडवांस एवं ई. पी. सी. जी. योजनाओं के अंतर्गत जारी करने, पुनर्सत्यापन तथा ईओ विस्तार सहित सभी प्रक्रियाएँ चरणबद्ध तरीके से कवर की जाएगी।
- **निर्यात उत्कृष्टता शहर** इसके अंतर्गत चार नए शहरों-जिनमें फरीदाबाद, मिर्जापुर, मुरादाबाद तथा वाराणसी शामिल हैं, को विद्यमान 39 शहरों के अतिरिक्त निर्यात उत्कृष्टता के शहर (टीईई) के रूप में निर्दिष्ट किया गया है।
- **जिलों से निर्यात को बढ़ावा देना** इस व्यापार नीति का लक्ष्य निर्यात संवर्द्धन के लिए राज्य सरकारों के साथ साझीदारी करना और जिला स्तर पर निर्यात हब (ईईएच) पहलों के रूप में जिलों को आगे ले जाने के लिए तथा जमीनी स्तर के व्यापार इकोसिस्टम के विकास में तेजी लाना।
- **स्कोमेट** (SCOMET) **नीति को युक्ति संगत बनाना** भारत 'निर्यात नियंत्रण' पर अधिक बल दे रहा है, क्योंकि निर्यात नियंत्रण व्यवस्था वाले देशों के साथ इसका समेकन सुदृढ़ हो रहा है।
- भारत में एक मजबूत नियंत्रण प्रणाली भारतीय निर्यातकों को डुअल यूज हाई इंड (Dual Use High End) वस्तुओं तथा प्रौद्योगिकीयों की सुविधा प्रदान करेगी तथा भारत से स्कोमेट के अंतर्गत नियंत्रित मदों/प्रौद्योगिकीयों के निर्यात को सुगम बनाएगी।
- **ई-कॉमर्स निर्यातों की सुविधा प्रदान करना** ई-कॉमर्स निर्यात एक आशाजनक वर्ग है। जिसके लिए पारम्परिक ऑफलाइन व्यापार से विशिष्ट नीतिगत युक्तियों की आवश्यकता होती है। विभिन्न अनुमानों में कहा गया है कि 2030 तक 200 से 300 बिलियन डॉलर की सीमा में ई-कॉमर्स निर्यात क्षमता होगी।
- **पूँजीगत वस्तु निर्यात संर्वद्धन (ई पी सी जी) स्कीम के अंतर्गत सुगमीकरण** ई पी सी जी स्कीम, जो निर्यात उत्पादन के लिए शून्य सीमा शुल्क पर पूँजीगत वस्तुओं के आयात में सक्षम बनाती है, को और अधिक विवेकपूर्ण बनाया जा रहा है।
- **मर्चेंटिंग व्यापार** भारत को एक मर्चेंटिंग व्यापार हब के रूप में विकसित करने के लिए एफ टी पी 2023 ने मर्चेंटिंग व्यापार के लिए प्रावधान प्रस्तुत किए हैं। मर्चेंटिंग व्यापार में भारतीय बंदरगाहों से संपर्क किए बिना एक देश से दूसरे देश में वस्तुओं का निर्यात शामिल होता है, जिसमें एक भारतीय मध्यवर्ती की भागीदारी होती है।
- **एमनेस्टी स्कीम** सरकार निर्यात दायित्वों पर डिफॉल्ट पर ध्यान देने के लिए एफ टी पी 2023 के अन्तर्गत एक विशेष एकमुश्त एमनेस्टी (माफी) स्कीम लागू कर रही है।
- इस स्कीम का प्रयोजन इन निर्यातकों को राहत प्रदान करना है, जो ई पी सी जी और अग्रिम प्राधिकरणों के अन्तर्गत अपने दायित्वों का निर्वहन करने में अक्षम है और जो उच्च शुल्क तथा लंबित मामलों से जुड़ी ब्याज लागत के बोझ से दबे हुए हैं।

भारत का विदेशी व्यापार : वर्तमान स्थिति

- वाणिज्य और उद्योग मंत्रालय के आँकड़ों के अनुसार, वित्त वर्ष 2022-23 (अप्रैल- मार्च) के दौरान भारत का समग्र व्यापार $ 1662.36 बिलियन का रहा। जो वर्ष 2021-22 के समान अवधि के दौरान $ 1436.59 बिलियन का था।
- इसमें वर्ष 2022-23 में निर्यात $ 770.18 बिलियन था, जोकि वर्ष 2021-22 में $ 676.53 बिलियन था।
- वित्त वर्ष 2022-23 में आयात $ 892.18 बिलियन रहा जो कि वर्ष 2021-22 में $ 760.06 बिलियन था।
- इस प्रकार भारत का समग्र व्यापार वित्त वर्ष 2021-22 (अप्रैल-मार्च) की तुलना वर्ष 2022-23 की समान अवधि में वृद्धि को दर्शाता है।
- वर्ष 2021 में भारत का विश्व पण्य और सेवा निर्यात और आयात में हिस्सेदारी क्रमश: 2.2 प्रतिशत तथा 2.7 प्रतिशत है।
- विश्व व्यापार संगठन (WTO) वार्षिक फ्लैगशिप प्रकाशन विश्व व्यापार सांख्यिकी समीक्षा (2023) (डब्ल्यू टी एस आर) के अनुसार विश्व पण्य निर्यात में भारत का स्थान 18वाँ तथा सेवा निर्यात में भी 7वाँ स्थान है।
- विश्व पण्य आयात में भारत का स्थान 9वाँ था सेवा आयात में 9वाँ स्थान है।
- भारत के व्यापारिक भागीदारों में यूएसए, चीन, सऊदी अरब, दक्षिण कोरिया, स्विट्जरलैंड इत्यादि शीर्ष देश हैं।
- भारत का जिन देशों के साथ व्यापार संतुलन अधिशेष है, वे देश यूएसए, यूएई, बांग्लादेश, नेपाल तथा ब्रिटेन हैं। भारत से सर्वाधिक निर्यात होने वाले उत्पादों में खनिज, ईंधन, वाहन, नाभिकीय संयंत्र से जुड़े उत्पाद, दवाइयाँ, मसालें तथा लोहा एवं इस्पात हैं।

भारत के निर्यात गंतव्य (वर्ष 2023 में) (अप्रैल-नवम्बर)

	देश		देश
1.	यू.एस.ए.	6.	सिंगापुर
2.	यू.ए.ई.	7.	ब्राजील
3.	नीदरलैंड	8.	यू. के.
4.	चीन	9.	सऊदी अरब
5.	बांग्लादेश	10.	इंडोनेशिया

भारत के शीर्ष आयातक देश (वर्ष 2021 में)

	देश		देश
1.	चीन	4.	सऊदी अरब
2.	यू.एस.ए.	5.	रूस
3.	संयुक्त अरब अमीरात	6.	स्विट्जरलैंड

भारत का सेवा व्यापार

- भारत के **सकल मूल्य वर्धन** (GVA-Gross Value Added) में 53 प्रतिशत हिस्सेदारी के साथ सेवा क्षेत्र भारत के आर्थिक विकास का प्रमुख संचालक बना हुआ है।
- व्यावसायिक सेवाओं के वैश्विक निर्यात में भारत की हिस्सेदारी वर्ष 2000 में 1.2% से बढ़कर वर्ष 2021 में 4% हो गई।
- वित्त वर्ष 2022-23 (अप्रैल-मार्च) के लिए सेवाओं के निर्यात का अनुमानित मूल्य $ 322.72 बिलियन है, जबकि वित्त वर्ष 2021-22 के इसी अवधि के दौरान $ 254.53 बिलियन था।
- वित्त वर्ष 2022-23 (अप्रैल- मार्च) के लिए सेवाओं के आयात का अनुमानित मूल्य $ 177.94 बिलियन है, जबकि वित्त वर्ष 2021-22 के इसी अवधि के दौरान यह $ 147.01 बिलियन था।

स्वतन्त्रता के समय भारत के विदेशी व्यापार की दशा व दिशा

- प्राचीनकाल से ही भारत एक महत्त्वपूर्ण व्यापारिक देश रहा है, किन्तु औपनिवेशिक सरकार द्वारा अपनाई गई वस्तु उत्पादन, व्यापार और सीमा शुल्क की प्रतिबंधकारी नीतियों का भारत के विदेशी व्यापार की संरचना, स्वरूप और आकार पर बहुत प्रतिकूल प्रभाव पड़ा।
- इसके परिणामस्वरूप भारत कच्चे उत्पाद; जैसे-रेशम, कपास, ऊन, चीनी, नील और पटसन आदि का निर्यातक होकर रह गया तथा साथ ही यह सूती, रेशमी, ऊनी वस्त्रों जैसी अंतिम उपभोक्ता वस्तुओं और इंग्लैण्ड के कारखानों में बनी हल्की मशीनों आदि का आयातक भी हो गया।
- भारत के आयात-निर्यात व्यापार पर इंग्लैण्ड का एकाधिकार बना रहा (भारत का आधे से अधिक व्यापार केवल इंग्लैण्ड तक सीमित रहा)।
- शेष कुछ व्यापार चीन, श्रीलंका और ईरान से भी होता था।

आयात प्रतिस्थापन

- प्रथम सात पंचवर्षीय योजनाओं में व्यापार की विशेषता अंतर्मुखी व्यापार नीति थी। तकनीकी रूप से इस नीति को आयात प्रतिस्थापन कहा जाता है।
- इस नीति का उद्देश्य आयात के बदले घरेलू उत्पादन द्वारा पूर्ति करना है। उदाहरण के लिए, विदेश में निर्मित वाहनों का आयात करने के स्थान पर उन्हें भारत में ही निर्मित करना।
- इस नीति के अंतर्गत सरकार के विदेशी प्रतिस्पर्धा से घरेलू उद्योगों की रक्षा की।

भुगतान संतुलन

- भुगतान संतुलन के अंतर्गत एक देश तथा शेष विश्व के मध्य एक निश्चित अवधि में वस्तुओं, सेवाओं तथा पूँजी के लेन-देन का विवरण दर्ज किया जाता है।
- किसी देश का भुगतान संतुलन उस देश द्वारा विदेशी मुद्राओं की माँग एवं पूर्ति तथा वैश्विक स्तर पर उस देश की घरेलू मुद्रा की माँग एवं पूर्ति प्रदर्शित करता है। **भुगतान संतुलन** (BOP-Balance of Payment) को मुख्यत: दो खातों, चालू खाते पर भुगतान संतुलन तथा पूँजी खाते पर भुगतान संतुलन में विभाजित किया जाता है।

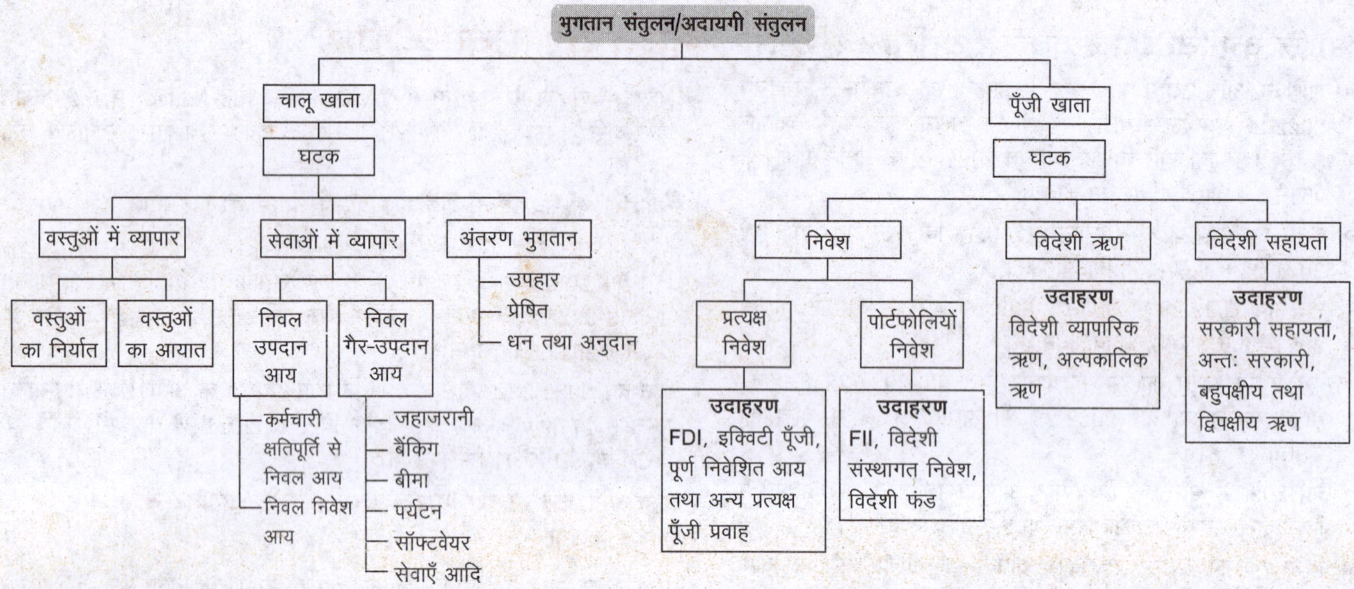

भुगतान संतुलन के खाते का नया वर्गीकरण

- अंतर्राष्ट्रीय मुद्रा कोष (IMF) के भुगतान संतुलन एवं अंतर्राष्ट्रीय स्थिति मेन्यूअल (BPMI) के छठे संस्करण में एक नये वर्गीकरण के अंतर्गत भुगतान संतुलन को तीन खातों में विभाजित किया गया है- **चालू खाता**, **वित्तीय खाता** तथा **पूँजी खाता**।
- भारत में भी इस निवेश परिवर्तन को कर लिया है, किन्तु RBI पुराने वर्गीकरण के आधार पर ही समंको को प्रकाशित कर रहा है।

चालू खाते पर भुगतान संतुलन

- चालू खाते में सेवाओं के व्यापार, भुगतानों के अंतरण तथा वस्तुओं के आयात-निर्यात को सम्मिलित किया जाता है।
- चालू खाते की समस्त प्रविष्टियों को दृश्य व्यापार (Visible Trade) तथा **अदृश्य व्यापार** (Invisible Trade) में विभाजित किया जाता है। दृश्य व्यापार से अभिप्राय वस्तुओं के लेन-देन से होता है, वहीं अदृश्य मदों के अंतर्गत सभी प्रकार की सेवाओं के आयात व निर्यात का विवरण होता है।
- चालू खाते के संतुलन में व्यापार का संतुलन और अदृश्य मदों का संतुलन शामिल होता है।

व्यापार संतुलन

- व्यापार संतुलन (Balance of Trade) किसी देश के एक निश्चित समयावधि में दृश्य मदों (वस्तुओं) निर्यातों और आयातों के मूल्यों का अंतर है।
- वस्तुओं के निर्यात को व्यापार संतुलन में क्रेडिट किया जाता है तथा आयात को डेबिट किया जाता है।
- **व्यापार संतुलन** जब वस्तुओं के निर्यात, वस्तुओं के आयात के बराबर हो।
- **व्यापार आधिक्य** जब कोई देश आयातों की अपेक्षा, वस्तुओं का निर्यात अधिक करता हो।
- **व्यापार घाटा** जब कोई देश निर्यातों की अपेक्षा वस्तुओं का अधिक आयात करता हो।

- किसी भी देश के भुगतान संतुलन की अनुकूलता या प्रतिकूलता का निर्णय उस देश के भुगतान संतुलन के चालू खाते के आधार पर किया जाता है।
- चालू खाते में वस्तुओं व सेवाओं के भुगतान के अतिरिक्त एकपक्षीय भुगतान, ब्याज, लाभांश भुगतान व उपहार आदि का भी विवरण दिया जाता है।
- भुगतान संतुलन की चालू खाते में सम्मिलित मदों का सीधा प्रभाव अर्थव्यवस्था में आय, उत्पादन व रोजगार पर पड़ता है।

चालू खाते में संतुलन/आधिक्य/घाटा

- **चालू खाता संतुलन** यह तब होता है, जब चालू खाते में प्राप्तियाँ चालू खाते के भुगतानों के बराबर होती हैं।
- **चालू खाता आधिक्य** यह तब होता है, जब चालू खाते में प्राप्तियाँ भुगतान से अधिक हों। इसका अर्थ है कि एक देश को अन्य देशों से भुगतान लेना है।
- **चालू खाता घाटा** यह तब होता है, जब चालू खाते में प्राप्तियाँ भुगतान से कम हों। इसका अर्थ है कि देश अन्य देशों का ऋणी है।

पूँजी खाते पर भुगतान संतुलन

- पूँजी खाते पर भुगतान संतुलन के अंतर्गत ऐसे वित्तीय लेन-देन का विवरण होता है, जिसमें सभी प्रकार के अंतर्राष्ट्रीय पूँजीगत अंतरण, स्वर्ण का आदान-प्रदान, निजी भुगतान व राष्ट्रीय संस्थाओं से संबंधित भुगतान व प्राप्तियाँ सम्मिलित होती हैं।
- परिसंपतियों की खरीद/क्रय पूँजी खाते में डेबिट की जाती है; जैसे-यदि कोई भारतीय एक यू.के. कार कम्पनी को खरीदता है, तो वह डेबिट मद में शामिल होगा, क्योंकि विदेशी विनिमय का भारत से बाह्य प्रवाह हो रहा है।
- दूसरी ओर परिसंपति की बिक्री पूँजी खाते की क्रेडिट मद में शामिल होगा, जैसे-यू.के. से खरीदी गई, एक भारतीय कंपनी के शेयर की बिक्री एक चीनी व्यापारी से करना, क्योंकि विदेशी विनिमय का भारत में अंतर्प्रवाह हो रहा है।
- पूँजी खाते के सभी लेन-देनों का संबंध वित्तीय अंतरणों से होता है, अत: इससे देश के उत्पादन, आय व रोजगार पर प्रत्यक्षत: कोई प्रभाव नहीं पड़ता।
- स्वतंत्रता से लेकर वर्तमान तक भारत पूँजी खाते में सदैव ही सकारात्मक स्थिति में रहा है, किंतु वर्ष 1976-79 और वर्ष 2001-04 को छोड़कर चालू खाता सदैव ही नकारात्मक स्थिति में रहा है।

भुगतान संतुलन और घाटा

- भुगतान संतुलन का सारांश यह है कि जिस प्रकार अपनी आय से अधिक व्यय करने वाले को परिसंपत्तियाँ बेचकर अथवा उधार लेकर, आय-व्यय के अंतर को पूरा करना पड़ता है, उसी प्रकार कोई देश जिसके चालू खाते में घाटा है (जो शेष विश्व को बिक्री से प्राप्त धन से अधिक धन व्यय करता है) उसे अपनी परिसंपतियों को बेचकर या विदेशों से ऋण लेकर उस कमी को पूरा करना होता है।
- इस प्रकार, किसी भी चालू खाता घाटे को निवल पूँजी खाता आधिक्य (निवल पूँजी प्रवाह) से वितपोषित करना होता है।

  यथा चालू खाता + पूँजी खाता = 0
- एक देश अपने घाटे को संतुलित करने के लिए, अपने विदेशी विनिमय कोषों का उपयोग कर सकता है।
- जब घाटा होता है, तो केन्द्रीय बैंक (भारतीय रिजर्व बैंक) विदेशी विनिमय बेचता है। इसे आधिकारिक कोष विक्रय कहा जाता है।
- आधिकारिक कोषों में कमी/वृद्धि का कुल भुगतान संतुलन घाटा/आधिक्य कहलाता है। मूल बात यह है कि भुगतान संतुलन में मौद्रिक अधिकारी अंतिम वित्त पोषक होता है अथवा किसी आधिक्य का अधिग्रही होता है।

स्वायत्त और समायोजित लेन-देन

- जब अंतर्राष्ट्रीय आर्थिक लेनदेन भुगतान संतुलन में विषमता को पूरी करने के अतिरिक्त, किसी और कारण से किए जाते हैं, तो उसे स्वायत्त लेन-देन कहा जाता है। यह भुगतान संतुलन की दशा में स्वतन्त्र होता है।
- स्वायत्त लेन-देन का कारण लाभ अर्जित करना हो सकता है। भुगतान संतुलन में इन मदों को रोक के ऊपर की मदे कहते हैं।
- समायोजित लेन-देन का निर्धारण भुगतान-संतुलन की विषमता द्वारा होता है अर्थात् जब भुगतान संतुलन में घाटा अथवा आधिक्य हो।
- दूसरे शब्दों में ये स्वयत्त लेन-देन के निवल परिणामों द्वारा निर्धारित होते हैं, क्योंकि आधिकारिक कोष लेन-देन भुगतान संतुलन की विषमता को दूर करने के लिए किए जाते हैं, उन्हें भुगतान संतुलन में समायोजित मदों के रूप में देखा जाता है।

भारत में भुगतान संतुलन की वर्तमान स्थिति

- आर्थिक उदारीकरण, निजीकरण व वैश्वीकरण संबंधी प्रयासों के परिणामस्वरूप भारत के भुगतान संतुलन की स्थिति में महत्त्वपूर्ण सुधार हुआ है।
- वर्ष 2019-20 में $ 15.75 बिलियन तक के व्यापार घाटे में वृहद् संकुचन के आधार पर चालू खाता शेष में वर्ष 2019-20 में 0.9% घाटे की तुलना में वर्ष 2020-21 में सकल घरेलू उत्पाद का 0.91% अधिशेष दर्ज किया गया।
- विदेशी निवेश आय भुगतानों के निवल व्यय में वृद्धि और निवल निजी विप्रेषण प्राप्तियों (Remittance Receipt) के कम होने के कारण वर्ष 2020-21 में निवल अदृश्य प्राप्तियाँ कम थीं, भले ही निवल सेवा प्राप्तियाँ एक वर्ष पहले की तुलना में अधिक थीं।
- भारत में बाह्य वाणिज्यिक उधारी ने वर्ष 2019-20 में $ 21.7 बिलियन की तुलना में $ 0.2 बिलियन की वृद्धि हुई है। वर्ष 2020-21 में विदेशी मुद्रा भंडार में $ 87.3 बिलियन की वृद्धि हुई।

मुद्रा की परिवर्तनीयता

मुद्रा की परिवर्तनीयता (Convertibility of Currency) भुगतान संतुलन हेतु एक प्रमुख तत्त्व है। इसका अर्थ ऐसी व्यवस्था से है, जिसके अंतर्गत किसी एक देश की मुद्रा मुक्त रूप से प्रमुख विदेशी मुद्राओं में तथा प्रमुख विदेशी मुद्राएँ मुक्त रूप से स्थानीय मुद्रा में परिवर्तनशील होती हैं।

रुपये की पूँजी खाते पर परिवर्तनीयता

- भारत अंतर्राष्ट्रीय मुद्रा कोष के संस्थापक सदस्यों में से एक होने के कारण **बहुपक्षीय भुगतान** (Multilateral Payment) की प्रणाली को स्वीकार करता है, इसलिए रुपया, अंतर्राष्ट्रीय मुद्रा कोष के सभी देशों की मुद्राओं में मुक्त रूप से परिवर्तनीय होगा।
- भारत सरकार ने दीर्घकाल तक भारतीय रिजर्व बैंक के विदेशी मुद्रा विनिमय अधिनियम के अधीन **विदेशी मुद्रा नियंत्रण की व्यापक प्रणाली** अपना रखी थी। विदेशी मुद्रा नियंत्रण तथा विदेशी मुद्रा अधिनियम कानून के लागू करने से आयातकों एवं निर्यातकों को कठिनाई का सामना करना पड़ा।

चालू खाते पर परिवर्तनीयता

- जब चालू खाते में सम्मिलित मदों (आयात-निर्यात तथा अदृश्य मदे) के लिए विदेशी विनिमय की उपलब्धता को बाजार की शक्तियों द्वारा निर्धारित विनिमय दर पर छोड़ दिया जाता है, तो इसे हम **चालू खाते की परिवर्तनीयता** (Current Account Convertibility) कहते हैं।
- वर्ष 1991 में भारत में उदारीकरण की नीति के अंतर्गत **द्वैध विनिमय दर प्रणाली** आरंभ की गई थी। इसके अंतर्गत देश में दो विनिमय दरों **औपचारिक विनिमय दर** और **बाजार विनिमय दर** को लागू किया गया, परंतु बाद में इन्हें समाप्त कर दिया गया। वर्ष 1994 में चालू खाते पर रुपये पूर्ण परिवर्तनीय बना दिए गए।

पूँजी खाते पर परिवर्तनीयता

- **पूँजी अंतर्प्रवाह** (Capital Inflow) एवं **बहिर्प्रवाह** (Capital Outflow) में किसी मुद्रा को बाजार की दर पर दूसरी मुद्रा में परिवर्तित किया जाना, पूँजी खाते में परिवर्तनीयता कहलाता है।
- **तारापोर समिति** (1997) ने वर्ष 2002 तक इस व्यवस्था को स्थापित करने की सिफारिश की थी।
- रुपये की पूर्ण परिवर्तनीयता से आशय चालू खाते तथा पूँजी खाते पर होने वाले सभी व्यवहारों को पूरा करने के लिए रुपये को किसी भी अंतर्राष्ट्रीय स्वीकृत मुद्रा में परिवर्तित करने की पूर्ण स्वतंत्रता से है।

भुगतान संतुलन का प्रबंधन

भुगतान संतुलन के प्रबंधन पर सरकार के प्रयासों को निम्न शीर्षकों के अंतर्गत स्पष्ट किया जा सकता है

विदेशी विनिमय बाजार

- वह बाजार, जिसमें राष्ट्रीय मुद्राओं का एक-दूसरे से व्यापार होता है, उसे विदेशी विनिमय बाजार कहते हैं।
- इस बाजार के मुख्य प्रतिभागी व्यावसायिक बैंक, विदेशी विनिमय दलाल एवं अन्य अधिकांशत: डीलर और मुद्रा प्राधिकारी होते हैं।

विदेशी विनिमय दर

- विदेशी विनिमय दर (जिसे फॉरेक्स दर भी कहते हैं) एक मुद्रा की दूसरी मुद्रा में कीमत है।

- यह विभिन्न देशों की मुद्राओं के बीच एक माध्यम है तथा अंतर्राष्ट्रीय लागतों और कीमतों की तुलना करने में सहायक है। उदाहरण के लिए, यदि हमें एक डॉलर के लिए 50 देने पड़ते हैं, तो विनिमय की दर रुपये 50 प्रति डॉलर होगी।

विदेशी विनिमय की माँग

- लोगों द्वारा विदेशी मुद्रा की माँग अन्य देशों से वस्तुएँ एवं सेवाएँ खरीदने, वित्तीय परिसंपत्तियों को खरीदने व विदेशों को उपहार आदि भेजने के लिए की जाती है।
- अन्य बातें समान रहने पर विनिमय दर में वृद्धि (रुपयों के रूप में) से आयातों की माँग में कमी होगी और इसके परिणामस्वरूप विदेशी विनिमय की माँग भी कम हो जाएगी।

विदेशी विनिमय की पूर्ति

- किसी देश में, विदेशी मुद्रा का प्रवाह निम्न कारणों से होता है-
  (i) एक देश के निर्यातों से
  (ii) विदेशियों द्वारा घरेलू वस्तुओं और सेवाओं की खरीद में वृद्धि से
  (iii) विदेशी उपहार भेजने से

विनिमय दर में वृद्धि/कमी/मूल्य ह्रास/कमी

- विनिमय दर में वृद्धि का तात्पर्य है कि विदेशी मुद्रा डॉलर की कीमत, घरेलू मुद्रा (रुपयों) के रूप में बढ़ गई है। इसे घरेलू मुद्रा (रुपयों) का विदेशी मुद्रा (डॉलरो) के रूप में ह्रास कहते हैं।
- इसी प्रकार तिरती विनिमय दर प्रणाली के अंतर्गत, जब घरेलू मुद्रा (रुपयों) की कीमत, विदेशी मुद्रा (डॉलरों) के रूप में बढ़ जाती है, तो इसे घरेलू मुद्रा (रुपयों) की, विदेशी मुद्रा (डॉलरों) के रूप में मूल्य वृद्धि कहते हैं।

विनिमय दर निर्धारण के कारक

- बाजार में विनिमय दर कई कारकों यथा- सट्टेबाजी, ब्याज की दरें, आय आदि पर निर्भर करती हैं।
- **सट्टेबाजी** बाजार में विनिमय दर केवल निर्यात व आयात की माँग एवं पूर्ति तथा परिसंपतियों में निवेश पर ही निर्भर नहीं करती है, बल्कि विदेशी विनिमय के सट्टे पर भी निर्भर करती है, जहां विदेशी विनिमय की माँग मुद्रा की मूल्य वृद्धि से प्राप्त संभावित लाभ के लिए की जाती है।
- **ब्याज की दरें** अल्पकाल में विनिमय दर के निर्धारण में एक दूसरा महत्त्वपूर्ण कारक ब्याज दर में अंतर होना है।
- बैंक, बहुराष्ट्रीय निगम और धनी व्यक्ति, व्यापक निधि के स्वामी होते हैं, जिसका अधिक आय प्राप्त करने के लिए ऊँची ब्याज दर की खोज में सम्पूर्ण विश्व में संचलन होता है।

विदेशियों द्वारा स्वदेश की परिसंपत्तियाँ खरीदे जाने से

- अन्य बातें समान रहने पर विदेशी विनिमय की कीमत में वृद्धि, विदेशियों की लागतों (USD के रूप में) को कम कर देती है।
- इससे भारत के निर्यात बढ़ सकते हैं और इसलिए विदेशी विनिमय की पूर्ति भी बढ़ सकती है।

विनिमय दर का निर्धारण

- अलग-अलग देशों की अपनी मुद्रा विनिमय दर का निर्धारण करने की अलग-अलग प्रणालियाँ हैं।
- किसी देश की विनिमय दर का निर्धारण तीन प्रणालियों- (तिरती विनिमय दर, स्थिर विनिमय दर व प्रबन्धित तिरती विनिमय दर) के द्वारा किया जा सकता है। इनका संक्षिप्त विवरण इस प्रकार है–

1. फ्लोटिंग (तैरती) विनिमय दर

- वह विनिमय दर, जो बाजार की माँग और पूर्ति की शक्तियों द्वारा निर्धारित होती है, उसे तिरती विनिमय दर कहते हैं।
- विनिमय दर की इस प्रणाली में केन्द्रीय बैंक विदेशी विनिमय बाजार में हस्तक्षेप नहीं करती है। विदेशी वस्तुओं और सेवाओं की माँग में वृद्धि से विनिमय की दर परिवर्तित होती रहती है।
- **आय** जब आय में वृद्धि होती है, तो उपभोक्ता के व्यय में भी वृद्धि होती है तथा आयातित वस्तुओं पर व्यय में वृद्धि की संभावना होती है। इससे घरेलू मुद्रा के मूल्य में ह्रास होता है।
- **दीर्घकाल में विनिमय दर** दीर्घकाल में नम्य विनिमय दर प्रणाली में विनिमय दर के सम्बन्ध में पूर्वानुमान करने के लिए क्रय-शक्ति समटा सिद्धान्त का उपयोग किया जाता है।
- इस सिद्धान्त के अनुसार, जब कोई व्यापारिक अवरोधक यथा-टैरिफ (व्यापारिक कर) और कोटा (आयात की मात्रा की सीमा) नहीं होंगे, तो विनिमय दर स्वत: समायोजित हो जाएगी।

2. स्थिर विनिमय दर

- इस विनिमय प्रणाली में सरकार विनिमय दर को एक स्तर विशेष पर निर्धारित कर देती है। इसमें केन्द्रीय बैंक (सरकार) डॉलरों को रुपयों के बदले बेचकर बाजार में हस्तक्षेप करती है। अत: हस्तक्षेप द्वारा सरकार अर्थव्यवस्था में किसी भी विनिमय दर को बनाए रख सकती है।

अवमूल्यन

स्थिर विनिमय दर प्रणाली के अंतर्गत, जब किसी सरकारी कार्यवाही द्वारा विनिमय दर बढ़ती है। (इस प्रकार घरेलू मुद्रा को सस्ता करना) तो इसे अवमूल्यन कहते हैं।

फ्लोटिंग और स्थिर विनिमय दर प्रणालियों के गुण/दोष

स्थिर विनिमय दर प्रणाली	फ्लोटिंग विनिमय प्रणाली
इसका मुख्य लक्षण विश्वसनीयता है, क्योंकि सरकार एक निश्चित स्तर पर विनिमय दर को बनाए रखने में सक्षम होती है।	यह सरकारी हस्तक्षेपों से मुक्त होती है।
इसमें भुगतान संतुलन में आधिक्य अथवा घाटा होता है।	यह सरकार को अधिक नम्यता प्रदान करती है और उन्हें विदेशी मुद्रा के विशाल कोषों का स्टॉक नहीं रखना पड़ता।
सरकारी आरक्षित कोषों का उपयोग कर सरकार इसे दूर करने के लिए हस्तक्षेप करती है।	इसका मुख्य लाभ यह है कि विनिमय दरों में परिवर्तन भुगतान संतुलन के आधिक्य व घाटों को स्वत: नियंत्रण में कर लेता है।

3. प्रबंधित फ्लोटिंग (तैरती) विनिमय दरें

इस विनिमय प्रणाली का विश्व में उदय बिना किसी औपचारिक अंतर्राष्ट्रीय समझौते के साथ हुआ। यह नम्य/तिरती विनिमय दर प्रणाली और स्थिर दर प्रणाली का मिश्रण है। इसमें आवश्यकता पड़ने पर केन्द्रीय बैंक द्वारा हस्तक्षेप किया जाता है अथवा यह बाजार द्वारा नियंत्रित होती है।

विनिमय दर प्रबन्धन सम्बन्धी महत्त्वपूर्ण तथ्य

- **स्वर्णमान** लगभग 1870 से 1914 में प्रथम विश्वयुद्ध के आरम्भ होने तक स्वर्णमान प्रचलित था, जो स्थिर विनिमय दर प्रणाली का सार-तत्त्व ही था।
- **ब्रेटन वुड्स प्रणाली** वर्ष 1994 में ब्रेटन वुड्स सम्मेलन में अंतर्राष्ट्रीय मुद्रा कोष (IMF) और विश्व बैंक (WB) की स्थापना हुई तथा स्थिर विनिमय दर प्रणाली की भी पुनर्स्थापना की गई।
- **विशेष आहरण अधिकार (SDRs)** वर्ष 1967 में विशेष आहरण अधिकार (SDR) के सृजन से सोना विस्थापित कर दिया गया। अंतर्राष्ट्रीय आरक्षित स्टॉक में वृद्धि करने के आशय से SDRs को अंतर्राष्ट्रीय करेंसी के रूप में, 'कागजी स्वर्ण' के रूप में भी जाना जाता है।
- वर्ष 1976 में अंतर्राष्ट्रीय मुद्रा कोष के अनुच्छेद की पुनरावृत्ति से देशों को अपने करेंसियों की तिरती रखने अथवा उन्हें अधिकीलित करने की अनुमति मिली (एकल करेंसियों का समूह- यूरों, डॉलर, जापानी येन पौंड, स्टार्लिंग, रैनबेस्सी) अथवा SDR अधिकीलित दर।

भारत में विनिमय दर प्रबन्ध

- मार्च, 1992 में भारत में दोहरे विनिमय दरों वाला उदारवादी विनिमय दर प्रबन्धन व्यवस्था को अपनाया गया। इस व्यवस्था के तहत विनिमय आय का 40 प्रतिशत RBI द्वारा निर्धारित दर से सुपुर्द करना पड़ता था और 60 प्रतिशत का परिवर्तन बाजार द्वारा निर्धारित दर पर होता था।
- दोहरे विनिमय दरों को 1 मार्च, 1993 को परिवर्तित कर दिया गया और चालू खाते की परिवर्तनीयता की ओर महत्त्वपूर्ण कदम उठाए गए। अंतिम रूप से इसकी उपलब्धि वर्ष 1994 में अंतर्राष्ट्रीय मुद्रा कोष समझौता के अनुच्छेद VIII को स्वीकार कर लेने के बाद मिली।
  - इस प्रकार, रुपये की विनिमय दर बाजार के द्वारा निर्धारित होती है और अपने क्रय-विक्रय द्वारा RBI विदेशी मुद्रा बाजार में स्थिति को विनियमित रखता है।

विदेशी ऋण

- किसी भी देश का **विदेशी ऋण** (Foreign Debt) उसके भुगतान संतुलन के चालू खाते के व्यवहार का प्रतिबिंब होता है।
- इस अर्थ में भारत के विदेशी ऋण की बकाया मात्रा को पिछले वर्ष के चालू खाते के घाटे का संचयन माना जा सकता है।

विदेशी मुद्रा भंडार एवं भंडार प्रबंधन नीतियाँ

- भारत के सम्मुख वर्ष 1991-92 में आए गंभीर आर्थिक संकट से यह बात स्पष्ट है कि भुगतान संतुलन के संकटों से उबरने व अंतर्राष्ट्रीय निवेशकों में साख को बनाए रखने के लिए पर्याप्त विदेशी मुद्रा भंडार का होना आवश्यक है।
- इसके आधार पर रिजर्व बैंक ने विदेशी मुद्रा भंडारों के निर्माण पर व्यापक रूप से ध्यान दिया है, जिससे कि चालू खाते में होने वाले घाटे व विदेशी मुद्रा संबंधी समस्याओं का भविष्य में सामना किया जा सके।

विदेशी मुद्रा विनिमय कानून (FERA) एवं विदेशी मुद्रा प्रबंधन कानून (FEMA)

- भारत में विदेशियों द्वारा नियंत्रित कंपनियों को विनियमित करने के उद्देश्य से वर्ष 1973 में **विदेशी मुद्रा विनिमय कानून** (FERA-Foreign Exchange Regulation Act) पारित किया गया।
- इस कानून का मुख्य उद्देश्य **विदेशी मुद्राओं का संरक्षण** करना था।
- इसके अंतर्गत दोषी व्यक्ति के लिए अत्यंत कठोर दंड की व्यवस्था की गई थी तथा बहुत कम राशि विदेश ले जाने की अनुमति प्रदान की गई थी।
- विदेशी मुद्रा बाजार के पुनर्गठन तथा उसे अधिक उदार बनाने हेतु जून, 2000 में केंद्र सरकार ने **फेमा** (FEMA-Foreign Exchange Management Act) लागू कर दिया।
- इसके अंतर्गत इस कानून के उल्लंघनकर्ता को मौद्रिक दंड दिया जाएगा, जो संबद्ध राशि का अधिकतम तीन गुना होगा।

फेरा (FERA) तथा फेमा (FEMA) में अंतर

- भारत में विदेशी निवेश तथा विदेशों में भारतीय निवेश संबंधी नियम फेरा की तुलना में फेमा अधिक उदार तथा पारदर्शी है।
- विदेशी यात्राओं तथा अन्य विभिन्न उद्देश्यों के लिए विदेश मुद्रा के आहरण (Withdrawal) की सीमाएँ फेरा की तुलना में फेमा में अधिक निर्धारित की गई हैं।
- फेमा (FEMA) के उल्लंघन के मामलों का निपटान सिविल अपराधों के तरीके से किया जाएगा अर्थात् इसके उल्लंघनकर्ताओं को जेल की सजा नहीं, बल्कि केवल अर्थदंड ही वहन करना होगा।

विदेशी निवेश

- जब विदेशी उद्यम या उद्यमी लाभ तथा उत्पादन से प्रेरित होकर वित्तीय परिसंपत्तियों को किसी राष्ट्र में व्यय करते हैं, तो इसे **विदेशी निवेश** कहा जाता है।
- इसके अंतर्गत किसी देश में पूँजी, तकनीक आदि का आगमन होता है, इसके अतिरिक्त विदेशी निवेश से सरकार को अतिरिक्त राजस्व की प्राप्ति होती है।

विदेशी प्रत्यक्ष निवेश

- विदेशी व्यक्तिगत तथा संस्थानिक संरचनाओं द्वारा देश की आधारभूत संरचना, मुद्रा बाजार तथा उद्यमों में किया गया निवेश **विदेशी प्रत्यक्ष निवेश** (Foreign Direct Investment) कहलाता है। यह दो प्रकार का होता है–

(i) **विदेशी पोर्टफोलियो निवेश** (FPI-Foreign Portfolio Investment) जब कोई विदेशी निवेशक किसी कंपनी के 10 प्रतिशत से कम शेयर खरीदता है, तो उस निवेश को विदेशी पोर्टफोलियो निवेश कहते हैं। यह निवेश अत्यंत अस्थिर प्रवृत्ति का होता है।

(ii) **पार्टिसिपेटरी नोट्स** (P-Notes- Participatory Notes) यह एक प्रकार का ऑफशोर डेरिवेटिव इंस्ट्रूमेंट होता है, जो निवेशक सेबी (SEBI-Security and Exchange Board of India) में पंजीकरण कराए बिना भारतीय प्रतिभूतियों में पैसा लगाना चाहते हैं, वे इसका प्रयोग करते हैं। विदेशी निवेशकों को पार्टिसिपेटरी नोट्स सेबी के पास पंजीकृत **विदेशी ब्रोकरेज फर्म्स** की विदेशी इकाई द्वारा जारी किए जाते हैं। भारत सरकार द्वारा पार्टिसिपेटरी नोट्स के माध्यम से होने वाले विदेशी निवेश पर नियंत्रण करने का प्रयास किया जा रहा है, क्योंकि इस नोट्स के माध्यम से किए गए निवेश अर्थव्यवस्था को अस्थिर कर सकते हैं।

अतिरिक्त तथ्य
तमिलनाडु बोर्ड एवं NIOS

व्यापार ब्लॉक

- **मुक्त व्यापार क्षेत्र** एक व्यापार ब्लॉक को शामिल करने वाला क्षेत्र है, जिसके सदस्य देशों ने मुक्त व्यापार समझौते (एफटीए) पर हस्ताक्षर किए हैं। ऐसे समझौतों में व्यापार बाधाओं को कम करने के लिए कम से कम दो देशों के बीच सहयोग शामिल होता है। **उदाहरण**-सॉफ्टा (SAFTA), ईएफटीए (EFTA)
- **सीमा शुल्क संघ** को एक प्रकार के व्यापार ब्लॉक के रूप में परिभाषित किया गया है, जो एक मुक्त व्यापार क्षेत्र से बना है, जिसमें सदस्यों के बीच कोई टैरिफ (प्रशुल्क) नहीं हैं और (सदस्यों के बीच शून्य टैरिफ) एक सामान्य बाहरी टैरिफ के साथ है। **उदाहरण** -बेनेलक्स (BENELUX) (बेल्जियम, नीदरलैण्ड और लक्ज़मबर्ग)
- **सामान्य बाजार** की स्थापना व्यापार समझौतों के माध्यम से की जाती है। यह अपने सदस्यों के बीच शुल्क मुक्त व्यापार और श्रम एवं पूँजी के मुक्त आवागमन को बढ़ावा देने के लिए भौगोलिक क्षेत्र देशों द्वारा गठित एक समूह है। **उदाहरण**-यूरोपीयन इकॉनोमिक कम्युनिटी
- **आर्थिक संघ** एक सीमा शुल्क संघ के साथ एक आम बाजार से बना है। भाग लेने वाले देशों में उत्पाद विनियमन, वस्तुओं, सेवाओं और उत्पादन के कारकों की आवाजाही की स्वतंत्रता और एक सामान्य बाहरी व्यापार नीति दोनों लागू होती हैं। **उदाहरण**-यूरोपीयन इकॉनोमिक कम्युनिटी (EEC)

भुगतान संतुलन (बीओपी) असंतुलन

जब प्राप्तियाँ भुगतान से कम होती हैं, तो बीओपी को प्रतिकूल कहा जाता है। इसे भुगतान संतुलन का असंतुलन कहा जाता है।

भुगतान संतुलन एवं असंतुलन के प्रकार

- **चक्रीय असंतुलन** दो कारणों से होता है। पहला दो देश व्यापार चक्र के विभिन्न चरणों से गुजर रहे होंगे। दूसरा विभिन्न देशों में माँग की लोच भिन्न हो सकती है।
- **बीओपी** में धर्मनिरपेक्ष या दीर्घकालिक असंतुलन होता है, क्योंकि जैसे-जैसे कोई अर्थव्यवस्था विकास के एक चरण से दूसरे चरण की ओर बढ़ती है, उसमें दीर्घकालिक और गहरे परिवर्तन होते हैं। विकास के प्रारंभिक चरण में, घरेलू निवेश घरेलू बचत से अधिक होता है और आयात निर्यात से अधिक होता है, जैसा कि वर्ष 1951 से भारत में होता आ रहा है।
- **संरचनात्मक असंतुलन** : अर्थव्यवस्था में संरचनात्मक परिवर्तन भी भुगतान संतुलन के असंतुलन का कारण बन सकते हैं। ऐसे संरचनात्मक परिवर्तनों में आपूर्ति के वैकल्पिक स्रोतों का विकास, बेहतर विकल्प का विकास, उत्पादक संसाधनों की समाप्ति या परिवहन मार्गों और लागतों में परिवर्तन शामिल है।

FOREX (फॉरेक्स)

यह एक राष्ट्रीय मुद्रा को दूसरी राष्ट्रीय मुद्रा में परिवर्तित करने और एक देश से दूसरे देश में धन स्थानान्तरित करने की प्रणाली या प्रक्रिया है।

विनिमय दर के निर्धारक

1. मुद्रा स्फीति में अंतर
2. ब्याज दरों में अंतर
3. चालू खाता घाटा
4. सार्वजनिक ऋण
5. व्यापार की शर्तें
6. राजनीतिक और आर्थिक स्थिरता
7. मंदी
8. अटकलें

विदेशी संस्थागत निवेश (एफआईआई)

यह हेज फंड, बीमा कंपनियों, पेंशन फंड और म्यूचुअल फंड में निवेश है, विदेशी संस्थागत निवेश भारत के वित्तीय क्षेत्र में एक सामान्य शब्द है। उदाहरण के लिए, संयुक्त राज्य अमेरिका में एक म्यूचुअल फण्ड भारत आधारित कंपनी में निवेश कर सकता है।

11

उदारीकरण, निजीकरण और वैश्वीकरण

(नई आर्थिक नीति, 1991)

(स्रोत)

New NCERT Class X Chap 4 **वैश्वीकरण और भारतीय अर्थव्यवस्था,**
New NCERT Class X Chap 5 **उपभोक्ता अधिकार,**
New NCERT Class XI Chap 3 **उदारीकरण, निजीकरण और वैश्वीकरण : एक समीक्षा**
Tamil Nadu Board (Class-XI), NIOS

उदारीकरण

- आर्थिक व्यवस्था के अनावश्यक प्रतिबंधों (Restrictions) को समाप्त कर बनाई गई प्रणाली **उदारीकरण** (Liberalisation) कहलाती है।
- आर्थिक उदारीकरण के अंतर्गत व्यापारिक गतिविधियों का सरलीकरण (Simplification) किया जाता है।
- दूसरे शब्दों में, सरकार द्वारा अवरोधों अथवा प्रतिबन्धों को हटाने की प्रक्रिया उदारीकरण के नाम से जानी जाती है।
- औद्योगिक लाइसेंस प्रणाली, आयात-निर्यात नीति, तकनीकी उन्नयन, राजकोषीय और विदेशी निवेश नीतियों में उदारीकरण 1980 के दशक में भी आरंभ किया गया था, किंतु वर्ष 1991 में आरंभ की गई, सुधारवादी नीतियाँ अत्यधिक व्यापक और उद्देश्यपूर्ण थीं।
- वर्ष 1991 के पश्चात् जिन महत्त्वपूर्ण क्षेत्रों में सुधार किए गए, वे क्षेत्र औद्योगिक क्षेत्रक, वित्तीय क्षेत्रक, कर सुधार, विदेशी विनिमय बाजार तथा निवेश क्षेत्रक हैं।

औद्योगिक क्षेत्रक का विनियमीकरण

- भारत में नियमन प्रणालियों को अनेक प्रकार से लागू किया गया। सबसे पहले **औद्योगिक लाइसेंस** (Industrial Licence) की व्यवस्था थी, जिसमें उद्यमी को एक फर्म स्थापित करने, बंद करने या उत्पादन की मात्रा का निर्धारण करने के लिए किसी-न-किसी सरकारी अधिकारी की अनुमति प्राप्त करनी होती थी।
- अनेक उद्यमों में निजी उद्यमियों का प्रवेश निषिद्ध था। कुछ वस्तुओं का उत्पादन केवल लघु उद्योग ही कर सकते थे।
- वर्ष 1991 के पश्चात् आरंभ की गई सुधार नीतियों ने अनेक **प्रतिबंधों** को समाप्त कर दिया।
- एल्कोहॉल, सिगरेट, जोखिम भरे रसायनों, औद्योगिक विस्फोटकों, इलेक्ट्रॉनिकी विमानन तथा औषधि इन छ: उत्पाद श्रेणियों को छोड़कर अन्य सभी उद्योगों के लिए **लाइसेंसिंग व्यवस्था** को समाप्त कर दिया गया।
- वर्तमान में केवल दो उद्योग- परमाणु ऊर्जा और रेलवे संचालन ही सार्वजनिक क्षेत्र के लिए आरक्षित हैं।
- **उदारीकरण, निजीकरण और वैश्वीकरण** से तात्पर्य उस नई आर्थिक सुधार की नीति से है, जिसे सरकार (पी.वी. नरसिम्हा राव की सरकार) द्वारा वर्ष 1991 में अपनाया गया था। यह नीति विकास के LPG (Liberalisation, Privatisation and Globlisation) के नाम से विख्यात है।

व्यापार अवरोधक

- आयात पर कर व्यापार अवरोधक (Trade Barriers) का एक उदाहरण है। इसे अवरोधक इसलिए कहा गया है, क्योंकि यह कुछ प्रतिबंध लगाता है।
- सरकारें व्यापार अवरोधक का प्रयोग विदेश व्यापार में वृद्धि या कटौती (नियमित करने) करने और देश में किस प्रकार की वस्तुएँ कितनी मात्रा में आयातित होनी चाहिए, का निर्णय करने के लिए कर सकती हैं।

निजीकरण

- निजीकरण (Privatisation) का तात्पर्य किसी सार्वजनिक उपक्रम के स्वामित्व या प्रबंधन का सरकार द्वारा त्याग से है।
- सरकारी कंपनियाँ निजी क्षेत्रक की कंपनियों में दो प्रकार से परिवर्तित होती हैं-सरकार का सार्वजनिक कंपनी के स्वामित्व और प्रबंधन से बाहर होना तथा सार्वजनिक क्षेत्रक की कंपनियों को सीधे बेच दिया जाना।

- किसी सार्वजनिक क्षेत्रक के उद्यमों द्वारा जनसामान्य को इक्विटी की बिक्री के माध्यम से निजीकरण को **विनिवेश** (Disinvestment) कहा जाता है।
- सरकार के अनुसार इस प्रकार की बिक्री का मुख्य ध्येय वित्तीय अनुशासन को बढ़ाना और आधुनिकीकरण में सहायता देना था।
- सरकार को यह भी आशा थी कि निजीकरण से प्रत्यक्ष विदेशी निवेश के **अंतर्वाह** (Inflow) को बढ़ावा मिलेगा।

विनिवेश

- भारत में विनिवेश (Disinvestment) की शुरुआत सबसे पहले वर्ष 1991 में हुई। भारत सरकार ने सार्वजनिक क्षेत्र की 20 कंपनियों के हिस्सों को बेचने का निर्णय लिया था।
- वर्ष 1993 में **रंगराजन समिति** ने सार्वजनिक क्षेत्र के लिए आरक्षित सार्वजनिक क्षेत्र की इकाइयों में से 49% के विनिवेश तथा अन्य सभी सार्वजनिक क्षेत्र की इकाइयों के लिए 74% के विनिवेश का प्रस्ताव दिया था।
- वर्ष 2005 में विनिवेश को प्रभावी बनाने के लिए राष्ट्रीय निवेश कोष स्थापित किया गया, इसके माध्यम से विनिवेश को बढ़ावा दिया गया।

नई विनिवेश नीति, 2014

- वर्ष 2014 में नई विनिवेश नीति का सूत्रपात हुआ और विनिवेश के संबंध में शक्तियाँ वर्ष 2015 के बाद नीति आयोग को अधिकृत की गईं। इस नीति की प्रमुख विशेषताएँ निम्न हैं
  - **केंद्रीय सार्वजनिक क्षेत्र के उद्यमों** (CPSE-Central Public Sector Enterprises) के सार्वजनिक स्वामित्व को प्रोत्साहन देना।
  - अधिसूचित CPSE में अल्प अंश की बिक्री को जारी रखते हुए सरकार के बहुलांश हिस्से को बनाए रखना।
  - चिह्नित CPSE में सरकारी हिस्सेदारी के प्रभावी हिस्से (50% या अधिक) की बिक्री के साथ ही प्रबंधन नियंत्रण के हस्तांतरण के द्वारा रणनीतिक निवेश को बढ़ावा देना।
  - सरकार ने सार्वजनिक उपक्रमों को प्रबंधकीय निर्णयों में स्वायतत्ता प्रदान कर उनकी कार्यकुशलता को बढ़ाने का प्रयास किया है। उदाहरणस्वरूप कुछ सार्वजनिक उपकरणों को 'नवरत्न' और 'लघुरत्न' का विशेष दर्जा दिया गया है।

वैश्वीकरण

- वैश्वीकरण (Globalisation) को किसी अर्थव्यवस्था के साथ विश्व अर्थव्यवस्था के एकीकरण के रूप में जाना जाता है। यह एक जटिल परिघटना है।
- दूसरे शब्दों में, विभिन्न देशों के बीच परस्पर सम्बन्ध और तीव्र एकीकरण की प्रक्रिया ही वैश्वीकरण है।
- यह उन नीतियों का परिणाम है, जिनका उद्देश्य विश्व को **परस्पर निर्भर** (Inter-dependent) और अधिक **एकीकृत** (Unified) करना है।
- इसके अंतर्गत **आर्थिक, सामाजिक** और **भौगोलिक** सीमाओं के अतिक्रमण की गतिविधियों का सृजन होता है।
- बहुराष्ट्रीय कंपनियाँ वैश्वीकरण की प्रक्रिया में मुख्य भूमिका निभा रही हैं। विभिन्न देशों के बीच अधिक-से-अधिक वस्तुओं और सेवाओं, निवेश और प्रौद्योगिकी का आदान-प्रदान हो रहा है।
- विगत कुछ दशकों की तुलना में विश्व के अधिकांश भाग एक-दूसरे के अपेक्षाकृत अधिक सम्पर्क में आए हैं।
- वस्तुओं, सेवाओं, निवेशों और प्रौद्योगिकी के अतिरिक्त विभिन्न देशों को आपस में जोड़ने का एक और माध्यम लोगों का आवागमन है। लोग बेहतर आय, रोजगार एवं शिक्षा की तलाश में एक देश से दूसरे देश में आवागमन करते हैं।
- ये कंपनियाँ किसी बाहरी स्रोत (संस्था) से नियमित सेवाएँ प्राप्त करती हैं। अधिकांशतः अन्य देशों से, जिन्हें पहले देश के भीतर ही प्रदान किया जाता था, जैसेकि कानूनी सलाह, कम्प्यूटर सेवा, विज्ञापन, सुरक्षा आदि।

वैश्वीकरण को संभव बनाने वाले कारक

- प्रौद्योगिकी में तीव्र उन्नति वह मुख्य कारक है, जिसने वैश्वीकरण की प्रक्रिया को उत्प्रेरित किया यथा-विगत पचास वर्षों में परिवहन प्रौद्योगिकी में बहुत उन्नति हुई है। इसने अधिक दूरियों तक वस्तुओं की तीव्रतर आपूर्ति को कम लागत पर सम्भव किया है।
- सूचना एवं संचार प्रौद्योगिकी (आई.टी.) के विकास (दूर संचार कम्प्यूटर और इंटरनेट) ने विभिन्न देशों के बीच सेवाओं के उत्पादन के प्रसार में मुख्य भूमिका निभाई है।

बहुराष्ट्रीय कम्पनियाँ

- एक बहुराष्ट्रीय कम्पनी वह है, जो एक से अधिक देशों में उत्पादन पर नियंत्रण अथवा स्वामित्व रखती है।
- ये कम्पनियाँ उन प्रदेशों में कार्यालय तथा उत्पादन के लिए कारखाने स्थापित करती हैं, जहाँ उन्हें सस्ता श्रम एवं अन्य संसाधन मिल सकते हैं।
- बहुराष्ट्रीय कम्पनियाँ ऐसा उत्पादन लागत में कमी करने तथा अधिक लाभ कमाने के लिए करती हैं।

वैश्वीकरण के प्रभाव

- उदारीकरण और निजीकरण की नीतियों के माध्यम से वैश्वीकरण के भारत सहित अनेक देशों पर सकारात्मक तथा नकारात्मक प्रभाव पड़े हैं।

सकारात्मक प्रभाव

- कुछ विद्वानों के अनुसार वैश्वीकरण को एक सुअवसर की भाँति देखा जाना चाहिए, क्योंकि विश्व बाजारों में बेहतर पहुँच तथा तकनीकी उन्नयन द्वारा विकासशील देशों के बड़े उद्योगों को अंतर्राष्ट्रीय स्तर पर महत्त्वपूर्ण बनने का अवसर प्रदान कर रहा है।
- वैश्वीकरण और स्थानीय एवं विदेशी उत्पादक दोनों के बीच वृहत्तर प्रतिस्पर्द्धा से उपभोक्ताओं, विशेषकर शहरी क्षेत्रों में धनी वर्ग के उपभोक्ता को लाभ हुआ है।
- इन उभोक्ताओं के समक्ष पहले से अधिक विकल्प हैं और वे अब अनेक उत्पादों की उत्कृष्ट गुणवत्ता और कम कीमत से लाभान्वित हो रहे हैं। उत्पादकों और श्रमिकों पर वैश्वीकरण का एक समान प्रभाव नहीं पड़ा है।
- बहुराष्ट्रीय कम्पनियो (MNCs- Multi-National Corporations) ने भारत में अपने निवेश में वृद्धि की है, जिसका अर्थ है कि भारत में निवेश करना उनके लिए लाभप्रद रहा है।
- अनेक शीर्ष भारतीय कम्पनियाँ बड़ी हुई प्रतिस्पर्द्धा से लाभान्वित हुई हैं। इन कम्पनियों ने नवीनतम प्रौद्योगिकी और उत्पादन प्रणाली में निवेश किया तथा अपने उत्पादन मानकों को ऊँचा उठाया है।

- टाटा मोटर्स, इंफोसिस, रैनबैक्सी, एशियन पेंट्स, कुछ ऐसी भारतीय कम्पनियाँ हैं, जो विश्व स्तर पर अपने क्रियाकलापों का प्रसार कर रही हैं।
- वैश्वीकरण ने सेवा प्रदाता कम्पनियों विशेषकर सूचना और संचार प्रौद्योगिकी (ICT-Information and Communication Technology) वाली कम्पनियों के लिए नए अवसरों का सृजन किया है।

नकारात्मक प्रभाव

- वैश्वीकरण सभी के लिए लाभप्रद नहीं रहा है। शिक्षित, कुशल और सम्पन्न लोगों ने वैश्वीकरण से मिले नए अवसरों का सर्वोत्तम उपयोग किया है, दूसरी ओर अनेक लोगों को लाभ नहीं मिला।
- आलोचकों का मत है कि वैश्वीकरण अमीर देशों द्वारा विकासशील देशों के आंतरिक बाजारों पर अधिकार करने की साजिश है।
- इनके अनुसार वैश्वीकरण से गरीब देशवासियों का कल्याण ही नहीं वरन् उनकी पहचान भी खतरे में पड़ गई है।
- बाजार प्रेरित वैश्वीकरण से विभिन्न देशों और जन समुदायों के बीच की खाई और विस्तृत हो रही है।
- सभी संवृद्धि कुछ क्षेत्रों (दूर संचार, सूचना प्रौद्योगिकी, वित्त, मनोरंजन, पर्यटन, भवन निर्माण, व्यापार आदि) तक ही सीमित रही है।
- कृषि, विनिर्माण जैसे आधारभूत क्षेत्रक (जो देश के करोड़ों लोगों को रोजगार प्रदान करते हैं) इन सुधारों से लाभांवित नहीं हो पाए हैं।

न्याय संगत वैश्वीकरण के संघर्ष

- उपर्युक्त प्रमाण यह संकेत करते हैं कि वैश्वीकरण सभी के लिए लाभप्रद नहीं रहा है। शिक्षित, कुशल और संपन्न लोगों ने वैश्वीकरण से मिले नए अवसरों का सर्वोत्तम उपयोग किया है। दूसरी ओर, अनेक लोगों को लाभ में हिस्सा नहीं मिला है।
- सरकार सभी के लिए अवसर प्रदान करने और वैश्वीकरण के लाभों में सबकी बेहतर हिस्सेदारी को सुनिश्चित करने में महत्त्वपूर्ण भूमिका निभा सकती है, जो इस प्रकार हैं
  (i) सरकारी नीतियाँ केवल धनी और प्रभावशाली लोगों का ही नहीं बल्कि देश के सभी लोगों के हितों का संरक्षण करने वाली हों।
  (ii) सरकार यह सुनिश्चित कर सकती है कि श्रमिक कानूनों का उचित कार्यान्वयन हो और श्रमिकों को अपने अधिकार मिले।
  (iii) छोटे उत्पादकों को कार्य-निष्पादन में सुधार के लिए उस समय तक मदद कर सकती है, जब तक वे प्रतिस्पर्द्धा के लिए सक्षम न हों जाए।
  (iv) WTO से समझौता कर सकती है आदि।

1991 के आर्थिक सुधारों की पृष्ठभूमि

- भारत में आर्थिक सुधारों की पृष्ठभूमि का मूल कारण देश में उत्पन्न वित्तीय संकट था। स्वतंत्रता के पश्चात् भारत ने मिश्रित अर्थव्यवस्था की प्रणाली को अपनाया।
- इस व्यवस्था में नियमन और नियन्त्रण के लिए इतने अधिक नियम कानून बनाए गए कि उनसे आर्थिक संवृद्धि और विकास की सम्पूर्ण प्रक्रिया ही अवरूद्ध हो गई।
- 1980 के दशक में इस वित्तीय संकट का वास्तविक उद्गम स्रोत अर्थव्यवस्था में अकुशल प्रबंधन था। इस अकुशल प्रबंधन के कारण निम्नलिखित आर्थिक संकट उत्पन्न हुए।
  (i) 1980 के दशक के अंत तक सरकार का व्यय उसके राजस्व से इतना अधिक हो गया कि उसे धारण क्षमता से अधिक माना जाने लगा।
  (ii) अनेक आवश्यक वस्तुओं की कीमतों में तेजी से वृद्धि होने लगी।
  (iii) निर्यात की तुलना में आयात का अत्यधिक होना।
  (iv) आयात आवश्यकताओं को पूरा करने के आवश्यक विदेशी मुद्रा के सुरक्षित भण्डार का कम होना (केवल 15 दिनों, दो सप्ताह के लिए)।
  (v) अंतर्राष्ट्रीय उधारदाताओं को ब्याज चुकाने के लिए भारत सरकार के पास पर्याप्त विदेशी मुद्रा का न होना।
- उक्त स्थिति को देखते हुए भारत ने अंतर्राष्ट्रीय पुनर्निर्माण और विकास बैंक (आई.बी.आर.डी)/विश्व बैंक और अंतर्राष्ट्रीय मुद्रा कोष (आइ.एम.एफ.) से सहयोग माँगा।इन संस्थाओं से भारत को 7 बिलियन डॉलर का ऋण मिला, किंतु इन संस्थाओं ने इस ऋण को पाने हेतु भारत सरकार के लिए कुछ शर्तें रखीं
  (i) सरकार उदारीकरण करेगी
  (ii) निजी क्षेत्र पर लगे प्रतिबन्धों को हटाया जाएगा।
  (iii) अनेक क्षेत्रों में सरकारी हस्तक्षेप को कम करना तथा साथ ही यह भी अपेक्षा की गई कि विदेशी व्यापार पर लगे प्रतिबंध भी हटाए जाएँगे।
- भारत ने विश्व बैंक और अंतराष्ट्रीय मुद्रा कोष की उपरोक्त शर्तें मान लीं और नई आर्थिक नीति की घोषणा की।

नई आर्थिक नीति 1991

- नई आर्थिक नीति में व्यापक आर्थिक सुधारों को सम्मिलित किया गया। इस नीति का उद्देश्य अर्थव्यवस्था में अधिक स्पर्द्धापूर्ण व्यावसायिक वातावरण की रचना करना तथा फर्मों का व्यापार में प्रवेश करना और उनकी संवृद्धि में आने वाली बाधाओं को दूर करना था।
- इस नीति को दो उपसमूहों में विभाजित किया गया।
  (i) **स्थायित्वकारी उपाय** ये अल्पकालिक उपाय हैं, जिनका उद्देश्य भुगतान संतुलन में आ गई कुछ त्रुटियों को दूर करना और मुद्रास्फीति का नियन्त्रण करना था।
  सामान्य शब्दों में, इसका अर्थ पर्याप्त विदेशी मुद्रा भण्डार बनाए रखने और बढ़ती हुई कीमतों पर अंकुश रखने की आवश्यकता थी।
  (ii) **संरचनात्मक उपाय** ये दीर्घकालिक उपाय हैं, जिनका उद्देश्य अर्थव्यवस्था की कुशलता को सुधारना तथा अर्थव्यवस्था के विभिन्न क्षेत्रकों की अनम्यताओं को दूर कर भारत की अंतर्राष्ट्रीय स्पर्द्धा क्षमता को संवर्द्धित करना था।
- इस दृष्टि से सरकार ने उदारीकरण, निजीकरण और वैश्वीकरण की नीति प्रारम्भ की।

वित्तीय क्षेत्रक में सुधार

- वित्तीय क्षेत्रक में व्यावसायिक एवं निवेश बैंक तथा स्टॉक एक्सचेंज एवं विदेशी मुद्रा बाजार जैसी वित्तीय संस्थाएँ सम्मिलित हैं।
- भारत में वित्तीय क्षेत्रक का नियमन **भारतीय रिजर्व बैंक** करता है। वित्तीय क्षेत्रक सुधार नीतियों का एक प्रमुख उद्देश्य रिजर्व बैंक को इस क्षेत्रक के नियंत्रक की भूमिका से हटाकर इस क्षेत्रक के सहायक की भूमिका तक सीमित करना है।

- सुधार नीतियों ने ही वित्तीय क्षेत्रक में भारतीय और विदेशी निजी बैंकों को भी प्रवेश का अवसर दिया।
- विदेशी निवेश संस्थाओं, व्यापारी बैंक, म्युचुअल फंड और पेंशन कोष आदि को भी भारतीय वित्तीय बाजारों में निवेश की अनुमति मिल गई है।

कर व्यवस्था में सुधार

- इन सुधारों का संबंध सरकार की कराधान और सार्वजनिक व्यय नीतियों से है, जिन्हें सामूहिक रूप से **राजकोषीय नीतियाँ** (Fiscal Policies) भी कहा जाता है। वर्ष 1991 के बाद से व्यक्तिगत आय पर लगाए गए करों की दरों में निरंतर कमी की गई, इसके पीछे मुख्य कारण यह था कि उच्च कर दरों के कारण ही **कर वंचना** (Tax Evasion) होती है।
- अप्रत्यक्ष करों में भी सुधार के प्रयास किए जा रहे हैं। वर्ष 2016 में अप्रत्यक्ष कर प्रणाली को एकीकृत एवं सरल बनाने के लिए भारतीय संसद द्वारा **वस्तु एवं सेवा कर अधिनियम, 2016** (GST-Goods and Services Tax Act, 2016) को पारित किया गया।
- इसे 1 जुलाई, 2017 से लागू किया गया।

विदेशी विनिमय सुधार

- इसके अंतर्गत पहला सुधार **विदेशी विनिमय बाजार** में किया गया।
- वर्ष 1991 में भुगतान संतुलन की समस्या के तात्कालिक निदान के लिए अन्य देशों की मुद्रा की तुलना में रुपये का अवमूल्यन किया गया, इससे देश में विदेशी मुद्रा के आगमन में वृद्धि हुई।
- इसके अंतर्गत विदेशी विनिमय बाजार में रुपये के मूल्य के निर्धारण को भी **सरकारी नियंत्रण** से मुक्त कराने की पहल की गई।
- विनिमय दरों का निर्धारण अब प्रायः बाजार के द्वारा विदेशी मुद्रा की माँग और पूर्ति के आधार पर होता है।

व्यापार और निवेश नीति सुधार

- अर्थव्यवस्था में औद्योगिक उत्पादों और विदेशी निवेश तथा प्रौद्योगिकी की अंतर्राष्ट्रीय प्रतिस्पर्द्धा की क्षमता को प्रोत्साहित करने के लिए व्यापार और निवेश व्यवस्थाओं का उदारीकरण प्रारंभ किया गया।
- इस कार्यक्रम का एक उद्देश्य स्थानीय लोगों की कार्य कुशलता को सुधारना और उन्हें **आधुनिक प्रौद्योगिकी** (Modern Technology) को अपनाने के लिए प्रोत्साहित करना था।
- व्यापार नीतियों के सुधार का लक्ष्य आयात और निर्यात पर परिमाणात्मक प्रतिबंधों की समाप्ति, प्रशुल्क दरों में कटौती, आयातों के लिए लाइसेंस प्रक्रिया की समाप्ति करना था।
- **हानिकारक** और **पर्यावरण संवेदी उद्योगों** (Eco Sensitive Industry) के उत्पादों को छोड़कर अन्य सभी वस्तुओं पर से **आयात लाइसेंस व्यवस्था** (Import Licence System) समाप्त कर दी गई।
- अप्रैल 2001 से कृषि पदार्थों और औद्योगिक उपभोक्ता पदार्थों का आयात भी मात्रात्मक प्रतिबंधों से मुक्त कर दिया गया।
- भारतीय वस्तुओं की अंतर्राष्ट्रीय बाजारों में स्पर्द्धा शक्ति बढ़ाने के लिए उन्हें **निर्यात शुल्क से मुक्त** (Exemption in Export Duty) कर दिया गया।

आर्थिक सुधार के परिणाम

भारतीय अर्थव्यवस्था में वर्ष 1991 में आए सुधारों का परिणाम आर्थिक समृद्धि तथा प्रत्यक्ष विदेशी निवेश में वृद्धि के रूप में देखा जा सकता है।

प्रत्यक्ष विदेशी निवेश और विदेशी विनिमय रिजर्व में वृद्धि

- वर्ष 1990-91 में **विदेशी निवेश** (प्रत्यक्ष तथा संस्थागत विदेशी निवेश) **$100 मिलियन** था, जो वर्ष 2020-23 में **$70.72 बिलियन** हो गया है।
- भारत में **विनिमय रिजर्व** (Exchange Reserve) का आकार भी वर्ष 1990-91 में $6 बिलियन से बढ़कर 15 दिसम्बर, 2023 में $606.85 बिलियन डॉलर हो गया। विनिमय रिजर्व में भारत विश्व का चौथा सबसे बड़ा धारक बन गया है।

संवृद्धि और रोजगार

- वर्ष 1990-91 से वर्ष 2022-23* में भारत के **सकल घरेलू उत्पाद** (GDP-Gross Domestic Product) में संवृद्धि दर्ज की गई है। इस दौरान आर्थिक विकास तीव्र हुआ है।
- यद्यपि संवृद्धि ने देश में रोजगार के पर्याप्त अवसरों का सृजन नहीं किया है।

कृषि में सुधार

- आर्थिक सुधारों के द्वारा कृषि को कोई लाभ नहीं हुआ। इस दौर में कृषि की संवृद्धि दर लगातार कम हुई। सुधार अवधि में **कृषि क्षेत्रक** में सार्वजनिक व्यय विशेषकर आधारिक संरचना; जैसे-सिंचाई, बिजली, सड़क निर्माण इत्यादि पर व्यय कम हुआ है।
- अंतर्राष्ट्रीय दबावों में **उर्वरक सब्सिडी** को समाप्त करने के अनेक प्रभाव हुए। इसका छोटे तथा सीमांत किसानों पर गंभीर प्रभाव पड़ा है और कृषि की उत्पादन लागत में वृद्धि हुई है।
- इसके अतिरिक्त कृषि उत्पादों पर आयात शुल्क में कटौती, इन पदार्थों के आयात पर परिमाणात्मक प्रतिबंध हटाए जाने के कारण भारत के किसानों को विदेशी स्पर्द्धा का भी सामना करना पड़ा है, जिसका उन पर प्रतिकूल प्रभाव पड़ा है।

उद्योगों में सुधार

- इसके द्वारा **औद्योगिक संवृद्धि दर** (Industrial Growth Rate) भी शिथिल हुई है। यह शिथिलता औद्योगिक उत्पादों की गिरती माँग के कारण आई है।
- इस गिरावट के अनेक कारण हैं; यथा- सस्ते आयात, आधारिक संरचना में अपर्याप्त निवेश आदि।
- वाहन, इंजीनियरिंग उत्पाद, सूचना प्रौद्योगिकी के क्षेत्र में भारत **सकल निर्यातक** के रूप में स्थापित हुआ है और बढ़ती कीमतों पर भी नियंत्रण रखा गया है।
- वैश्वीकरण की व्यवस्था में विकासशील देशों को अपनी अर्थव्यवस्था को विकसित देशों की वस्तुओं तथा पूँजी प्रवाहों को प्राप्त करने के लिए खोलने पर बाध्य होना पड़ा है।
- प्रतिवर्ष सरकार सार्वजनिक उद्यमों में विनिवेश के कुछ लक्ष्य निर्धारित करती है। इस प्रक्रिया की इस आधार पर आलोचना की जाती है कि सार्वजनिक उपक्रमों की परिसंपत्तियों को कम मूल्यों पर निजी व्यापारियों को बेचा जा रहा है।
- इसके अतिरिक्त विनिवेश से प्राप्त राशि का उपक्रमों के विकास के लिए प्रयोग नहीं किया गया, न ही इसे सामाजिक आधारिक संरचनाओं के निर्माण पर व्यय किया गया। इस राशि का प्रयोग राजस्व घाटे को कम करने पर ही लिया गया।

सुधार और राजकोषीय नीतियाँ

- आर्थिक सुधारों ने सामाजिक क्षेत्रकों में सार्वजनकि व्यय की वृद्धि पर विशेष रूप से रोक लगा दी। इस अवधि में कर घटाकर और कर वंचना नियंत्रित कर राजस्व संग्रह बढ़ाने की नीतियों के यथोचित सकारात्मक प्रभाव भी नहीं मिले।
- इसके अतिरिक्त विदेशी निवेश आकर्षित करने के लिए निवेशकों को कई प्रकार के कर प्रोत्साहन दिए गए।
- विकास और कल्याण पर इन सभी प्रक्रियाओं का होने वाले व्यय पर नकारात्मक प्रभाव पड़ा।

उपभोक्ता अधिकार

भारत सरकार ने उपभोक्ताओं के अधिकारों तथा हितों की रक्षा के लिए 'उपभोक्ता संरक्षण अधिनियम, 2019', 20 जुलाई, 2020 से प्रभावी है। इस अधिनियम ने उपभोक्त संरक्षण अधिनियम, 1986 का स्थान लिया।

इस अधिनियम का उद्देश्य उपभोक्ताओं को सीधे बाजार में भाग लेने में सक्षम बनाकर लोक कल्याण प्राप्त करना है।

उपभोक्ता के निम्न अधिकार वर्णित हैं

(i) **सुरक्षा का अधिकार** (Right to Safety) इसका अर्थ है–माल और सेवाओं के विपणन के विरुद्ध सुरक्षा का अधिकार। यह अधिनियम स्वास्थ्य सेवा तथा खाद्य प्रसंस्करण जैसे क्षेत्रों में लागू है।

(ii) **सूचना का अधिकार** (Right to be Informed) सूचना का अधिकार का अर्थ है–अनुचित व्यवहार प्रथाओं के विरुद्ध, उपभोक्ता की रक्षा के लिए माल की गुणवत्ता, मात्रा, शुद्धता मानक और कीमत के बारे में सूचित किया जाना।

(iii) **चुनने का अधिकार** (Right to Choose) चुनने का अधिकार का अर्थ है कि किसी भी प्रतिस्पर्द्धि मूल्य पर विभिन्न प्रकार की वस्तुओं और सेवाओं तक पहुँच बनाने का आश्वासन दिया जाना चाहिए। एकाधिकार के मामले में इसका अर्थ है–उचित मात्रा में संतोषजनक गुणवत्ता और सेवा की गारंटी का अधिकार।

(iv) **सुने जाने का अधिकार** (Right to be Heard) सुने जाने का अर्थ है कि उपभोक्ता के हितों को उचित मंचों पर उचित विचार प्राप्त होगा अर्थात् उसे सुना जाएगा। उपभोक्ताओं को अपनी शिकायतों और चिंताओं को उत्पादों या यहाँ तक कि कंपनियों के विरुद्ध यह सुनिश्चित करने के लिए सक्षम करने का अधिकार प्रदान किया जाता है।

(v) **निवारण का अधिकार** (Right to Seek Redressal) निवारण अधिकार का अर्थ है–अनुचित व्यापार, प्रथाओं या उपभोक्ताओं के शोषण के विरुद्ध निवारण का अधिकार।

(vi) **उपभोक्ता शिक्षा का अधिकार** (Right to Consumer Education) उपभोक्ता शिक्षा का अधिकार का अर्थ है–जीवनभर एक सूचित उपभोक्ता बनने के लिए ज्ञान और कौशल प्राप्त करने का अधिकार अर्थात् सही और गलत उत्पाद का ज्ञान होना।

उपभोक्ता इंटरनेशनल

- वर्ष 1985 में संयुक्त राष्ट्र ने उपभोक्ता सुरक्षा के लिए संयुक्त राष्ट्र के दिशा-निर्देशों को अपनाया।
- यह उपभोक्ताओं की सुरक्षा के लिए उपयुक्त तरीके अपनाने हेतु राष्ट्रों के लिए और ऐसा करने के लिए अपनी सरकारों को मजबूर करने हेतु, उपभोक्ता की वकालत करने वाले समूह के लिए एक उपकरण था।
- वर्तमान में उपभोक्ता इंटरनेशनल 115 से भी अधिक देशों की 220 संस्थाओं का संरक्षक बन गया है।

अतिरिक्त तथ्य
तमिलनाडु बोर्ड एवं NIOS

कृषि क्षेत्र के सुधारों पर एलपीजी का प्रभाव

- आर्थिक सुधारों की शुरुआत के बाद से, भारतीय अर्थव्यवस्था ने उद्योग और सेवा क्षेत्र में उल्लेखनीय वृद्धि दर हासिल की है। हालाँकि, इस विकास प्रक्रिया ने कृषि क्षेत्र को दरकिनार कर दिया, जिससे विकास दर में तेजी से गिरावट देखी गई।
- इस क्षेत्र में उपज और उत्पादकता में व्यापक अंतर दर्ज किया गया है और नकदी फसल की खेती की ओर बदलाव आया है।
- कृषि ऋणग्रस्तता ने कई किसान परिवारों को गरीबी में धकेल दिया और उनमें से कुछ ने आत्महत्या जैसे चरम कदम उठाए।
- सुधारों के बाद अन्य कृषि संकट उच्च लागत, कृषि सब्सिडी में कटौती, आयात शुल्क में कमी और ऋण सुविधाओं की कमी।

एलपीजी के बाद राजकोषीय सुधार

- इसने राजकोषीय अनुशासन की शुरुआत की और राजकोषीय घाटे में कमी लाने का लक्ष्य रखा।
- बजट का उद्देश्य सरकारी व्यय को नियंत्रित करना और राजस्व में वृद्धि करना था, कुल कर राजस्व में प्रत्यक्ष करों की हिस्सेदारी में गिरावट को कम करना और विशिष्ट खपत पर अंकुश लगाना।
- राजकोषीय असंतुलन को ठीक करने के लिए शुरू की गई कुछ महत्वपूर्ण नीतिगत पहलें निम्नलिखित थीं-उर्वरक सब्सिडी में कमी, चीनी पर सब्सिडी की समाप्ति और चुनिंदा सार्वजनिक क्षेत्र के उपक्रमों में सरकार की इक्विटी होल्डिंग्स के एक हिस्से का विनिवेश आदि।
- धीरे-धीरे कल्याणकारी उपायों पर खर्च कम कर दिया गया, कॉर्पोरेट क्षेत्रों पर कार्य कम कर दिए गए और गरीब लोगों पर कार्य बढ़ा दिए गए।

एलपीजी के बाद मौद्रिक और वित्तीय क्षेत्र में सुधार

- मौद्रिक सुधारों का उद्देश्य ब्याज दर की विकृतियों को दूर करना और उधार दरों की संरचना को तर्कसंगत बनाना है।
- परिसंपत्तियों के वर्गीकरण और खराब ऋण के प्रावधानों के सम्बंध में नए लेखांकन मानदंड नरसिम्हन समिति की रिपोर्ट, के अनुरूप पेश किए गए थे। नरसिम्हन समिति की रिपोर्ट, 1991 द्वारा वैधानिक तरलता अनुपात (एसएलआर) और नकद आरक्षित अनुपात (सीआरआर) में कमी की सिफारिश की गई थी।

12

अंतर्राष्ट्रीय संगठन

(स्रोत)

New NCERT Class X Chap 4 वैश्वीकरण और भारतीय अर्थव्यवस्था, New NCERT Class XI Chap 3 उदारीकरण, निजीकरण और वैश्वीकरण : एक समीक्षा, New NCERT Class XI Chap 8 भारत और उसके पड़ोसी देशों के तुलनात्मक विकास अनुभव
Tamil Nadu Board (Class-XII), NIOS

अंतर्राष्ट्रीय संगठन

- वैश्विक स्तर पर पूँजी एवं तकनीकों के आदान-प्रदान द्वारा आर्थिक विकास को बढ़ावा देने में विश्व बैंक (World Bank), अंतर्राष्ट्रीय मुद्रा कोष (IMF-International Monetary Fund), एशियाई विकास बैंक (ADB-Asian Development Bank) तथा विश्व स्वास्थ्य संगठन जैसी संस्थाओं की महत्त्वपूर्ण भूमिका है।
- इनके अतिरिक्त क्षेत्रीय स्तर पर आसियान, सार्क, शंघाई सहयोग जैसे संगठनों का भी महत्त्वपूर्ण योगदान है।

अंतर्राष्ट्रीय संगठनों की आवश्यकता

विभिन्न देशों द्वारा अपनी समस्याओं तथा अन्य वैश्विक समस्याओं पर साझा विचार-विमर्श के माध्यम से उचित समाधान प्राप्त करने के उद्देश्य से एक संगठन की आवश्यकता महसूस की गई। इसी क्रम में निम्न अंतर्राष्ट्रीय संगठनों का उदय हुआ, जो इस प्रकार हैं

विश्व बैंक

- अंतर्राष्ट्रीय पुनर्निर्माण एवं विकास बैंक (IBRD) (विश्व बैंक) की स्थापना वर्ष 1944 के **ब्रेटनवुड्स समझौते** के अंतर्गत वर्ष 1945 में हुई थी। इस बैंक ने 25 जून, 1946 से कार्य करना प्रारंभ कर दिया था। **भारत** इसका संस्थापक सदस्य है। यह अंतर्राष्ट्रीय मुद्रा कोष की सह-संस्था है।
- इसका मुख्यालय **वाशिंगटन डी.सी.** (यूएसए) में है। वर्तमान में इसके सदस्यों की संख्या 189 है। अंतर्राष्ट्रीय मुद्रा कोष के सभी सदस्य विश्व बैंक के भी सदस्य हैं।
- इसका गठन सदस्य देशों को आर्थिक पुनर्निर्माण और विकास के कार्यों में आर्थिक सहायता देने, विश्व में गरीबी को कम करने एवं अंतर्राष्ट्रीय निवेश की वृद्धि के लिए किया गया है।
- विश्व बैंक का ढाँचा त्रिस्तरीय है। इसमें प्रथम स्तर पर एक **अध्यक्ष** होता है, दूसरे स्तर पर **अधिशासी निर्देशक मंडल** होता है और तीसरे स्तर पर **प्रशासक मंडल** होता है। प्रत्येक सदस्य देश **पाँच वर्ष** की अवधि के लिए एक गवर्नर के मतदान की शक्ति उसके देश की सरकार के वित्तीय योगदान से संबंध रखती है।
- संचालक बोर्ड के सदस्यों की संख्या 24 है। इनमें से पाँच उन देशों द्वारा नियुक्त किए जाते हैं, जिनका बैंक की पूँजी में सर्वाधिक अंश होता है। ये देश **अमेरिका, जापान, चीन, जर्मनी** तथा **फ्रांस** हैं।
- विश्व बैंक के प्रमुख उद्देश्य निम्न हैं
  - सदस्य देशों के आर्थिक पुनर्निर्माण एवं विकास हेतु दीर्घकालीन पूँजी उपलब्ध कराना।
  - सदस्य राष्ट्रों में पूँजी निवेश को प्रोत्साहित करने हेतु पूँजी की व्यवस्था करना।
  - सदस्य देशों की लघु एवं वृहत परियोजनाओं के क्रियान्वयन हेतु ऋण प्रदान करना।
  - युद्ध से पीड़ित देशों की अर्थव्यवस्था को शांतिकालीन अर्थव्यवस्था में परिवर्तित करने हेतु कार्यक्रमों को लागू करना।

विश्व बैंक समूह

- विश्व बैंक समूह में पाँच संस्थाएँ-IBRD, IDA, IFC, MIGA, ICSID सम्मिलित हैं।
- उल्लेखनीय है कि IBRD तथा IDA को सामान्यतः विश्व बैंक की संज्ञा दी जाती है।

अंतर्राष्ट्रीय विकास संघ

- अंतर्राष्ट्रीय विकास संघ (International Development Association IDA) की स्थापना 24 सितंबर, 1960 को की गई थी। वास्तव में, यह विश्व बैंक की सहयोगी संस्था है।
- विश्व बैंक का अध्यक्ष ही इसका पदेन अध्यक्ष होता है, इसे विश्व बैंक की **उदार ऋण देने वाली खिड़की** कहा जाता है।
- अंतर्राष्ट्रीय विकास परिषद् की सदस्यता विश्व बैंक के सभी सदस्यों के लिए खुली है। केवल विश्व बैंक के ही सदस्य इसके सदस्य बन सकते हैं,
- इसके सदस्य देशों की संख्या 173 है।
- अंतर्राष्ट्रीय विकास संघ के उद्देश्य निम्न हैं
  - विश्व के अत्यधिक निर्धन देशों की निर्धनता हटाने के लिए सहायता प्रदान करना।
  - यह आर्थिक विकास के लिए ऐसे देशों को रियायती सहायता देता है, जिससे लोगों का जीवन स्तर उच्च हो।
  - यह संगठन ऐसे सदस्य देशों, जिनकी इस समय प्रतिव्यक्ति आय 375 डॉलर प्रतिवर्ष से कम है, को उधार ऋण प्रदान करता है।

अंतर्राष्ट्रीय वित्त निगम

- अंतर्राष्ट्रीय वित्त निगम (International Finance Corporation) विश्व बैंक से संबंधित एक संस्था है। इसे जुलाई, 1956 में प्रारंभ किया गया। वर्तमान में इसके सदस्यों की संख्या 186 है। इस निगम की सदस्यता के लिए विश्व बैंक का सदस्य होना अनिवार्य है।
- इस निगम में एक अध्यक्ष, एक सभापति, शासक मंडल और अधिशासी निदेशक, विश्व बैंक के ढाँचे के अनुसार हैं।
- अंतर्राष्ट्रीय वित्त निगम के उद्देश्य निम्न हैं
  - यह विकासशील देशों में निजी उद्योगों के लिए बिना सरकारी गारंटी के धन की व्यवस्था करता है।
  - यह विकासशील देशों में तीन प्रकार के उत्पादकीय निजी निवेश को प्रोत्साहन देता है

(i) प्रत्यक्ष निवेश द्वारा
(ii) स्थानीय और विदेशी पूँजी प्राप्त करके
(iii) मार्गदर्शन और तकनीकी सहायता प्रदान करके

बहुपक्षीय निवेश गारंटी एजेंसी

- बहुपक्षीय निवेश गारंटी एजेंसी (MIGA-Multilateral Investment Guarantee Agency) विश्व बैंक समूह की नवीनतम संबंधित संस्था है, जो अप्रैल, 1998 में स्थापित की गई। इसके सदस्य देशों की संख्या 182 है।
- अपने गारंटी कार्यक्रम के द्वारा यह राजनीतिक जोखिम दूर करने के लिए निवेश (Investment) बीमा प्रदान करती है। यह केवल नए निवेशों का बीमा करती है।
- बहुपक्षीय निवेश गारंटी एजेंसी के उद्देश्य निम्न हैं
  - विकासशील देशों में प्रत्यक्ष निवेश के प्रवाह को प्रोत्साहित करना।
  - निवेश वातावरण के प्रति आकर्षण को बढ़ावा देना।
  - वर्तमान निवेशों का प्रसार, निजीकरण और वित्तीय पुनर्संरचना को प्रोत्साहन प्रदान करना।

निवेश संबंधी विवाद निपटान हेतु अंतर्राष्ट्रीय केंद्र

- निवेश संबंधी विवाद निपटान हेतु अंतर्राष्ट्रीय केंद्र (ICSID- International Centre for Settlement of Investment Disputes) की स्थापना वर्ष 1966 में की गई थी, जो केंद्र सरकार तथा विदेशी निजी निवेशकों के मध्य उत्पन्न विवादों को सुलझाने की प्रक्रिया को प्रभावी बनाता है।
- वर्तमान में इसके सदस्य देशों की संख्या 161 है।
- समाधान के लिए सरकार का आलंबन स्वैच्छिक है, किंतु जब एक बार **पक्ष पंचनिर्णय** के लिए सहमत हो जाते हैं, तो फिर उनमें से कोई अपनी सहमति को एक पक्षीय रूप में वापस नहीं ले सकता है।

अंतर्राष्ट्रीय मुद्रा कोष

- ब्रेटनवुड्स अधिवेशन में अंतर्राष्ट्रीय मुद्रा कोष (IMF-International Monetary Fund) और अंतर्राष्ट्रीय पुनर्निर्माण विश्व विकास बैंक के गठन पर सहमति बनी। IMF के समझौते का प्रारूप 27 दिसंबर, 1945 को लागू हुआ। नवंबर, 1947 में यह **संयुक्त राष्ट्र** का विशिष्ट अभिकरण (Special Agency) बना।
- इसका मुख्यालय **वाशिंगटन डी.सी.** में है, इसके क्षेत्रीय कार्यालय **पेरिस** एवं **जेनेवा** में स्थित हैं।
- वर्तमान में इसके सदस्यों की संख्या 190 है। **अंतर्राष्ट्रीय सहयोग** तथा **स्थायी वैश्विक मौद्रिक ढाँचे** को प्रोत्साहित करने के लिए स्थापित IMF एक प्रधान अंतर्राष्ट्रीय मौद्रिक संस्था है।
- इसका नियंत्रण एवं प्रबंधन एक बोर्ड ऑफ गवर्नर्स में निहित है। प्रत्येक सदस्य एक गवर्नर्स को नियुक्त करता है, जिनसे मिलकर **बोर्ड ऑफ गवर्नर्स** गठित होता है। बोर्ड ऑफ गवर्नर्स की वार्षिक बैठक सामान्यतः **सितंबर-अक्टूबर** में होती है।
- इस बैठक में अंतर्राष्ट्रीय मुद्रा कोष के कार्यों की समीक्षा होती है तथा भविष्य के लिए नीतियों का निर्धारण किया जाता है।

भारत और अंतर्राष्ट्रीय मुद्रा कोष

- भारत उन 44 देशों में से एक है, जिन्होंने ब्रेटनवुड्स सम्मेलन में भाग लिया था, अतः यह IMF का संस्थापक सदस्य है।
- भारत का वित्तमंत्री अंतर्राष्ट्रीय मुद्रा कोष के गवर्नर मंडल में पदेन गवर्नर होता है और RBI का गवर्नर भारत का IMF में दूसरा गवर्नर होता है।
- IMF में भारत का प्रतिनिधित्व एक कार्यकारी निदेशक करता है तथा
- IMF द्वारा प्रतिवर्ष विश्व आउटलुक रिपोर्ट प्रकाशित की जाती है।

- अंतर्राष्ट्रीय मुद्रा कोष के उद्देश्य निम्न हैं
  - अंतर्राष्ट्रीय मौद्रिक सहयोग को प्रोत्साहित करना।
  - अंतर्राष्ट्रीय व्यापार का संतुलित विकास करना।
  - अंतर्राष्ट्रीय विनिमय दरों में स्थिरता बनाए रखना।
  - समस्त देशों के प्रतिकूल भुगतान संतुलन को अनुकूल बनाने के लिए अस्थायी रूप से आर्थिक सहायता प्रदान करना।

संयुक्त राष्ट्र एवं विकास सम्मेलन (अंकटाड)

- 1960 की दशक की शुरुआत में अंतर्राष्ट्रीय व्यापार में विकासशील देशों के स्थान के बारे में बढ़ती चिंताओं के कारण इनमें से कई देशों ने इन समस्याओं से निपटने और उचित अंतर्राष्ट्रीय कार्रवाईयों की पहचान करने

हेतु एक विशेष सम्मेलन का आह्वान किया गया। व्यापार और विकास पर प्रथम संयुक्त राष्ट्र सम्मेलन (United Nations Conference on Trade and Development- UNCTAD) वर्ष 1964 में जेनेवा में आयोजित किया गया था। इस प्रकार इसकी स्थापना वर्ष 1964 में की गई।

- इसका मुख्यालय **जेनेवा** में स्थित है। वर्तमान में इसकी सदस्य संख्या 195 है।
- अंकटाड का सम्मेलन 4 वर्ष के अंतराल पर होता है, इसके सभी सम्मेलनों में IMF को स्थायी प्रतिनिधित्व प्राप्त है।
- अंकटाड के उद्देश्य निम्न हैं
  - विकसित तथा विकासशील देशों के बीच अंतर्राष्ट्रीय व्यापार को प्रोत्साहन देना तथा आर्थिक विकास को गतिशील बनाना।
  - अंतर्राष्ट्रीय व्यापार एवं आर्थिक विकास से संबद्ध आवश्यक सिद्धांतों का प्रतिपादन करना एवं नीतियों का निर्माण करना।
  - व्यापार संबंधी वार्ताओं के लिए आवश्यक प्रावधान करना।

विश्व व्यापार संगठन

जनरल एग्रीमेंट ऑन टेरिफ एंड ट्रेड (GATT-General Agreement on Tariffs and Trade) के परवर्ती **विश्व व्यापार संगठन** (WTO-World Trade Organisation) का गठन वर्ष 1995 में किया गया।

- 'गैट' की स्थापना विश्व व्यापार प्रशासक के रूप में 23 देशों ने मिलकर वर्ष 1948 में की थी। 'गैट' का ध्येय सभी देशों को विश्व व्यापार में समान अवसर सुलभ कराना था।
- इसके अतिरिक्त इसका ध्येय सेवाओं के सृजन और व्यापार को प्रोत्साहन देना भी है, ताकि विश्व के संसाधनों का इष्टतम स्तर पर प्रयोग हो और पर्यावरण का भी संरक्षण हो सके।
- विश्व व्यापार संगठन की संधियों में **द्विपक्षीय** (Bilateral) और **बहुपक्षीय व्यापार** (Multilateral Trades) को बढ़ाने हेतु इसमें वस्तुओं के साथ-साथ सेवाओं के विनिमय को भी स्थान दिया गया है।
- विश्व व्यापार संगठन के एक महत्त्वपूर्ण सदस्य के रूप में भारत विकासशील विश्व के हितों का संरक्षण करते हुए **न्यायपूर्ण विश्वस्तरीय व्यापार व्यवस्था** (Just Global Trade Regime) के नियमों तथा सुरक्षात्मक व्यवस्थाओं की रचना में सक्रिय भागीदार रहा है।
- भारत ने व्यापार के उदारीकरण की अपनी प्रतिबद्धता को बनाए रखा है। इसके लिए उसने आयात पर से अनेक **परिमाणात्मक प्रतिबंध** (Quantitative Restrictions) हटाए हैं तथा प्रशुल्क दरों को भी बहुत कम किया है।

विश्व व्यापार संगठन के मंत्रिस्तरीय सम्मेलन

- विश्व व्यापार संगठन के मंत्रिस्तरीय सम्मेलन की शुरुआत वर्ष 1996 में हुई। पहला सम्मेलन **सिंगापुर** में आयोजित किया गया, जिसमें महत्त्वपूर्ण मुद्दों पर सहमति बनी।
- 12वाँ मंत्रिस्तरीय सम्मेलन 30 नवंबर से 3 दिसंबर, 2021 के बीच जेनेवा (स्विट्जरलैंड) में आयोजित किया गया।

दक्षिण एशियाई क्षेत्रीय सहयोग संगठन

- दक्षिण ऐशियाई क्षेत्रीय सहयोग संगठन की स्थापना 7 एवं 8 दिसंबर, 1985 को **ढाका** (बांग्लादेश) में दक्षिण एशिया के सात देशों के राष्ट्राध्यक्षों के सम्मेलन के दौरान हुई। इसके सदस्य देश भारत, पाकिस्तान, नेपाल, भूटान, श्रीलंका, बांग्लादेश और मालदीव हैं। वर्ष 2005 में इसमें **अफगानिस्तान** को आठवें सदस्य के रूप में सम्मिलित किया गया।
- इसका सचिवालय काठमाण्डु (नेपाल) में स्थित है।
- दक्षिण एशियाई संगठन के उद्देश्य निम्न हैं
  - क्षेत्र में आर्थिक विकास, सामाजिक प्रगति एवं सांस्कृतिक विकास की गति को तीव्र करना।
  - एक-दूसरे की समस्याओं को समझना एवं पारस्परिक विश्वास में वृद्धि करना।
  - आर्थिक, सामाजिक, सांस्कृतिक, तकनीकी एवं वैज्ञानिक क्षेत्रों में त्वरित सहयोग एवं पारस्परिक सहायता को प्रोत्साहन देना।
  - सामान्य अभिरुचियों के मुद्दों पर अंतर्राष्ट्रीय मंचों पर आपसी सहयोग को मजबूती देना।

शंघाई सहयोग संगठन

- शंघाई सहयोग संगठन (SCO-Shanghai Co-operation Organisation) एक बहुपक्षीय निकाय है। वर्तमान स्वरूप में 'शंघाई सहयोग संगठन' की स्थापना 15 जून, 2001 में की गई।
- वर्ष 2017 में अस्ताना (कजाखस्तान) में आयोजित 17वें शिखर सम्मेलन में भारत तथा पाकिस्तान को शंघाई सहयोग संगठन (SCO) की पूर्ण सदस्यता प्रदान की गई।
- वर्तमान में इसके कुल 9 सदस्य (चीन, कजाकिस्तान, किर्गिस्तान, रूस, तजाकिस्तान, उज्बेकिस्तान, भारत, पाकिस्तान और ईरान) है। इसका 9वाँ सदस्य ईरान है।
- शंघाई सहयोग संगठन के उद्देश्य निम्न हैं
  - इस संगठन का उद्देश्य नस्लीय तथा धार्मिक चरमपंथ से निपटने तथा क्षेत्रीय व्यापार एवं निवेश में वृद्धि को सक्रियता प्रदान करना है।
  - क्षेत्र में शांति, सुरक्षा और स्थिरता को संयुक्त रूप से सुनिश्चित करना और बनाए रखना।
  - राजनीति, व्यापार, अर्थव्यवस्था, विज्ञान, प्रौद्योगिकी शिक्षा, ऊर्जा आदि क्षेत्रों में सदस्य राज्यों के बीच प्रभावी सहयोग को प्रोत्साहित करना।
  - SCO ने अपनी शिखर वार्ताओं में आतंकवाद के विरुद्ध कार्रवाई को महत्त्व दिया है।
  - वर्ष 2017 में भारत के इस संगठन के पूर्णकालिक सदस्य बनने के बाद SCO के उद्देश्य में **आतंकवाद विरोध** केंद्र में आया है।

बिम्सटेक

- इसकी स्थापना जून, 1997 में **बैंकॉक सम्मेलन** में चार सदस्य देशों (भारत, बांग्लादेश, श्रीलंका एवं थाइलैंड) द्वारा की गई थी। प्रारम्भ में यह बांग्लादेश, भारत, श्रीलंका, थाईलैंड के आर्थिक सहयोग (BIST-EC) के नाम से जाना जाता है। 22 दिसंबर, 1997 को म्यांमार के शामिल होने पर इसका नाम BIMST-EC किया गया। जुलाई, 2004 में भूटान एवं नेपाल के शामिल होने के साथ इसके सदस्य देशों की संख्या 7 हो गई। बिम्सटेक का पूर्ण रूप Bay of Bengal Initiative for Multi Sectoral Technical and Economic Co-Operation है।
- बिम्सटेक के उद्देश्य निम्न हैं
  - आपसी सहयोग के लिए व्यापार, निवेश, उद्योग, परिवहन, आधारिक संरचना, विज्ञान एवं प्रौद्योगिकी, ऊर्जा, कृषि तथा पर्यटन को प्रोत्साहन प्रदान करना।

– क्षेत्रीय एवं आर्थिक सहयोग को बढ़ावा देना तथा तीव्र आर्थिक विकास एवं सामाजिक प्रगति को बढ़ावा देना।
– साझा हितों के मुद्दों पर समन्वय स्थापित करने के लिए सकारात्मक वातावरण बनाना।

ब्रिक्स

- वर्ष 2009 में चार देशों (ब्राजील, रूस, भारत व चीन) ने एक नए आर्थिक संगठन **ब्रिक** (BRIC) की स्थापना की। ब्रिक्स का नामकरण इसके सदस्य देशों के नाम के सर्वप्रथम से हुआ है।
- ब्रिक शब्द का सर्वप्रथम प्रयोग वर्ष 2001 में जिम ओ नील द्वारा किया गया था।
- वर्ष 2011 में दक्षिण अफ्रीका के शामिल होने के बाद इसका नाम **ब्रिक्स** (BRICS) हो गया।
- उल्लेखनीय है कि सऊदी अरब, ईरान, इथियोपिया, संयुक्त अरब अमीरात, मिस्र और अर्जेंटीना को वर्ष 2023 में ब्रिक्स में शामिल होने के लिए आमंत्रित किया गया था। जनवरी, 2024 में ये देश ब्रिक्स के सदस्य देशों में शामिल हो जाएँगे।
- ब्रिक्स के उद्देश्य निम्न हैं
  – ब्रिक्स की स्थापना का सबसे प्रभावी उद्देश्य विकासशील देशों के लिए एक विशेष ब्लॉक (Block) का निर्माण करना है, जिसमें व्यापारिक प्रतिबद्धताओं पर विकसित देशों के एकाधिकार को समाप्त करना है।
  – ब्रिक्स का लक्ष्य विकसित तथा विकासशील अर्थव्यवस्थाओं के बीच एक सेतु (Bridge) बनना है, जिससे विकासशील तथा अल्पविकसित देशों की आर्थिक संवृद्धि को प्रोत्साहित किया जा सके। ब्रिक्स देशों ने अपने उद्देश्यों को मंच प्रदान करने के लिए ही **न्यू डेवलपमेंट बैंक** (NDB) की स्थापना की है।

न्यू डेवलपमेंट बैंक

- न्यू डेवलपमेंट बैंक (NDB-New Development Bank) को पहले ब्रिक्स बैंक के नाम से जाना जाता था। वर्ष 2014 में $100 अरब की अधिकृत पूँजी के साथ नए विकास बैंक की स्थापना का निर्णय लिया गया।
- 21 जुलाई, 2015 को शंघाई में ब्रिक्स बैंक ने कार्य करना प्रारम्भ कर दिया।
- ब्रिक्स के सदस्य देश-भारत, चीन, रूस, ब्राजील तथा दक्षिण अफ्रीका हैं। बैंक का मुख्यालय **शंघाई** (चीन) में स्थापित किया गया है।
- इसका उद्देश्य ब्रिक्स देशों तथा अन्य उभरती एवं विकासशील अर्थव्यवस्थाओं को संसाधन उपलब्ध कराना है, जिससे वे मूलभूत परियोजनाओं के लिए वित्तीय संसाधन उपलब्ध करा सकें।

इब्सा

- भारत, ब्राजील और दक्षिण अफ्रीका (IBSA-India, Brazil and South Africa) द्वारा इब्सा की 6 जून, 2003 को स्थापना की गई। इब्सा तीन अलग-अलग महाद्वीपों के तीन बड़े लोकतंत्र एवं प्रमुख अर्थव्यवस्थाओं को एक मंच पर लाता है।
- इब्सा के मध्य सहयोग दो मोर्चों पर है, पहला, वैश्विक एवं क्षेत्रीय राजनीतिक मुद्दों पर परामर्श एवं समन्वय के लिए मंच के रूप में; जैसे-राजनीतिक एवं आर्थिक क्षेत्र की वैश्विक संस्थाओं में सुधार, WTO विकास एजेंडा, जलवायु परिवर्तन, आतंकवाद आदि।
- दूसरा, तीनों देशों के साझा लाभ के लिए 14 कार्य समूहों एवं 6 अन्य मंचों के माध्यम से विकासशील देशों में परियोजनाएँ प्रारंभ करके अन्य विकासशील देशों की सहायता करना।
- इब्सा का उद्देश्य निम्न हैं
  – दक्षिणी गोलार्द्ध के देशों में गरीबी एवं भुखमरी का उन्मूलन करना।
  – दक्षिण-दक्षिण सहयोग एजेंडा का नेतृत्व करना।
  – विकास के लिए नई साझेदारियों का निर्माण करना।
  – अल्प विकसित तथा गरीब देशों में आधारिक संरचनाओं के लिए कार्य करना।

एशियाई विकास बैंक

- एशियाई विकास बैंक (ADB-Asian Development Bank) एक बहुपक्षीय विकास बैंक है। इसकी स्थापना वर्ष 1966 को एशियाई देशों के आर्थिक विकास के लिए **मनीला** (फिलीपींस) में की गई थी। वर्तमान में एशियाई विकास बैंक के 68 सदस्य हैं।
- एशियाई विकास बैंक का प्रारूप काफी हद तक विश्व बैंक के समान है। इस बैंक की सर्वोच्च नीति-निर्धारक संस्था **बोर्ड ऑफ गवर्नर्स** (Board of Governors) है। एशियाई विकास बैंक अपने सदस्य देशों की सहायता, नीतिगत वार्ता, ऋण, इक्विटी, निवेश गारंटी अनुदान तथा तकनीकी सहायता द्वारा करते हैं।
- एशियाई विकास बैंक के उद्देश्य निम्न हैं
  – एशियाई विकास बैंक के मुख्य उद्देश्य हिंद-प्रशांत (Indo-Pacific) क्षेत्रों में गरीबी उन्मूलन तथा आधारभूत संरचना को विकसित करना है।
  – यह सदस्य देशों को प्रत्यक्ष ऋण तथा तकनीकी सहायता प्रदान करता है।
  – यह देशों के आर्थिक विकास को प्रेरित करने के साथ-साथ सामान्य आर्थिक नीतियों और व्यापार में समन्वय स्थापित करता है।

भारत तथा एशियाई विकास बैंक

- भारत, एशियाई विकास बैंक का चौथा सबसे बड़ा शेयर धारक है, इसकी कुल 6.42% हिस्सेदारी है।
- इस बैंक के साथ समन्वय का कार्य भारत का वित्त मंत्रालय करता है।

आसियान

- दक्षिण-पूर्वी एशियाई राष्ट्रों का संघ (ASEAN-Association of South-East Asian Nations) का गठन **बैंकॉक घोषणा** द्वारा 8 अगस्त, 1967 को दक्षिण-पूर्व एशिया के पाँच देशों (मलेशिया, सिंगापुर, फिलीपींस, इंडोनेशिया तथा थाइलैंड) ने किया था। यह एक असैनिक, गैर-सुरक्षात्मक, आर्थिक तथा सांस्कृतिक क्षेत्रीय संस्था है।
- वर्तमान में आसियान में कुल 10 सदस्य हैं। इसके पाँच अन्य सदस्य देश-ब्रुनोई, कम्बोडिया, लाओस, म्यांमार एवं वियतनाम हैं। भारत, अमेरिका, चीन और रूस सहित इसके 12 पूर्ण वार्ता भागीदार देश भी हैं।
- इसका मुख्यालय जकार्त्ता (इंडोनेशिया) में स्थित है।
- आसियान के प्रमुख उद्देश्य निम्न हैं
  – दक्षिण-पूर्व एशिया के देशों में विकास की गति को तीव्र करना।
  – सामाजिक प्रगति तथा सांस्कृतिक विरासत को बनाए रखना।

– आर्थिक, सामाजिक व सांस्कृतिक क्षेत्रों में सहयोग के अतिरिक्त तकनीकी, वैज्ञानिक तथा प्रशासनिक क्षेत्रों में आपसी सहयोग के माध्यम से विकास की प्रक्रिया को तीव्र करना।

यूरोपीय संघ

- यूरोपीय आर्थिक समुदाय (EEC)/ यूरोपीय समुदाय की स्थापना वर्ष 1957 में रोम की संधि के तहत 6 देशों- फ्रांस, बेल्जियम, लक्ज़मबर्ग, पश्चिम जर्मनी, इटली और नीदरलैण्ड्स द्वारा की गई थी।
- वर्ष 1995 से यह यूरोपीय संघ (EU) कहलाता है। वर्तमान में इसके सदस्य देशों की संख्या 27 है। इसका मुख्यालय ब्रुसेल्स (बेल्जियम) में स्थित है।
- इसके 19 सदस्य देशों ने यूरो (मुद्रा) को स्वीकार किया है।
- यूरोपीय संघ के उद्देश्य निम्न हैं
  – सदस्य राष्ट्रों के बीच पूर्णत: स्वतन्त्र व्यापार के लक्ष्य को प्राप्त करना।
  – सदस्य देशों की विदेश, सुरक्षा और आंतरिक मामलों की नीतियों के एकीकरण को सुदृढ़ करना।

G-15

- G-15 विकासशील देशों का संगठन है। इसकी स्थापना वर्ष 1989 में **बेलग्रेड** (सर्बिया) में हुई। इसका प्रथम शिखर सम्मेलन 1 से 3 जून के बीच वर्ष 1990 में **कुआलालम्पुर** (मलेशिया) में आयोजित किया गया।
- G-15 के उद्देश्य निम्न हैं
  – इसके सदस्य देशों के बीच निवेश, वाणिज्य-व्यापार तथा प्रौद्योगिकी के क्षेत्र में सहयोग को बढ़ावा देना। विकासशील देशों के बीच नीतियों तथा गतिविधियों के समन्वय को प्रभावी बनाना।
  – दक्षिण-दक्षिण सहयोग (South-South Cooperation) को नवीन तथा स्थायी स्वरूप प्रदान करना तथा उसके लिए वैश्विक समर्थन जुटाना।

G-20

- G-20 की स्थापना वर्ष 1999 में वित्तीय स्थायित्व (Financial Stability) के मुद्दे पर विचार के लिए की गई है। यह अंतर्राष्ट्रीय आर्थिक सहयोग का मुख्य मंच है। इसके सदस्य देशों के वित्त मंत्रियों तथा केंद्रीय बैंकों के गवर्नरों की वार्षिक बैठक प्रत्येक वर्ष आयोजित की जाती है।
- G-20 के सदस्य देशों में 19 देश (अर्जेंटीना, ऑस्ट्रेलिया, ब्राजील, कनाडा, चीन, फ्रांस, जर्मनी, भारत, इंडोनेशिया, इटली, जापान, दक्षिण कोरिया, मैक्सिको, सऊदी अरब, दक्षिण अफ्रीका, रूस, तुर्किए, यू.के., यू.एस.ए.) और दो क्षेत्रीय निकाय यूरोपीय संघ और अफ्रीका संघ हैं। अफ्रीकी संघ वर्ष 2023 में G-20 का सदस्य बना।
- G-20 शिखर सम्मेलन (18वाँ) 9-10 सितम्बर, 2023 को नई दिल्ली (भारत) में आयोजित किया गया।
- G-20 के उद्देश्य निम्न हैं
  – वैश्विक आर्थिक स्थिरता तथा सतत विकास प्राप्त करने के लिए सदस्य देशों के बीच समन्वय स्थापित करना।
  – वित्तीय नियमों को बढ़ावा देना, जिससे जोखिम कम हो और भविष्य के वित्तीय संकट समाप्त हो।
  – एक नई अंतर्राष्ट्रीय वित्तीय संरचना निर्माण की प्रक्रिया को प्रोत्साहित करना।

G-7

- वर्ष 1975 (स्थापना) में **पेरिस** (फ्रांस) में पाँच औद्योगिक देशों का सम्मेलन आयोजित किया गया, इसे G-7 के रूप में विकसित किया गया।
- G-7 के सदस्य देश हैं-कनाडा, फ्रांस, जर्मनी, इटली, जापान, ब्रिटेन, यूएसए।
- वर्ष 1997 में रूस को इसमें सम्मिलित किए जाने के पश्चात् यह G-8 बन गया था, किन्तु वर्ष 2014 में यूक्रेन विवाद के कारण मूल G-7 देशों द्वारा रूस को इस संगठन से निलम्बित कर दिया गया।
- G-7 के राष्ट्राध्यक्षों/शासनाध्यक्षों का सम्मेलन प्रत्येक वर्ष आयोजित किया जाता है। वर्ष 2023 में G-7 राष्ट्राध्यक्ष/शासनाध्यक्षों का सम्मेलन नई दिल्ली (भारत) में आयोजित किया गया।
- G-7 के उद्देश्य निम्न हैं
  – अवसर की समानता के विरुद्ध संघर्ष, लैंगिक समानता (Gender Equality) को बढ़ावा देना तथा शिक्षा एवं गुणवत्तापूर्ण स्वास्थ्य सेवाओं को प्रभावी बनाना। शांति और सुरक्षा के लिए आतंकवाद के विरुद्ध कार्रवाई के लिए समन्वय स्थापित करना।
  – जैव-विविधता, उच्च पारिस्थितिकी संक्रमण तथा जलवायु वित्त (Climate Finance) की सहायता से पर्यावरणीय असमानता को कम करना।
  – डिजिटल प्रौद्योगिकी (Digital Technology) तथा कृत्रिम बौद्धिकता (Artifical Intelligence) को बढ़ावा देना और सृजित अवसरों का विस्तार करना।

अतिरिक्त तथ्य
तमिलनाडु बोर्ड एवं NIOS

- **बेसिक क्रेडिट फैसिलिटी** (IMF) यह सदस्य देशों को उनकी अस्थायी भुगतान संतुलन समस्याओं को दूर करने हेतु IMF द्वारा प्रदान की जाने वाली वित्तीय सहायता है। इसके अन्तर्गत सदस्य देश भुगतान संतुलन घाटे के वितीयन के लिए अन्य मुद्राओं में अथवा SDRs के रूप में फण्ड ले सकते हैं।
- **रिजर्व ट्रेंच** एक सदस्य देश अपने कोटे का 25% तक बिना किसी शर्त के अन्तर्राष्ट्रीय मुद्रा कोष से उधार ले सकता है। यह शर्तहीन उधार लेने का अधिकार रिजर्व ट्रेंच कहलाता है।
- **विस्तारित निधि सुविधा** (EFF) इस व्यवस्था के अन्तर्गत, IMF सदस्य देशों को उनके कोटे का 140% तक अतिरिक्त उधार सुविधा प्रदान करता है। यह सुविधा बेसिक क्रेडिट फैसिलिटी के अतिरिक्त दी जाती है।
- **कंपन्सेटरी फाइनेंसिंग फैसिलिटी** इसके अन्तर्गत IMF द्वारा बाह्य शक्ति के कारण निर्यात में कमी का सामना कर रहे सदस्य देशों को अतिरिक्त वित्तीय सहायता प्रदान की जाती है।
- **बफर स्टॉक फैसिलिटी** (BSF) इसके द्वारा IMF, प्राथमिक वस्तु उत्पादक देशों को बफर स्टॉक निर्मित करने हेतु वित्तीय सहायता प्रदान करता है, जिससे वे प्राथमिक वस्तु उत्पादों की कीमत स्थिरता बनाए रख सकें।
- **संरचनात्मक समायोजन सुविधा** (SAF) यह गरीब सदस्य देशों को रियायती शर्तों पर भुगतान संतुलन (BOP) हेतु अतिरिक्त सुविधा प्रदान करता है।
- **विशेष आहरण सुविधा** (SDR) तरलता की समस्या के निराकरण हेतु वर्ष 1969 में IMF द्वारा स्थापित एक अन्तर्राष्ट्रीय रिजर्व है। इसे IMF द्वारा सदस्य देशों को उनके कोटे के अनुपात में आवंटित किया जाता है। SDRs का उपयोग सदस्य देशों द्वारा भुगतान संतुलन के घाटे के भुगतान के लिए किया जाता है।

परिशिष्ट

भारतीय अर्थव्यवस्था से जुड़ी समितियाँ/आयोग

समिति/आयोग	वर्ष	संबंधित विषय
कोठारी आयोग	1964	भारत में शैक्षिक क्षेत्र में सुधार
बेसल समिति	1974	बैंकिंग पर्यवेक्षण
एस.पी. तलवार समिति	1975	कमजोर सार्वजनिक क्षेत्र के बैंकों का पुनर्गठन
शिवरामन समिति	1979	नाबार्ड की स्थापना से संबंधित
मीरा सेठ समिति	1982	शहरी सहकारी बैंकों के विकास की बाधाओं को दूर करना
सुखमय चक्रवर्ती समिति	1982	मौद्रिक प्रणाली का आकलन
हनुमंत राव समिति	1983	उर्वरक सब्सिडी
खुसरो समिति	1989	कृषि ऋण प्रणाली
गोइपोरिया समिति	1990	शहरी सहकारी बैंकों में ग्राहक सेवा में सुधार
राजा चेलैया	1991	कर सुधारों पर रिपोर्ट
नरसिम्हम समिति	1991	बैंकिंग क्षेत्र में सुधार
रेखी समिति	1992	अप्रत्यक्ष कर के विषय में विचार
जानकीरमण समिति	1992	प्रतिभूति लेन-देन
जी. वी. रामकृष्ण समिति	1993	विनिवेश पर
मल्होत्रा समिति	1993	बीमा क्षेत्र की व्यापक रूपरेखा
एन. एन. वोहरा समिति	1993	संगठित अपराधों की जाँच के संदर्भ में
अजीत कुमार समिति	1997	सेना वेतनमान
आबिद हुसैन समिति	1997	लघु उद्योग पर
चंद्रात्रे समिति	1997	सुरक्षा विश्लेषण तथा निवेश प्रबंधन
महाजन समिति	1997	चीनी उद्योग क्षेत्र का विस्तार
मीरा सेठ समिति	1997	हथकरघा के विकास के विषय में
आर वी गुप्ता समिति	1998	लघु बचत के विषय में
आर. वी. गुप्ता समिति	1998	कृषि ऋण की प्रणाली पर
जे. आर. वर्मा समिति	1999	करंट अकाउंट कैरी फॉरवर्ड प्रैक्टिस
कुमार मंगलम बिड़ला रिपोर्ट	1999	कॉर्पोरेट गवर्नेंस पर विचार के लिए
एस. एन. वर्मा समिति	1999	वाणिज्यिक बैंकों का पुनर्गठन
दवे समिति	2000	असंगठित क्षेत्र के लिए पेंशन योजना
अभिजीत सेन समिति	2002	दीर्घकालिक खाद्य नीति
माशेलकर समिति	2002	ऑटो ईंधन के संदर्भ में रिपोर्ट
जे. जे. ईरानी समिति	2004	कंपनी कानून सुधार
स्वामीनाथन आयोग	2004	कृषि समस्याओं पर विचार
सुरेश तेंदुलकर समिति	2005	गरीबी रेखा को पुनर्परिभाषित करना
पर्सी मिस्त्री समिति	2007	मुंबई को अंतर्राष्ट्रीय वित्तीय केंद्र बनाना
भूरेलाल समिति	2010	मोटर वाहन कर में वृद्धि
के. सी. चक्रवर्ती समिति	2011	भारत में क्षेत्रीय ग्रामीण बैंकों में वित्तीय स्थिति का विश्लेषण
सी. बाबू राजीव समिति	2012	शिप एक्ट 1908 तथा शिप ट्रस्ट एक्ट 1963 में सुधार
केलकर समिति	2012	कर संरचना सुधार
सी. रंगराजन समिति	2012	गरीबी रेखा निर्धारण
दीपक पारेख समिति	2012	पी. पी. पी. मॉडल पर बुनियादी ढाँचे के लिए वित्त व्यवस्था
चंद्रशेखर समिति	2013	वेंचर कैपिटल
नचिकेत मोर समिति	2013	छोटे व्यावसायियों तथा कम आय वर्ग के लोगों को वित्तीय सेवाओं से जोड़ना
एम. बी. शाह समिति	2014	विदेशों में जमा काले धन के संबंध में जाँच
पी. जे. नायक समिति	2014	बैंकिंग बोर्ड्स के प्रशासन का मूल्यांकन

समिति/आयोग	वर्ष	संबंधित विषय
के. कस्तूरीरंगन	2017	राष्ट्रीय शिक्षा नीति
बिमल जालान समिति	2018	आरबीआई कैपिटल रिजर्व के संदर्भ में
मालेगांव समिति	2018	प्राथमिक बाजार में सुधार तथा यूटीआई का पुनर्गठन
प्रसाद पैनल	2018	अंतर्राष्ट्रीय व्यापार एवं सेवाएँ
टंडन समिति	1974	बैंकों द्वारा कार्यशील पूँजी वित्त पोषण की प्रणाली
दंतेवाला समिति	1977	देश में बेरोजगारी का अनुमान
बाघुल समिति	1987	भारत में मुद्रा बाजार
गोस्वामी समिति	1993	औद्योगिक रुग्णता के क्षेत्र में सुझाव देने के लिए
तारापोर समिति	1997	पूँजी खाता परिवर्तनीयता पर रिपोर्ट
यूके शर्मा समिति	1998	आर. आर. बी. में नाबार्ड की भूमिका
वासुदेव समिति	1998	एन. बी. एफ. सी. सेक्टर में सुधार
वाई.वी. रेड्डी समिति	2001	आयकर छूट की समीक्षा
उदेश कोहली समिति	2003	विद्युत क्षेत्र में वित्तीय सुविधा
माशेलकर समिति	2005	यूरो II मानक के संदर्भ में
शुंगलू समिति	2006	सरदार सरोवर पुनर्वास
राकेश मोहन समिति	2006	वित्तीय क्षेत्र में सुधार की जाँच
वी. के. चतुर्वेदी समिति	2008	तेल कंपनियों की वित्तीय स्थिति की समीक्षा
रघुराम राजन समिति	2012	राज्यों को केंद्रीय सहायता
ऊर्जित पटेल समिति	2013	मौद्रिक नीति
सोम समिति	2013	आयकर की नई संरचना
धानुका समिति	2013	प्रतिभूति बाजार से संबंधित नियमों की समीक्षा
ए. के. माथुर आयोग	2014	सातवाँ वेतन आयोग

रिपोर्ट/सूचकांक तथा जारी करने वाली संस्थाएँ

रिपोर्ट/सूचकांक	जारी करने वाली संस्था
वर्ल्ड डेवलपमेंट रिपोर्ट	विश्व बैंक
वैश्विक आर्थिक परिदृश्य रिपोर्ट	विश्व बैंक
ईज ऑफ लिविंग इंडेक्स	विश्व बैंक
वैश्विक वित्तीय स्थिरता रिपोर्ट	अंतर्राष्ट्रीय मुद्रा कोष
विश्व अर्थव्यवस्था परिदृश्य	अंतर्राष्ट्रीय मुद्रा कोष
वैश्विक प्रतिस्पर्द्धा रिपोर्ट	विश्व आर्थिक मंच
वैश्विक पर्यावरण प्रदर्शन सूचकांक	विश्व आर्थिक मंच
मानव पूँजी सूचकांक	विश्व आर्थिक मंच
वैश्विक लैंगिक अंतराल सूचकांक	विश्व आर्थिक मंच
लिंग असमानता सूचकांक	यूनेस्को
लैंगिक असमानता सूचकांक	यूएनडीपी
वैश्विक भुखमरी सूचकांक	इंटरनेशनल फूड पॉलिसी रिसर्च इंस्टीट्यूट (IFPRI)
चिल्ड्रन क्लाइमेट रिस्क इंडेक्स	यूनिसेफ
वैश्विक विनिर्माण जोखिम सूचकांक	कुशमैन एंड वेकफील्ड
हंगर हॉटस्पॉट रिपोर्ट	विश्व खाद्य कार्यक्रम
वैश्विक साइबर सुरक्षा सूचकांक	अंतर्राष्ट्रीय दूरसंचार संघ
ग्लोबल लिवेबिलिटी इंडेक्स	इकोनॉमिस्ट इंटेलिजेंस यूनिट
रिपोर्ट ऑन ग्लोबल रेमिटेंस	विश्व बैंक
विश्व प्रेस स्वतंत्रता सूचकांक	रिपोर्ट्स विदाउट बॉर्डर्स
वैश्विक खुशहाली रिपोर्ट	यू. एन. का सतत विकास समाधान नेटवर्क
प्रौद्योगिकी तथा नवाचार रिपोर्ट	अंकटाड
करप्शन परसेप्शन इंडेक्स	ट्रांसपरेंसी इंटरनेशनल
विश्व खाद्य मूल्य सूचकांक	खाद्य और कृषि संगठन
मानव विकास सूचकांक	यू एन डी पी
जलवायु परिवर्तन प्रदर्शन सूचकांक	जर्मनवाच, न्यू क्लाइमेट इंस्टीट्यूट/ क्लाइमेट एक्शन नेटवर्क
वैश्विक नवाचार सूचकांक	विश्व बौद्धिक संपदा संगठन (WIPO)
डिजिटल क्वालिटी ऑफ लाइफ इंडेक्स	सर्फशर्क (Surfshark)
SDG इंडिया इंडेक्स	नीति आयोग
भारत नवाचार सूचकांक	नीति आयोग
गरीबी और साझा समृद्धि रिपोर्ट	विश्व बैंक

भारत में प्रमाणीकरण चिह्न

- **आई.एस.आई. चिह्न** (ISI Mark) भारतीय मानक ब्यूरो (Bureau of Indian Standards) द्वारा निर्धारित मानकों को पूरा करने वाले औद्योगिक उत्पादों को प्रदान किया जाने वाला चिह्न है।
  - भारत में बनने तथा बिकने वाले पदार्थों के लिए यह चिह्न अनिवार्य है।
  - ISI का संपूर्ण रूप Indian Standards Institution है। ISI mark की शुरुआत वर्ष 1955 में की गई थी।
  - 12 अक्टूबर, 2017 के बाद इसका नामकरण 'ब्यूरो ऑफ इंडियन स्टैंडर्ड्स' (BIS) किया गया।
- **एफपीओ चिह्न** (FPO Mark) भारत में प्रसंस्कृत सभी फल उत्पादों को यह चिह्न प्रदान किया जाता है। इसका पूर्ण रूप 'फूड प्रोडक्ट्स ऑर्डर' है।
  - FPO चिह्न यह प्रमाणित करता है कि उत्पाद स्वच्छ तथा सुरक्षित वातावरण में निर्मित किया गया है।
  - इस चिह्न को 'फूड सेफ्टी एंड स्टैंडर्ड्स एक्ट 2006' के साथ उत्पादों के लिए अनिवार्य बनाया गया है।
- **एगमार्क** (Ag Mark) यह कृषि उत्पादों को प्रदान किया जाने वाला प्रमाणीकरण चिह्न है। इसके अंतर्गत सभी खाद्य उत्पाद होते हैं, जिन्हें बंद कर बेचा जाता है।
  - AgMark का पूर्ण रूप Agricultural Produce Mark है।
  - इसे वर्ष 1986 में अधिनियम पारित कर अनिवार्य बनाया गया है।
- **भारत स्टेज चिह्न** (BS Mark) भारत स्टेज उत्सर्जन मानकों के अनुसार विनिर्मित ऑटोमोबाइल वाहनों पर प्रमाणित करने के लिए यह चिह्न जारी किया जाता है।
  - भारत स्टेज (BS) चिह्न द्वारा वाहनों के प्रदूषण की सीमा को निर्धारित किया जाता है।
- **बी. आई. एस. हॉलमार्क** (BIS Hall Mark) यह चिह्न स्वर्ण तथा रजत आभूषणों की परिशुद्धता की जाँच तथा उसके शुद्ध होने के प्रमाण के लिए जारी किया जाता है।
  - यह प्रमाणीकरण संबंधी चिह्न भारतीय मानक ब्यूरो (Bureau of Indian Standards, BIS) द्वारा प्रदान किया जाता है।
  - इसकी शुरुआत वर्ष 2000 में स्वर्ण आभूषणों के लिए तथा चाँदी आभूषणों के लिए यह प्रमाणीकरण वर्ष 2005 में आरंभ किया गया।
- **इंडिया ऑर्गेनिक चिह्न** (India Organic Mark) यह प्रमाणीकरण उन खाद्य पदार्थों को दिया जाता है, जो भारत में जैविक रूप से उगाए जाते हैं।
  - यह प्रमाणित करता है कि वस्तुएँ तथा किसी वस्तु को बनाने में लगा कच्चा माल जैविक रूप से प्राप्त किया गया है।
  - यह प्रमाणीकरण 'नेशनल स्टैंडर्ड्स फॉर ऑर्गेनिक प्रोडक्शन' (NSOP) द्वारा शुरू किया जाता है।
  - वर्ष 2000 में पारित अधिनियम के आधार पर इसे संचालित किया गया है।
- **इको मार्क** (Eco Mark) यह एक ऐसा प्रमाणीकरण है, जो यह प्रमाणित करता है कि उत्पाद किसी भी रूप में पर्यावरण तथा पारिस्थितिकी-तंत्र को प्रदूषित नहीं करता है।
  - 'इको मार्क' की शुरुआत वर्ष 1991 में की गई। यह प्रमाणीकरण भारतीय मानक ब्यूरो (BIS) द्वारा प्रदान किया जाता है।
  - वर्तमान में यह प्रमाणीकरण 17 **निर्मित उत्पादों** को दिया जाता है।
- **सिल्क मार्क** (Silk Mark) सिल्क (रेशमी) वस्त्रों पर प्रमाणीकरण चिह्न के लिए सिल्क मार्क का प्रयोग किया जाता है। यह इस बात का प्रमाण होता है कि वस्त्र प्राकृतिक रेशम द्वारा तैयार किया गया है।
  - यह प्रमाणीकरण चिह्न 'सिल्क मार्क ऑर्गेनाइजेशन ऑफ इंडिया' द्वारा वर्ष 2004 से प्रदान किया जा रहा है।
- **शाकाहारी चिह्न** (Vegetarian Mark) यह एक ग्रीन डॉट (Green Dot) संकेत के रूप में रखा जाता है। मांसाहारी चिह्न (Non-Veg Mark) के लिए भूरे या लाल रंग के डॉट (Brown or Red Dot) संकेत का उपयोग किया जाता है।
  - शाकाहारी तथा मांसाहारी खाद्य पदार्थों को संकेतकों के माध्यम से लोगों की दृष्टि में लाना अनिवार्य किया गया है। इन संकेतों को भारत में Food Safety and Standards (Packaging Labelling) Act 2006 के अंतर्गत लागू किया गया है।
- **एफ. एस. एस. ए. आई. चिह्न** (FSSAI Mark) इसका पूर्ण रूप Food Safety and Standards Authority of India है।
  - FSSAI चिह्न इसी संस्था द्वारा 'फूड लाइसेंस' के साथ शुरू किया जाता है।
  - भारत सरकार के स्वास्थ्य एवं परिवार कल्याण मंत्रालय द्वारा FSSAI की स्थापना वर्ष 2008 में की गई और इसी वर्ष यह चिह्न भी आरंभ हुआ।

शब्दावली

- **अदृश्य मदें** (Invisibles) भुगतान संतुलन के चालू खाते की मदें, जिनमें दिखाई देने वाली दृश्य वस्तुएँ नहीं होतीं। अदृश्य मदें प्राय: सेवाएँ होती हैं; जैसे- पर्यटन, जहाजरानी एवं वायु परिवहन, बीमा एवं बैंकिंग इत्यादि। इसमें विदेशों से उपहारों के आदान-प्रदान, धन का निजी खातों में अंतरण, सरकारी अनुदान, ब्याज, लाभ तथा लाभांश इत्यादि शामिल किए जाते हैं।
- **अनारक्षण** (Deresrvation) किसी व्यक्ति या उद्योग समूह को उन वस्तुओं के उत्पादन करने की छूट देना, जिसे पहले किसी विशेष व्यक्ति या उद्यमी को बनाने की स्वीकृति प्राप्त है, अनारक्षण कहते हैं। भारत में मुख्यत: बड़े उद्योग उन वस्तुओं के उत्पादन से जुड़े हैं, जिनका उत्पादन पहले केवल लघु उद्योग ही कर सकते थे।
- **अवमूल्यन** (Devaluation) विभिन्न दर में गिरावट की उस प्रक्रिया को अवमूल्यन कहा जाता है, जिसके कारण विदेशी मुद्राओं की इकाइयों के रूप में आंतरिक मुद्रा की कीमत कम हो जाती है। अवमूल्यन का उद्देश्य मुद्रा की विनिमय दर अन्य देशों की मुद्राओं से कम कर निवेश को बढ़ावा देना है।
- **अवसर लागत** (Opportunity Cost) किसी कार्य या मूल्यमान के संदर्भ में 'अवसर लागत' को परिभाषित किया जाता है। यह अस्वीकार किए गए विकल्प के मूल्य के समान होती है। अर्थव्यवस्था में किसी एक वस्तु के अतिरिक्त मात्रा की अवसर लागत, दूसरी वस्तु की त्याग की गई मात्रा होती है। अवसर लागत का विचार साधनों की सीमितता से उत्पन्न चयन की समस्या पर आधारित है।
- **आयात प्रतिस्थापन** (Import Substitution) सरकार की आर्थिक विकास की ऐसी नीति जिसमें आयात की जा रही वस्तुओं का स्थान देश की स्वनिर्मित वस्तुएँ ले लेती हैं। इस नीति में आयात-नियंत्रण, आयात शुल्क तथा अन्य नियंत्रणों को अपनाया जाता है। इस नीति का लक्ष्य आंतरिक उद्योगों को आत्मनिर्भर बनाना तथा रोजगार संवर्द्धन के लिए इन्हें प्रोत्साहित करना है।
- **आयात शुल्क** (Tariff) आयात शुल्क किसी देश की सीमा पर उत्पादों या सेवाओं के प्रति इकाई या मूल्यानुसार निर्धारित होता है। आयात शुल्क लगाने का उद्देश्य घरेलू वस्तुओं की तुलना में आयातित वस्तुओं को महँगा करना होता है। इससे घरेलू वस्तुओं की माँग बढ़ जाती है।
- **उपभोग समुच्चय** (Consumption Basket) किसी परिवार द्वारा उपयुक्त वस्तुओं-सेवाओं का समूह जिसका प्रयोग जनता के उपभोग के स्वरूप का अनुमान लगाने के लिए किया जाता है। उपभोग समुच्चय का निर्धारण सांख्यिकी संस्थानों द्वारा किया जाता है। इसमें उपभोक्ता वस्तुओं, खाद्यान्न, खाद्य तेल तथा डेयरी उत्पादों को रखा जाता है।
- **ऊर्जा दक्षता ब्यूरो** (Bureau of Energy Efficiency) ऊर्जा दक्षता ब्यूरो (BEE) एक सरकारी संस्था है। इसकी स्थापना 11 मार्च, 2002 को केंद्रीय ऊर्जा मंत्रालय के अंतर्गत की गई। इसका उद्देश्य ऐसी नीतियों तथा रणनीतियों को प्रोत्साहित करना है, जिनमें स्व-नियमन तथा बाजार सिद्धांतों पर बल दिया जाता है।
- **कर प्रतिकर प्रभाव** (Cascading Effect) करों (Taxes) के कारण वस्तुओं की कीमत में आई वृद्धि के प्रभावों से उपजी स्थिति को कर प्रतिकर प्रभाव कहा जाता है। उत्पादन शुल्क की राशि को वस्तु की उत्पादन लागत में जोड़कर उस पर विक्रय कर लगाया जाता है। इस प्रकार उत्पादन शुल्क पर भी बिक्री कर लग जाता है। यह वस्तुओं के मूल्य को बढ़ा देता है।
- **कृषि का वाणिज्यीकरण** (Commercialisation of Agriculture) स्व उपभोग या पारिवारिक उपभोग के बदले बाजार के लिए होने वाली कृषि को कृषि का वाणिज्यीकरण कहा जाता है। खाद्य पदार्थों के बदले नकदी फसलों की पैदावार को प्रोत्साहित कर ब्रिटिश शासकों ने भारतीय कृषि में इस प्रवृत्ति को जन्म दिया।
- **जनांकिकीय संक्रमण** (Demographic Transition) जनांकिकीय संक्रमण की अवधारणा का प्रतिपादन वर्ष 1945 में अर्थशास्त्री फ्रैंक नोटेस्टीन ने किया था। यह आर्थिक विकास से जुड़ी बेहतर जीवन दशाओं के परिणामस्वरूप जन्म दर तथा मृत्युदर में गिरावट की विशेष परिस्थितियों की व्याख्या करती है। नोटेस्टीन ने जनांकिकीय संक्रमण की तीन अवस्थाओं का प्रतिपादन किया, ये अवस्थाएँ हैं

  1. पूर्व औद्योगिक 2. विकासशील तथा 3. आधुनिक समाज।

  इसमें औद्योगिकीकरण के बाद की अवस्था को भी आगे सम्मिलित किया गया है।
- **परिमाणात्मक प्रतिबंध** (Quantitative Restrictions) आंतरिक उद्योगों के संरक्षण तथा भुगतान संतुलन के घाटे को कम करने के लिए देश में आयात होने वाली वस्तुओं की मात्रा को नियत स्तर तक प्रतिबंधित करने की प्रक्रिया को परिमाणात्मक प्रतिबंध कहा जाता है। परिमाणात्मक प्रतिबंध कई बार 'संरक्षणवाद' की नीति के अनुरूप सामने आता है।
- **भुगतान संतुलन** (Balance of Payment) किसी देश के वर्षभर की अवधि में शेष विश्व से चालू और पूँजीगत खातों पर हुए समस्त लेन-देन का सांख्यिकीय सार 'भुगतान संतुलन' कहलाता है। इस खाते में अवधि भार के सभी दायित्वों तथा परिसंपत्तियों का ब्योरा दिया जाता है। इसी कारण यह सदैव संतुलन में रहता है।
- **विनिवेश** (Disinvestment) विनिवेश का तात्पर्य किसी देश के सार्वजनिक क्षेत्र के उपक्रमों (PSUs) में सरकार की हिस्सेदारी को बेचने की प्रक्रिया से है। भारत में वर्ष 1991 के पश्चात् विनिवेश की शुरुआत की गई।
- **संस्थागत विदेशी निवेशक** (Foreign Institutional Investors) अन्य देशों में आधार वाले बैंक और गैर बैंकिंग वित्तीय संस्थाएँ 'संस्थागत विदेशी निवेशक' (FII) कहलाते हैं। जब कोई विदेशी संस्था किसी अन्य देश के शेयर मार्केट, बीमा, बैंकिंग इत्यादि में निवेश करती है, तो उसे 'संस्थागत विदेशी निवेश' कहा जाता है। संस्थागत विदेशी निवेश का किसी देश की अर्थव्यवस्था में महत्त्वपूर्ण स्थान होता है।
- **ऋण की शर्तें** ब्याज दर, समर्थक, ऋणाधार, आवश्यक कागजात और भुगतान के तरीकों को सम्मिलित रूप से ऋण की शर्तें कहा जाता है।
- **संगठित क्षेत्र** इसके अंतर्गत वे उद्यम अथवा कार्यस्थान आते हैं, जहाँ रोजगार की अवधि नियमित होती है तथा लोगों के पास सुनिश्चित काम होता है। वे सरकार द्वारा पंजीकृत होते हैं और उनमें सरकारी नियमों एवं विनियमों का अनुपालन होता है।

- **असंगठित क्षेत्र** इसके अंतर्गत छोटी-छोटी और बिखरी इकाइयाँ आती हैं, जो अधिकांशत: सरकारी नियंत्रण से बाहर होती है। इस क्षेत्रक के नियम और विनियम तो होते हैं, परन्तु उनका पालन नहीं होता हैं। वे कम वेतन वाले रोजगार हैं और प्राय: नियमित नहीं हैं।
- **उत्पादन के कारक** भूमि, श्रम, पूँजी और उद्यम उत्पादक के चार प्रमुख कारक हैं।
- **स्थायी पूँजी** उत्पादन की प्रक्रिया में प्रयुक्त या आवश्यक औजार, मशीन आदि को स्थायी पूँजी कहा जाता है इनका प्रयोग उत्पादन में लम्बी अवधि तक होता है, क्योंकि ये उत्पादन प्रक्रिया के दौरान समाप्त नहीं होते हैं।
- **कार्यशील पूँजी** उत्पादन प्रक्रिया के लिए आवश्यक कच्चे माल और मजदूरी आदि के भुगतान हेतु नकद रुपये को कार्यशील पूँजी कहते हैं, क्योंकि ये उत्पादन प्रक्रिया के दौरान समाप्त हो जाते हैं।
- **पूँजी लाभ/हानि** किसी बंधपत्रधारी के धन के मूल्य में वृद्धि अथवा कमी, जोकि बाजार में उसके बंधपत्रों की कीमतों में वृद्धि अथवा कमी के कारण होता है।
- **सार्वजनिक वस्तुएँ** सामूहिक रूप से उपभोग की जाने वाली वस्तुएँ अथवा सेवाएँ सार्वजनिक वस्तुएँ कहलाती हैं। किसी को इनसे लाभ उठाने से वंचित करना संभव नहीं होता है और ये एक व्यक्ति के उपभोग से अन्य के उपभोग में कमी नहीं होती हैं।
- **पूँजीगत वस्तुएँ** ये ऐसी वस्तुएँ, जिनका क्रय उपभोक्ता की तत्काल आवश्यकताओं की पूर्ति के लिए नहीं, बल्कि दूसरी वस्तुओं का उत्पादन करने के लिए किया जाता है।
- **उपभोग वस्तुएँ** अंतिम उपभोक्ताओं के द्वारा उपभोग की गई वस्तुएँ अथवा उपभोक्ता की तत्काल आवश्यकता को पूरा करने वाली वस्तुएँ, उपभोग वस्तुएँ कहलाती हैं। इनमें सेवाओं को भी शामिल किया जा सकता है।
- **टिकाऊ उपभोक्ता वस्तुएँ** ऐसी उपभोक्ता वस्तुएँ, जो अतिशीघ्र (उपयोग/उपभोग से) नष्ट नहीं होती हैं, बल्कि एक कालावधि तक टिकती हैं, टिकाऊ उपभोक्ता वस्तुएँ कहलाती हैं।
- **मध्यवर्ती वस्तुएँ** ऐसी वस्तुएँ, जिनका प्रयोग अन्य वस्तुओं के उत्पादन के दौरान उत्पादन प्रक्रम में होता है।
- **अंतिम वस्तुएँ** वे वस्तुएँ, जिनमें उत्पादन प्रक्रम में पुन: कोई शिफ्ट नहीं होता अर्थात् ये उपभोक्ता के लिए तैयार होती हैं तथा इनमें कोई अतिरिक्त मूल्यवर्द्धन नहीं किया जा सकता।
- **मानव पूँजी निर्माण** जब मानव संसाधन को अधिक शिक्षा और स्वास्थ्य द्वारा विकसित किया जाता है, तो उसे मानव पूँजी निर्माण कहा जाता है।
- **सामाजिक अपवर्जन** इस अवधारणा के अनुसार निर्धनता को इस सन्दर्भ में देखा जाता है कि निर्धनों को बेहतर माहौल और अधिक अच्छे वातावरण में रहने वाले संपन्न लोगों की सामाजिक समता से अपवर्जित रहकर केवल निकृष्ट वातावरण में दूसरे निर्धनों के साथ रहना पड़ता है।
- **खाद्य सुरक्षा** इसका अर्थ है, सभी लोगों के लिए सदैव भोजन की उपलब्धता, पहुँच और उसे प्राप्त करने का सामर्थ्य।
- **ब्रुटलैंड कमीशन** संयुक्त राष्ट्र द्वारा वर्ष 1987 में विश्व की पर्यावरण समस्याओं के अध्ययन के लिए नियुक्त आयोग, जिसने एक रिपोर्ट तैयार की थी, जिसमें संधारणीय विकास को व्यापक रूप से परिभाषित किया गया।
- **संतुलित बजट गुणक** करों (Taxes) और सरकार के व्यय दोनों में इकाई वृद्धि या कमी के फलस्वरूप संतुलन निर्गत में परिवर्तन को संतुलित बजट गुणक कहा जाता है।
- **आधार वर्ष** वह वर्ष, जिसकी कीमत का प्रयोग करके वास्तविक सकल घरेलू उत्पाद की गणना की जाती है।
- **बंधपत्र** कागज का ऐसा टुकड़ा, जिस पर एक निर्धारित अवधि के पूरे होने पर भविष्य में मौद्रिक प्रतिफल का वादा लिखित होता है। बंधपत्र फर्म अथवा सरकार के द्वारा लोगों से पैसा/रुपया उधार लेने के लिए जारी किया जाता है।
- **आय का वर्तुल प्रवाह** वह संकल्पना, जिसके अनुसार किसी अर्थव्यवस्था में उत्पादित वस्तुओं तथा सेवाओं का कुल मूल्य एक वर्तुल (Circular) पथ पर गमन करता है। यह प्रवाह या तो कारक अदायगी है या वस्तुओं और सेवाओं पर व्यय अथवा समस्त उत्पादन के मूल्य के रूप में होता है।
- **आर्थिक एजेंट अथवा आर्थिक इकाइयाँ** आर्थिक एजेंट अथवा आर्थिक इकाइयाँ ऐसे व्यक्ति अथवा संस्था होती हैं, जो आर्थिक निर्णय लेती हैं।
- **प्रभावी माँग का सिद्धान्त** यदि अंतिम वस्तुओं की पूर्ति को अल्पकाल में स्थिर कीमत पर अनंत लोचदार मान लिया जाए, तो समस्त निर्गत का निर्धारण केवल समस्त माँग के मूल्यों तारा होता है। इसे प्रभावी माँग का सिद्धान्त कहते हैं।
- **सरकारी व्यय/खर्च गुणक** सरकार व्यय में प्रत्येक इकाई वृद्धि के फलस्वरूप निर्गत में वृद्धि के आकर को प्रदर्शित करने वाले सांख्यिकी गुणांक को सरकारी व्यय गुणक कहा जाता है।
- **सकल निवेश** इससे तात्पर्य पूँजीगत स्टॉक में अभिवृद्धि से है, जिसमें पूँजी स्टॉक में होने वाली टूट-फूट के लिए प्रतिस्थापन भी शामिल होता है।
- **माल सूची** ऐसी अबिक्रित वस्तुएँ, अप्रयुक्त कच्चे माल अथवा अर्ध-निर्मित वस्तुएँ, जिन्हें कोई फर्म एक वर्ष से दूसरे वर्ष तक रखती है।
- **मुद्रा गुणक** किसी अर्थव्यवस्था में कुल मुद्रा पूर्ति और उच्च शक्तिशाली मुद्रा के स्टॉक के अनुपात को मुद्रा गुणक कहा जाता है।
- **निवल निवेश** इससे तात्पर्य पूँजी स्टॉक में अतिरिक्त वृद्धि से है। सकल निवेश के विपरीत, इसमें पूँजी स्टॉक के अवक्षय के लिए प्रतिस्थापन शामिल नहीं होता है।
- **नाममात्र विनिमय दर** देशी मुद्रा की इकाइयों की वह संख्या, जोकि कोई एक इकाई विदेशी मुद्रा की प्राप्ति के लिए देता है। यह विदेशी मुद्रा की देशी मुद्रा के रूप में कीमत होती है।
- **वास्तविक विनिमय दर** घरेलू वस्तुओं के रूप में विदेशी वस्तुओं की सापेक्ष कीमत को वास्तविक विनिमय दर कहा जाता है।
- **स्टॉक** जिन परिवर्त्तों की परिभाषा एक निश्चित काल बिन्दु पर की जाती है, उसे स्टॉक कहा जाता है

- **स्थिरीकरण** किसी देश के मौद्रिक प्राधिकरण के द्वारा बाजार में बहिर्जात अथवा कभी-कभी बाह्य आघातों, जैसे विदेशी विनिमय अंत: प्रवाह में वृद्धि के विरुद्ध मुद्रा की पूर्ति को स्थायी रखने के लिए किए जाने वाले हस्तक्षेप को स्थिरीकरण कहा जाता है।
- **अवितरित लाभ** निजी या सरकारी स्वामित्व के फर्मों द्वारा अर्जित उस लाभ से है, जिसका वितरण उत्पादन के कारकों के बीच नहीं किया जाता है।
- **क्रय-शक्ति समता** इससे आशय अंतर्राष्ट्रीय विनिमय के उस सिद्धान्त से है, जिसके अनुसार एक समान वस्तुओं की कीमत विभिन्न देशों में समान रहती है।
- **बंधपत्र का (वर्तमान मूल्य)** मुद्रा की वह मात्रा, जिसे आज ब्याज अर्जन परियोजन में रखने से उतनी ही आय का सृजन होता है, जितनी कि किसी बंधपत्र के द्वारा उसकी कालावधि के उपरांत होता है।
- **महामंदी** 1930 के दशक की कालावधि में (जो न्यूयॉर्क में वर्ष 1929 में स्टॉक बाजार तेजी से गिरावट के साथ शुरू हुई) निर्गत (उत्पादन) में गिरावट और बेरोजगारी में बड़ी मात्रा में वृद्धि देखी गई।
- **रिकार्डो समतुल्यता** वह सिद्धान्त जिसमें उपभोक्ता अग्रदर्शी होते हैं और आशा करते हैं कि सरकार आज जो ऋण-ग्रहण करती है, भविष्य में उसके पुनर्भुगतान के लिए करों में वृद्धि होगी और तद्नुसार वे उपभोग का समंजन करेंगे, जिससे इसका अर्थव्यवस्था पर वैसा ही प्रभाव होगा, जैसा कि कर में वृद्धि से आज होता है।
- **सरकार और फर्मों से परिवारों को अंतरण भुगतान** अंतरण भुगतान ऐसा भुगतान है, जोकि उसके बदले में कोई सेवा प्राप्त किए बिना ही भुगतानकर्ता भुगतान करता है। उदाहरण के लिए-उपहार, छात्रवृत्ति, पेंशन आदि।
- **शिशु मृत्यु दर** एक वर्ष की आयु से पूर्व ही मृत शिशुओं की संख्या तथा उस वर्ष में जन्में शिशुओं की संख्या का अनुपात में 1000 गुणा करने पर प्राप्त होता है।
- **श्रमिक जनसंख्या अनुपात** इससे आशय श्रमिकों की कुल संख्या का देश की जनसंख्या में अनुपात से है। इसे प्रतिशत में अभिव्यक्त किया जाता है।
- **विशेष आर्थिक क्षेत्र** (SEZ) ऐसे भौगोलिक क्षेत्र, जिनमें विदेशी निवेश को बढ़ावा देने के ध्येय से देश के सामान्य आर्थिक कानूनों को पूर्णत: लागू नहीं किया जाता। चीन, भारत, जॉर्डन, पोलैण्ड, फिलीपींस, रूस आदि देशों में विशेष आर्थिक क्षेत्र स्थापित किया जा चुके हैं।
- **प्रसव/मातृत्व मृत्युदर** यह प्रसव काल में माताओं की मृत्यु और सजीव जन्मों का अनुपात है। कई बार सजीव जन्मों के साथ गर्भपात का भी योग बन जाता है। अनुपात की गणना एक वर्ष की अवधि के लिए की जाती है।
- **व्यतिक्रम/चूक** (Default) इससे आशय नियत तिथि पर ऋण और ब्याज का भुगतान नहीं कर पाने से है। ये ऋण किसी अंतर्राष्ट्रीय वित्तीय संस्थान से सरकार द्वारा लिए गए ऋण भी हो सकते हैं। इस प्रकार ऋणी की विश्वसनीयता या साख पर प्रतिकूल प्रभाव पड़ता है।
- **श्रमिक संघ** इससे आशय मजदूरी की दरों, लाभों और कार्य करने की दशाओं को लेकर अपने सदस्यों के हितों के रक्षार्थ मजदूरों द्वारा बनाई गई संख्या से है।
- **भविष्य निधि** इससे आशय कर्मचारियों के हितार्थ संचालित कोष से है। इसमें कर्मचारी और रोजगारदाता दोनों ही अंशदान करते हैं। इसका संचालन सरकार करती है तथा इसकी संचित राशि सेवानिवृत्ति के समय कर्मचारी को दे दी जाती है।
- **मृत्यु दर** इसे वर्षभर में प्रति हजार जनसंख्या में हुई मृत्यु की संख्याओं द्वारा अभिव्यक्त किया जाता है। यह मृत्यु सामान्य हो या रोग आदि के कारण, दोनों ही प्रकारों को गणना में सम्मिलित किया जाता है।
- **एकाधिकारी तथा प्रतिबंधकारी व्यापार अधिनियम** (MRTP ACT) इस अधिनियम को व्यापारियों की एकाधिकारी तथा अन्य व्यापार बाधक कार्यकलापों का नियमन करने के लिए लागू किया गया था।